中國學術思想 研究輯刊

四十編

林慶彰 主編

第 10 冊

中國音樂美學思想史論（修訂版）（下）

劉承華 著

花木蘭文化事業有限公司

國家圖書館出版品預行編目資料

中國音樂美學思想史論（修訂版）（下）／劉承華 著 -- 初版
-- 新北市：花木蘭文化事業有限公司，2024〔民 113 〕
目 6+176 面；19×26 公分
（中國學術思想研究輯刊 四十編；第 10 冊）
ISBN 978-626-344-774-5（精裝）
1.CST：音樂美學 2.CST：中國
030.8   113009260

ISBN-978-626-344-774-5

9 786263 447745

中國學術思想研究輯刊
四十編 第 十 冊   ISBN：978-626-344-774-5

中國音樂美學思想史論（修訂版）（下）

作　　　者　劉承華
主　　　編　林慶彰
總 編 輯　杜潔祥
副總編輯　楊嘉樂
編輯主任　許郁翎
編　　　輯　潘玟靜、蔡正宣　美術編輯　陳逸婷
出　　　版　花木蘭文化事業有限公司
發 行 人　高小娟
聯絡地址　235 新北市中和區中安街七二號十三樓
　　　　　　電話：02-2923-1455 ／傳真：02-2923-1452
網　　　址　http://www.huamulan.tw 信箱 service@huamulans.com
印　　　刷　普羅文化出版廣告事業
封面設計　劉開工作室
初　　　版　2024 年 9 月
定　　　價　四十編 15 冊（精裝）新台幣 40,000 元

中國音樂美學思想史論（修訂版）（下）

劉承華　著

目次

第五章 「禪悟」中的音樂妙諦
——禪宗哲學中的音樂美學思想

　　印度佛教在漢代傳入中國，其後經過與中國文化的長期磨合，到唐代終於形成中國化的佛教——禪宗。禪宗的出現，使佛教在中國的傳播達到高潮，對中國思想文化各個方面的進一步發展與成熟起到重要的作用，其中也包括音樂和音樂美學。可以說，中國古代的思想文化、文學藝術，包括音樂，之所以能夠在明清時期達到高度成熟，並顯示出獨特、深邃、飄逸而又穩定的特質，與禪宗的這把「火」有著密切的關係。

　　研究禪宗音樂美學，離不開可靠的歷史文獻。雖然佛教禪宗的典籍浩如煙海，但唯獨缺少論樂的專門著作，禪宗的音樂美學思想散見於各種言說、講經、詩偈、公案等佛學論著當中。大致說來，主要有以下幾種形態：一是禪宗本身的音樂活動，包括法事用樂和僧人奏樂兩大類型。這類活動總是在特定的思想支配下進行的，因此，從中提取觀念無疑是研究的正確途徑。二是禪師們對音樂的直接論述。這類論述大都屬於「以樂喻禪」，或「以琴說法」，論題在禪不在樂，但也能夠在一定程度上反映他們的音樂思想。如調弦之緩急、心手器之配合等。此外，也有少數僧人在作樂之餘還留有論樂的文字，如則全《節奏指法》、空塵《枯木禪琴譜》等，這當然是研究禪宗音樂美學的重要資源。三是禪宗思想中所蘊含的音樂美學內涵。禪宗大師在其言談著述中，雖然主要討論的是佛教義理，但因其義理往往包含音樂現象在內，故與音樂有相通之處，如「緣起」、「空」、「悟」等，因而有一些概念和命題既是哲學的，同時也具有音

樂美學的意義。四是文人和樂人以禪宗思想論樂的言論。禪宗自盛唐興起，到五代北宋時達到高峰，許多文人和樂人也自覺或不自覺地以禪的思想來說樂、論樂，如北宋成玉磵、明代徐上瀛等。因其以禪論樂，故也屬於禪宗音樂美學的重要資源。

禪宗思想影響了音樂的美學特質，這一點特別重要。如果歷史上的禪宗思想沒有對音樂產生什麼影響，那麼，我們去研究、總結其音樂美學思想，就會失去意義。而事實上，禪宗對中國唐宋以後的藝術影響極大，可以說，如果沒有禪宗，中國藝術的形態特點和精神品格將會有很大不同。中國古代藝術到後期所著意追求的空靈、簡潔、質樸、含蓄，注重造型的韻律化和對作品意境的潛心經營，都與禪宗思想密切相關。在這個大潮中，音樂也不例外。

既然禪宗對藝術有著如此廣泛而又深入的影響，塑造了包括音樂在內的藝術的新品格，新特質，就一定有它獨特的美學思想，因而也就有必要將其總結、闡發出來。上述幾個方面的歷史文獻，便是我們進行總結和闡發的主要資源。

第一節　緣起論的音樂本體論

在傳統哲學中，一種哲學體系的最基礎的部分是本體論，它是該哲學主體對世界的基本看法，這個看法決定著該哲學其他部分的建構。一般說來，本體論包含兩個部分，一是生成論，是關於萬事萬物生成的過程和機制的理論；一是本質論，是對萬事萬物構成的要素和方法的理論。前者是歷時的，後者是共時的。兩者結合共同構成本體論的主體內容。西方哲學的本體論是原子論，認為世界萬物都是由更小的部分組合而成，其最基本的元素是原子。中國哲學的本體論是元氣論，它認為世界萬物都是由元氣化分而成，其基本的元素是元氣。這兩種本體論既有其相異之處，也存在相同的地方：原子是個體的，是間斷的，而元氣則是整體的，連續的，在這些方面，它們正好相反；但在另一些方面，它們卻又是一致的：它們都是實在論的本體論。無論是原子，還是元氣，這個全部哲學所賴以存在的本體都是佔據特定時間和空間的實在。與之相比，印度佛教以及後來的禪宗則不同，它們在哲學上秉持的是非實在的本體論。這種非實在本體論，哲學史上稱之為緣起本體論，也稱「因緣本體論」。

一、「緣起」與音樂生成

緣起本體論首先是用來解釋世界萬物的生成的。在它看來，世間萬事萬物

既不是憑空而有，也不能單獨存在，而是種種因緣和合的結果。「諸法因緣生，諸法因緣滅」〔註1〕，故稱「緣起」。其基本範疇有三：「因」、「緣」、「果」。「因」即因素，也指構成事物的元素，但佛教哲學關注的不在這裡，而在「緣」上。「緣」就是條件、機會。在佛教看來，光有因即元素等實在的因素還不夠，它們構不成我們所見到的萬事萬物。只有當這些因遇到適當的緣後，才會形成特定的事物，這就是「果」。因緣相聚，才會有「果」。佛教緣起論所闡述的，就是因、緣、果之間的這種關係，它們相互依存，各自並沒有絕對的獨立性。因緣相聚則生，因緣離散則滅。有此因而又有此緣，才會有此果，無此因則無此果，有此因而無此緣，也不會有此果。緣起論重視的就是這種普遍的因果聯繫。《雜阿含經》云：「所謂此有故彼有，此生故彼生；……所謂此無故彼無，此滅故彼滅」〔註2〕，說的就是「彼」與「此」之間的因果聯繫。這種因果聯繫是自然本身固有的，不是佛陀亦即神創造的，佛陀也不是宗教意義上的「神」，而只是一位因修行而悟道的老師。他只是發現了自然萬事萬物生滅運轉的真相，只是闡述了自然本身運轉所遵循的法則。這一點，是與其他宗教如基督教等是不同的。

緣起論是佛法的根本，宋長水子璿《楞嚴經疏》云：「聖教自淺至深，說一切法，不出因緣二字。」〔註3〕佛教的各種理論和派別，均以緣起論作為理論基礎來闡釋自己的宗教觀，指導宗教實踐。從緣起論的觀念出發，就自然會進入這樣的推論：既然一切都是因緣而生，所以，一切也都是變化的，而非固定的；是偶然的，而非必然的；是虛幻的，而非實在的。以這個觀念對待音樂，則自然會出現緣起論的音樂生成論和音樂本體論。

以緣起論的觀點解釋音樂的生成，將音樂看成是諸種因緣和合的產物，這在印度佛教的教義中早就得到表述。例如，關於音樂音響的生成，《摩訶般若波羅蜜經》（鳩摩羅什譯）說：「譬如箜篌聲，出時無來處，滅時無去處，眾緣和合故生。有槽，有頸，有皮，有弦，有柱，有棍，有人以手鼓之。眾緣和合，

〔註1〕這句話是佛家常用之語，但不是佛經原文，而是後世大德根據佛經中「諸法因緣生，……是法因緣盡」（《大智度論》）、「諸法從因生，諸法從因滅」（《佛本行集經》）、「諸法從緣起，……彼法因緣盡」（《浴佛功德經》）、「若法因緣生，法亦因緣滅」（《初分說經》）等相似的語句概括出來的。因其最簡潔地表達了佛教關於緣起的思想，故述說者甚多。

〔註2〕《雜阿含經》卷第十，宗教文化出版社1999年。

〔註3〕〔宋〕長水子璿：《楞嚴經疏》（卷第一），《大正藏》第39冊。

而有是聲。是聲不從槽出，不從頸出，不從皮出，不從弦出，不從棍出，亦不從人手出。眾緣和合，爾乃有聲。是因緣離時亦無去處。」〔註4〕這是以樂器箜篌為例，說明箜篌的音響不單在弦，不單在柱、皮或槽，也不單在手，而是這所有因素的剎那間相遇。而且「出時無來處，滅時無去處」，只是一個剎那間的存在，像幻影一樣，轉瞬即逝。與樂器演奏相似，人的話語吟唱聲音也是諸種因緣相合的結果。《大乘入楞伽經》（實叉難陀譯）說：「佛言：大慧，語者，所謂分別習氣而為其因，依於喉、舌、唇、齶、齒、輔，而出種種音聲文字，相對談說。是名為語。」〔註5〕人的講話發音，也是口腔和喉嚨各個部位互相配合的結果；而且，上述各個部位只要有一個部位不予配合，或配合不得時、不到位，就無法準確地發出聲音。這就是「緣」，也就是音樂緣起論的基本內容。面對音樂，首先想到的既不是音響的物理構成，也不是人的心性情感的表現，不是現實事物形態的模仿，而是抓住各種因素機緣的互相配合。這是緣起論音樂生成論的特色所在。

印度佛教的這個思想也被中國禪宗全盤接受下來。北宋文人蘇軾，中年起喜歡佛學，常與禪師往來唱和，有一段時間還隨僧習禪，禪宗的思想在他身上留下明顯的痕跡。他在其《題沈君琴》詩中就表述過同樣的思想：「若言琴上有琴聲，放在匣中何不鳴？若言聲在指頭上，何不於君指上聽？」強調弦與指的相遇配合（緣）才是琴得以發聲的真正機制，這就是典型的佛教禪宗思維。晚清僧人琴家開霽在為《枯木禪琴譜》所作的序中說得就更明白：「木無聲也，必張以弦；弦亦無聲也，必彈以指。然則此聲從木生乎？從弦生乎？從指生乎？」〔註6〕答案當然是清楚的，那就是佛教的緣起說：正是木、弦、指的瞬間相遇，並以特定的方式互相作用，互相激發，才有琴聲的出現。明白這一點，我們也就能夠更好地理解徐上瀛為何要以弦、指、音、意這四個演奏要素為琴樂演奏的本體，為何著意強調「弦與指合，指與音合，音與意合」的琴樂生成論。在弦、指、音、意的論述中，就明顯地帶有緣起論的影響印跡。

樂器的演奏是各種因緣聚合的產物，同樣，作為音樂終端產品的音樂作

〔註4〕王昆吾、何劍平編著：《漢文佛經中的音樂史料》，巴蜀書社2002年，第134頁。

〔註5〕王昆吾、何劍平編著：《漢文佛經中的音樂史料》，巴蜀書社2002年，第168頁。

〔註6〕〔清〕釋開霽：《枯木禪琴譜·序》，《琴曲集成》第二十八冊，中華書局2010年，第12頁。

品,也是如此。首先,不同的作品有不同的內容,這些內容也都是不同因緣的產物。北宋僧人琴家則全說:「凡操弄之作,各有所因。近時學者,往往彈數十曲,其聲一般全無分別。且如《遊春》《幽居》二操,聲因意而不同;《悲風》〔註7〕一曲,前段乃是舜歌《南風》,取徽外聲之後,方見《悲風》意。如《離騷》者,為弔屈原而作;《昭君怨》者,想像出塞之時,其聲繁亂重疊處,多直婦人之辭也;《高山》《流水》〔註8〕,深有林泉之真,此古人命操之本意也。」〔註9〕不同的樂曲都各有其創作的背景和動機,各有其表現的內容,也各有其獨特的個性。這些因素(也就是「緣」)聚合在一起,便決定了每一首樂曲都是獨特的。表演者應該將其獨特性充分地呈現出來,通過展現其各自獨特的因緣來使作品得到完美的表現。其次,同一作品還會因其表現機緣的不同而呈現不同的內容。明代李贄是一位對道家和禪宗都有很深涉獵的思想家,他在《琴賦》中說:嵇康之彈《廣陵散》,「同一琴也,以之彈於袁孝尼之前,聲何誇也?以之彈於臨絕之際,聲何慘也?」所彈的是同一樂曲,所用的也是同一張琴,但兩次所彈,效果卻截然不同。什麼原因?他分析說:「琴自一耳,心固殊也,心殊則手殊,手殊則聲殊,何莫非自然者?」〔註10〕雖然琴和曲均相同,但情境變了,心情變了,彈奏的手指(指法運用)也就會有所變化,所出的聲音自然也就不會相同。心、手、琴、曲、時等,其中有一者變化,則其緣也就因而改變,所出之音自然也隨之不同。

緣起本體論告訴我們,音樂的作品、音響,都不是固定不變的,而是隨著因緣的變化而不斷變化的。緣的多樣性和變化性,意味著音樂既具有偶然性,也有其無限可能性。建立在因緣基礎上的音樂是永遠變化的、流動的,而變化和流動就是創造,就是生長,就是生生不息,也就是生命本身、個性本身的自我展示。

從本體論意義上看緣起論,我們不難發現,它比其他哲學的本體論多了一個維度,即時間維度。緣起論不僅僅是從組成事物現象的各元素來論其因緣,也就是說,它主要不是從空間的意義上論其因緣,而是在空間基礎上又納入時

〔註7〕 「悲」原作「惡」,據下文改。

〔註8〕 原作「綠水」,應是「流水」。

〔註9〕 〔宋〕釋則全:《節奏指法》,《琴苑要錄》(若海珍藏),鐵琴銅劍樓藏本複印本,第32頁。

〔註10〕 張建業主編:《李贄全集注》第二冊《焚書注》(二),社會科學文獻出版社2010年,第168頁。

間的因素，而且更多地從時間的流動中看待事物生成的因緣和機遇。東寺如會禪師說：「心不是佛，智不是道。劍去遠矣，爾方刻舟。」〔註11〕這裡用的是「刻舟求劍」的典故，但在禪宗那裏已經不是一般的哲理，而是賦予它本體論的意義了。這是禪宗也是佛教緣起論的一個非常重要的特點。

二、「空」與音樂創造

由於因緣是因時因地而有不同，因此，世界萬事萬物都在不停的變化之中，呈現出「無常」的性質。因其「無常」，故而也就不真實，也就有了「空」，亦即《心經》所說「五蘊皆空」：「色即是空，空即是色；受、想、行、識，亦復如是。」世界上的任何事物都要經歷成、住、壞、空的過程，原因就在這裡。佛教教義中的「空」的觀念，全部植根於「緣起」論。

不過，佛教緣起論意義上的「空」，在歷史上是有著不同理解的。作為本體論意義上的「五蘊皆空」、「四大皆空」，佛教史上各家的認知是基本一致的。但是，在此基礎上應該如何去「修」，卻有著不同的理解。一種是：因為「五蘊皆空」，但在每個人的內心卻有許多執著，並不「空」，所以必須認真修行，時時用力，使其「空」。神秀的偈：「身是菩提樹，心為明鏡臺。時時勤拂拭，莫使惹塵埃」，反映的就是這個「空」觀。另一種則不同：既然「五蘊皆空」，那麼世上萬事萬物也都是為「空」，那麼人的心裏自然也是「空」，「空」即意味著本來就乾淨無染。慧能針對神秀的那個偈：「菩提本無樹，明鏡亦非臺。本來無一物，何處惹塵埃」（《壇經‧行由第一》）〔註12〕，就屬於這個「空」觀。在這個「空」觀下面，我們需要做的只是重回並保持心的本來清淨就可以了。後一個「空」觀，就是禪宗思想的出發點。

這個思想後來在慧能的再傳弟子馬祖道一那裏才真正發揚光大起來，其標誌便是他將對「空」的認識從「即心是佛」推進到「非心非佛」。「即心是佛」原就是慧能的命題，當法海問何為「即心是佛」時，慧能說：「前念不生即心，後念不滅即佛。成一切相即心，離一切相即佛。」又說：「即心名慧，即佛乃

〔註11〕〔宋〕普濟：《五燈會元》上冊，中華書局 1984 年，第 151 頁。

〔註12〕〔明〕宗寶本《壇經》，《〈壇經〉諸本集成》，王孺童編校，宗教文化出版社 2014 年。宗寶本《壇經》分：行由第一，般若第二，疑問第三，定慧第四，坐禪第五，懺悔第六，機緣第七，頓漸第八，宣詔第九，付囑第十等十個章節。下引《壇經》未作說明者，均係該《集成》中的宗寶本。為節省篇幅，只夾註其章節名，不再腳註。

定。定慧等持，意中清淨。」(《壇經·機緣第七》)這裡的「前念」、「後念」，「不生」、「不滅」，也是從「空」觀中生出的。但是，既然一切皆空，而且本心亦空，又即心是佛，那麼佛也是空了。既然佛也是空，那麼就沒有必要去「即」，因為「即」就可能被「縛」，形成新的執著。之所以還要說「即心即佛」，是因為學佛需要一個入口處，真切地體認本心即淨，本性即空，佛就在心中的道理。一旦進入禪境，那就只能是「非心非佛」，一切皆空了。例如，有僧問：「和尚為什麼說即心即佛？」馬祖說：「為止小兒啼。」又問：「啼止時如何？」曰：「非心非佛。」〔註13〕說「即心即佛」只是手段，只是為了「止小兒啼」。「啼止」之後，即須否棄，回到「非心非佛」。「非心非佛」才是真諦，才是真正的般若境界。

　　不過，禪宗的一切皆空，並非純然消極，並非絕對的無所為，也並非一無所有。慧能說：「莫聞吾說空，便即著空，第一莫著空。若空心靜坐，即著無記空。善知識，世界虛空，能含萬物色像。日月星宿、山河大地、泉源溪澗、草木叢林、惡人善人、惡法善法、天堂地獄、一切大海、須彌諸山，總在空中。世人性空，亦復如是。」(《壇經·般若第二》)可見，禪宗之「空」並非一無所有，而是包容萬有；而且，正因其「空」，才能容納萬有。就好像道家強調「無為而無不為」一樣，禪宗的一切皆「空」，也是為了成就某種東西的。不同在於，它不是直接求取所欲成就的東西，而是通過放棄某種東西而成就它們。此所謂「有捨才有得」，「有空才有滿」。就好像瑜伽可以修養人的身體一樣，禪可以修養人的心境，而一個好的心境本來就是成就事業的重要條件和保障。實際上，由「空」創「有」，由「虛」創「實」，也是佛教「涅槃」的真意所在。因為我們知道，「涅槃」並不是簡單的死亡，不是完全的結束，而是死後又新生，是重新創造，是生命的重新開始。《指月錄》記有這樣一個故事：「昔有婆子，供養一庵主，經二十年。常令一二八女子送飯給侍。一日，令女子抱定曰：『正恁麼時如何？』主曰：『枯木倚寒岩，三冬無暖氣。』女子舉似婆，婆曰：『我二十年只供養得個俗漢。』遂遣出，燒卻庵。」〔註14〕禪的目的不是要停留在「枯木」的狀態，而是以「枯木」狀態再創造出新的生命，脫胎換骨的新生命。在歷史上，元代耶律楚材（也是著名琴家）就是一個很好的例子。他是契丹開國君主耶律阿保機的九世孫，曾在金朝做官。後蒙古滅金，

〔註13〕〔宋〕普濟：《五燈會元》上冊，中華書局1984年，第129頁。
〔註14〕〔明〕瞿汝稷編撰：《指月錄》（上），巴蜀書社2014年，第192～193頁。

國破家亡，使他轉而消沉，精神迷惘，隱居不出。經澄公和尚建議並推薦，他向當時的著名禪師萬松行秀學禪，歷時三載，深得禪學之旨。此後應蒙古汗廷所征，投入政治生活，勤懇敬業，清正廉潔，直言敢諫，深得元太祖、太宗的喜愛和信任，成為元朝的開國元勳。耶律楚材這具曾經的「枯木」，恰恰是因為領悟了禪宗的真精神，才又得以新生的。而始終執著於「枯木」，只能是一個「俗漢」，是「死禪」。

所以，靜是為了動，死是為了生，清除雜滓是為了生命的充實圓滿。沒有前面的靜、死和雜滓的清除，就不會有後面的動、生以及充實圓滿。還以「枯木」為例。禪師們特別喜歡使用「枯木」意象，以「枯木」喻禪宗大義，但絕不是僅僅著意於「枯」。晚清廣陵派琴僧空塵和尚即自稱「枯木禪」，還著有《枯木禪琴譜》，是以「枯木」的意象來暗喻禪的道理。釋開霽在為該書所寫序中專門對「枯木」意象加以分析，他說：

> 且夫枯木，死物也，棄之則日漸朽敗，取之僅供一爨耳。忽遇巨眼，知為良材，運以斧斤，施以丹漆，飾以金玉，佩以弦徽，或置諸廟堂之上，或藏諸岩穴之間，無所處而不當。其發為音聲，乃能入性命之微，通造化之妙也。如此，倘所謂大死而後大活者，非歟？〔註15〕

樹木只有枯盡才能成為琴材，才能呈現樂器之新用；枯盡的木材，也只有遇上製琴的妙手，才能成就其琴緣，出現涅槃新境。只有「枯木」而沒有轉換出新機，那就是真正的死亡，是生命的終止，也就談不上新的創造，新的境界。而所有新境界、新創造，都有待於新的「緣」。而且，只有前緣了盡，才會出現新緣。將內心放空，正是為了了盡前緣。

禪宗的這一思想也體現在音樂的創造上，並形成有特色的美學理路。根據空才有實、枯才有活、死才有生的道理，禪宗在藝術的創造方面也強調從虛、從空、從無出發。在他們看來，靜心息慮，摒棄雜念，使「心」放空，才能成就音樂，彈出至美之音。許多僧人樂師都深刻地認識到這個道理。北宋一位佚名的琴僧在為《則全和尚節奏指法》所寫的序中說：「凡欲彈琴，先端正，定心息慮，橫琴面前，令五徽與心相對，緩緩調弦，〔註16〕令聲韻清雅。……候

〔註15〕〔清〕釋開霽：《枯木禪琴譜·序》，《琴曲集成》第二十八冊，中華書局 2010年，第 12 頁。

〔註16〕此原有「迤邐調」三字，疑衍文，故刪。

神清氣和，手法順溜，方彈大操，自然得意。」〔註17〕前面強調「定」和「息」，就是為了後面音樂的「聲韻清雅」，「自然得意」，前者是後者的必要條件。則全和尚也表達了同樣的意思：「凡彈操弄，先定神思，不可雜想，使輕重高下，一曲之內，添減皆在我，不使並指所役，自然得趣。」〔註18〕消除內心對音響形跡的執著，才能煥發出藝術創造的能量。這個思想在許多非僧人樂師那裏也有表述，如明代琴家徐上瀛就說：「惟涵養之士，淡泊寧靜，心無塵翳，指有餘閒，與論希聲之理，悠然可得矣。……取靜音者亦然，雪其躁氣，釋其競心，指下掃盡炎囂，弦上恰存貞潔，故雖急而不亂，多而不繁，淵深在中，清光發外。」（《溪山琴況·靜》）如果不放下心中的種種雜念，不解除種種無謂的執著，藝術創造的「緣」，也就是通常所說的「靈感」就不會來臨。所以，在進行藝術創造之時，必須將自己的心放空，這就是「淡泊寧靜，心無塵翳，指有餘閒」的境地。

禪宗關於音樂創造需要將心放空（靜心）的思想，我們還可以通過一則記事來見出。徐珂所編《清稗類鈔》記載了劉惟性從太元方丈學琴的事蹟：「方丈曰太元，善彈琴。劉慕其技，師事之。元曰：『學琴非難，靜心耳。』曰：『敢問靜心之道？』曰：『自靜之，豈師所能為謀乎？』……又曰：『庸人以耳聽，靜者以心聽，心聽者能聞聲數里外。至於琴，淺學者以指彈，靜者以心彈。以心彈者，得琴之道矣。汝心靜，可語琴。』明日授以琴，略授宮商之訣，隨手而彈成音。元曰：『可矣。』劉自此彈琴，摹擬萬籟，無不各肖。然劉殊自覺，惟志之所存，而音遂隨之耳。」〔註19〕「以耳聽」，聽的是有聲之樂，而以「心」聽者，則能聽「無聲之樂」。《淮南子》說：「有聲之聲，不過百里；無聲之聲，施於四海。」（《繆稱訓》）這是因為，「無聲之聲」源於「心」，它既是「以心聽」的結果，也是「以心彈」的產物。而此時之「心」，必得「靜心」，只有「靜心」才能聽到，才能彈出。「靜心」的思想在莊子那裏即已提出，是道家的重要命題，並直接影響了禪宗。這裡的「靜心」就其直接淵源而言，就是禪宗的「空觀」。靜，才能體察一切；空，才能容納一切。正如蘇軾所說：

〔註17〕〔宋〕釋則全：《節奏指法》，《琴苑要錄》（若海珍藏），鐵琴銅劍樓藏本複印本，第 11 頁。
〔註18〕〔宋〕釋則全：《節奏指法》，《琴苑要錄》（若海珍藏），鐵琴銅劍樓藏本複印本，第 32 頁。
〔註19〕〔清〕徐珂編輯：《清稗類鈔選·音樂·劉惟性從太元學琴》，書目文獻出版社1984 年，第 488 頁。

「靜故了群動，空故納萬境。」靜了，空了，才會有新的緣出現，才可能有新的創造發生。

三、「心」的本體論意義

1.「心」為一切存在的基礎

從前述「空」中生「有」即可知道，禪宗的「空」並非是絕對的「空」無所有，而是在空中還存有某種「因」。把「空」絕對化，是不符合禪宗的精神的。當初五祖弘忍在看了慧能「明鏡臺」偈〔註20〕後，謂其「亦未見性」（《六祖壇經》宗寶本），應該就包含這個意思。

在禪宗那裏，真正能夠確定、甚至唯一能夠確定的東西，是「心」。這個「心」在佛教中意為「集起」，即感覺、知覺、思維等多種心理功能的集合。它不僅是一個真實的存在，而且是世上一切存在的基礎。佛說：「種種世間皆由心造。」〔註21〕又經云：「心生種種法生，心滅種種法滅。」這個思想也被禪宗繼承下來，比較典型的表述，就在「風幡之爭」這個案例中，即所謂「不是風動，不是幡動，仁者心動。」〔註22〕這是一個看上去完全違背常識的命題，也是一個「唯心主義」色彩很濃的命題。從常識看，說「幡動」是最直觀，因為從視覺上說，確實是幡在動，而且也只是幡在動（即看不到風在動）。這樣的話，似乎「幡動」是對的。但是，幡如果沒有風能動嗎？因為根據經驗，幡之動明明是風吹的結果，無風，幡是不會動的。所以說「幡動」就不很正確，應該是「風動」更正確。但是，如果只有風在吹，我們能夠看到它的「動」嗎？顯然不能，所以「風動」也並不真切。顯然，在這裡就需要「緣」了，只是在幡和風因緣相合的情況下，才會有「風幡之動」。但是，到這裡，問題仍未得到究極的解決，就是說，還沒有觸及這個現象的根本。因為這「風幡之動」是由人的感知所把握的，是人用心去觀照的產物，它只存在於人的心中。這裡要注意的是，這個「風幡」和「動」，只是一種「境」，一種由心觀照而產生的「相」，因而它依賴人的心而存在。雖然，在純粹的自然世界中，「風幡之動」是不依人的知見與否而客觀存在，但當我們在談論這個世界時，它就是我們人的世

〔註20〕即「菩提本無樹，明鏡亦非臺。本來無一物，何處惹塵埃？」

〔註21〕〔南朝陳〕月婆首那譯：《勝天王般若波羅蜜經》，《大正藏》第 8 冊，第 697 頁。

〔註22〕〔明〕宗寶本《壇經》，《〈壇經〉諸本集成》，王孺童編校，宗教文化出版社 2014 年，第 12 頁。

界，是我們人的理解和感知中的世界。正如康德和胡塞爾所說的「物本身」（「物自體」）和「物的現象」（「現象界」），前者是我們永遠無法觸及的存在，後者才是我們所談論的世界，亦即我們所理解和感知著的世界。這個世界分別存在於每一個人的感知和理解之中，存在於每一個人的「心」的觀照之中。也因其有不同的心的觀照，所以，同樣一個現象，它所呈現的樣態和意義也都是不同的。這樣一個世界，它的本體，在胡塞爾那裏是「意識」，而在禪宗那裏就是「心」。也就是說，慧能的「仁者心動」，是揭示了我們這個世界中事物存在的深層真實，所以才會產生令「一眾駭然」的效果，使正在講法的印宗立刻將其「延至上席，徵詰奧義」，並表示「願事為師」。此後的禪宗大師們無不堅守這一認識，如他的弟子南嶽懷讓說：「一切法皆從心生，心無所生，法無能住。」〔註23〕懷讓的弟子馬祖道一也說：「一切法皆是心法，一切名皆是心名。萬法皆從心生，心為萬法之根本。故《經》云：『識心達本源，故號曰沙門。』」〔註24〕

在禪宗的思想體系中，「緣起」講的是萬事萬物的形成，是生成論；「心」才是世界萬物的根據，是本體論。瞭解這一點，就能夠理解禪宗關於向心修行的種種要法。慧能就說：「故知萬法盡在自心，何不從自心中，頓見真如本性？」正因「心」是本體，才需要「各自觀心，自見本性。」（《壇經·般若第二》）他在回答僧人法達問時說：「心迷《法華》轉，心悟轉《法華》；誦經久不明，與義作仇家。」（《壇經·機緣第七》）也是在強調本心的重要。又如：「智慧觀照，內外明徹，識自本心。若識本心，即本解脫。若得解脫，即是般若三昧。」（《壇經·般若第二》）在向心修行的過程中，他還特別強調「直心」的重要：「一行三昧者，於一切處行、住、坐、臥，常行一直心是也。」並引《淨名經》語云：「直心是道場。直心是淨土。」（《壇經·定慧第四》）是說修行就要直接了達本心。慧能所說的「即心即佛」，就是這個意思。

2.「心」也是音樂創造的本原

心既為一切之本體，那麼自然也是音樂的本體。禪宗正是這樣理解音樂本體論的。釋空塵《枯木禪琴譜·音聲論》云：

> 《金》經云：「若以色見我，以音聲求我」，其義何其深哉！蓋音聲之道，含虛無復姤之機，達來除變化之理。道協天地，情通神明，妙合萬匯者，寔由心為之通，聲為之感，氣為之調，然後被於

〔註23〕〔明〕瞿汝稷編撰：《指月錄》（上），巴蜀書社2014年，第130頁。

〔註24〕〔明〕瞿汝稷編撰：《指月錄》（上），巴蜀書社2014年，第137頁。

物之響應而成也。凡物皆氣，凡氣皆聲，凡聲皆心。性靜心誠。……
故音聲之道，在乎性情，何必泥於古調、新聲？使非方寸之間涵養
有素，則非失之抗戾，即流於靡曼矣。〔註25〕

　　這一席話比較典型地代表了禪宗對音樂本質的看法。但是，如果要很好地
理解其義，就必須先理解開頭所引《金剛經》中的一個偈語。這段話出自《金
剛經》第二十六「法身非相分」，全文是釋迦牟尼同他的弟子須菩提的對話。
開頭佛說：「須菩提，於意云何？可以三十二相觀如來不？」須菩提回說：「如
是！如是！以三十二相觀如來。」佛又問：「須菩提，若以三十二相觀如來者，
轉輪聖王即是如來。」須菩提回佛說：「世尊，如我解，佛所說義，不應以三
十二相觀如來。」這時，世尊說了一個偈語：「若以色見我，以音聲求我，是
人行邪道，不能見如來。」〔註26〕「三十二相」是指功德最為圓滿之相，「轉
輪聖王」也是功德至為偉大的君王。轉輪聖王是有形有相的君王，修三十二相，
是可以接近轉輪聖王。但是不是也可以觀如來呢？回答是否定的，因為如來是
無形無相。所以最後的結論是，執著於有形的色或聲，只能進入邪道，這是永
遠無法觀到如來的。正確的做法是，立足自性，自性本空，從自性出發，才能
得見如來。《音聲論》引用這個偈語，就是要說明，執著於有形的音聲是達不
到佛的光明境界的。

　　但是，音樂正是音聲啊，否定了音聲不就是否定音樂了嗎？否定了音樂，
下文所講還有什麼意義呢？而且，如果前面否定音樂，後面又推崇音樂，不是
自相矛盾了嗎？實際上當然不會這樣簡單。就音樂的音聲而言，它確實是有形
的，是「色」之一相。但這只是表象。從本質上說，音樂之音聲也體現自然之
大道，它「含虛無復姤之機，達來除變化之理」，是變化無常，是虛，是空，
是幻，音聲本身的運行體現的正是這樣的天道。在佛教看來，佛道與天地相通，
與萬物相合，其相通相合的渠道就是「心」，所以他說：「寔由心為之通，聲為
之感，氣為之調，然後被於物之響應而成也。」為什麼？因為「凡物皆氣，凡
氣皆聲，凡聲皆心。」萬物均由心生。所以，釋空塵引用《金剛經》語，並不
是要我們徹底拋棄有形的音聲，而是要通過這音聲來超越有形，達到空靈純淨
的佛境。這個境界的特點是：「道協天地，情通神明，妙合萬匯」，它包含了一

〔註25〕〔清〕釋空塵：《枯木禪琴譜·音聲論》，《琴曲集成》第二十八冊，中華書局
　　　　2010年，第25～26頁。
〔註26〕《金剛經心經》，徐衝譯注，山東畫報出版社2013年，第72頁。

切有形、有限的事物，但又能夠超越於它，進入自在與無限。就好像禪宗追求解脫，但並非不沾俗務，相反，他就是要在俗務中完成其脫俗一樣。這裡他是要告訴我們，音樂離不開有形的音聲，但我們不能執著於這有形音聲，不能被有形的音聲所迷惑，不能為其束縛，成為它的俘虜。所以他說：「其取音用意，當性靜心誠。」只要「性靜心誠」，則究竟是什麼音聲，是「古調」，還是「新聲」，都無關緊要。只要「方寸之間涵養有素」，就既不會「失之抗戾」，也不會「流於靡曼」。不難看出，這裡起決定作用的正是「心」，包括如何通過音聲又超越音聲，也全靠「心」來完成的。正是「心」，才是禪宗音樂本體論的根基和樞紐。

就這方面看，禪宗的音樂本體論與儒、道兩家既有聯繫，又有區別。道家是自然本體論，它源於太一，生於陰陽，陰陽變化，合而成形，形體有虛，因而成聲，聲以至和，適而為樂，強調的是音樂源於自然、也回歸自然，與自然融為一體的功能。儒家是「心」本體論，認為「凡音之起，由人心生也，人心之動，物使之然也。」強調的是音樂源於人心、也作用於人心、使人心保持平和的功能。禪宗也是「心」本體論，但其「心」具有兩個層面上的涵義。一是音由心生，心隨境變，境由緣起，因而聲無定式，音無常法。釋空塵《枯木禪琴譜・自序》說：「始悟琴旨，各稟性靈，……取音用意，各隨人心。昔宓子鳴琴，化及單父；仲氏鼓瑟，見拒聖門。千載之下，猶見其性情。」〔註27〕是說音由心性所生，也隨心性而變，這是創作意義上的心本體論。二是從接受的角度，指出音的意義不在音聲本身，而是由聽者之心所賦與。釋空塵說：「生於心而節於外，本無形質，何有古今？……故音聲之道，在乎性情，何必泥於古調、新聲？」〔註28〕音聲的意義並非本來就有，更非固定不變，不管它是「古調」還是「新聲」，其意義還得看此時正在觀照的那個「心」。這是存在論意義上的心本體論，它比前者又深入了一層。也許就是因為這一點，釋空塵才特別贊同《金剛經》對執著於音聲之形的批評，並感歎「其義何其深哉！」

第二節 「悟」的音樂心理

由「緣起論」得知：色即空，空即色，世事萬相，虛幻多變，也都是「空」！

〔註27〕〔清〕釋空塵：《枯木禪琴譜・自序》，《琴曲集成》第二十八冊，中華書局2010年，第14～15頁。
〔註28〕〔清〕釋空塵：《枯木禪琴譜・音聲論》，《琴曲集成》第二十八冊，中華書局2010年，第26頁。

但是，人們卻總是對它們形成「執」，對事物形成一種具有固定本質的看法，並形成孜孜以求的執著，包括「我執」和「法執」兩種。「法執」是執著於自己身外的各種事物，如金錢、地位、權力、榮譽、財物等等；「我執」則是執著於一個「我」，執著於「我」的優越和高明。這兩種執，說到底都是一個心理問題，它涉及的是人的身心關係。在佛教看來，這些執著均源於「識」，既是眼、耳、鼻、舌、身這五種感官之識的產物，也是與之同時發生作用的意識的結果，再由意識中的「我識」分別形成「我執」和「法執」，給人帶來無盡的煩惱。佛教禪宗的任務就是要破此「執」，即：通過改變人的「無明」狀態，洞見世界的「空」性，消除貪、嗔、癡、疑、慢等種種煩惱與執著，進入輕鬆自由的境地。而「破執」的入手處，便是語言文字概念。

一、禪宗的「不立文字」

如何改變「無明」狀態，去洞見「空」的本質？小乘佛教是通過禁慾苦修，大乘佛教則通過「定」、「慧」雙修。在這個過程中，一個重要環節必不可免，那就是習經，就是通過文字所載經文的研習，來提高自己的覺悟，獲得般若智慧。但是，過分注重文字又會帶來新的執著，妨礙人們對佛性亦即生命真諦的把握，於是便有了禪宗的「不立文字」，並將其一直追溯至佛祖釋迦牟尼：「釋迦牟尼在靈山會上拈花示眾。是時眾皆默然，唯迦葉尊者破顏微笑。世尊曰：『吾有正法眼藏，涅槃妙心，實相無相，微妙法門，不立文字，教外別傳，付諸摩訶迦葉。』……世尊臨入涅槃，文殊大士請佛再轉法輪。世尊咄曰：『文殊！吾四十九年住世，未曾說一字，汝請吾再轉法輪，是吾曾轉法輪邪？』」〔註29〕這段文字表明，禪宗奉行的是佛祖釋迦牟尼的「不立文字，教外別傳」，並借其口，以「未曾說一字」而否定其以前的一切說教。

禪宗創立以後，「不立文字」成為它的第一大特色。禪宗的實際創立者慧能，即自稱其不識字而能領悟佛理。「有尼無盡藏者，常讀《涅槃經》，慧能聽之，即為解說其義。尼遂執卷問字，祖（慧能）曰：『字即不識，義即請問。』尼曰：『字尚不識，曷能會義？』祖曰：『諸佛妙理，非關文字。』」〔註30〕這裡有一個問題：從字面上看，慧能認為無須識字就能解說佛理，是把語言與文字區別了開來。那麼，語言與文字是否需要區別對待？兩者是否有本質的不

〔註29〕〔宋〕普濟：《五燈會元》上冊，中華書局1984年，第10頁。
〔註30〕〔宋〕普濟：《五燈會元》上冊，中華書局1984年，第53頁。

同？回答是否定的。儘管慧能自謂不識字而能「解說其義」，其解說無疑用的也是語言，但並不能因此就說慧能是否定文字而肯定語言。實際上，語言和文字都只是思想的符號，只不過一者是聲音符號，一者是形跡符號而已，兩者無本質區別。只是因為語言相對於文字更加接近思想語義，才在慧能的這番表述中得到肯定；而且，透過他的話，我們不難察覺，他真正肯定的還是由語言所表述的思想義理，而非語言本身。所以，儘管語言更接近思想義理，但它還不是思想義理本身，而仍然只是符號。釋迦牟尼說自己「四十九年住世，未曾說一字」，就是這個意思。

1. 為什麼「不立文字」？

那麼，在禪宗看來，把握佛教義理，為什麼要不立文字，不著語言？

首先，佛教義理無法用語言文字來表達。這個道理，道家早已指出過。老子《道德經》開篇即說：「道可道，非常道；名可名，非常名。」最深奧、最根本的道理是語言無法把握的。佛教也有同樣的思想，即「第一義」不可說。《楞伽經》曾分析其原因，認為「第一義者，是聖智內自證境，非言語分別智境。……言語者，起滅動搖展轉因緣生；若展轉緣生，於第一義不能顯示。第一義者，無自他相；言語有相，不能顯示。第一義者，但唯自心，種種外想悉皆無有，言語分別不能顯示。」〔註31〕就是說，第一義是對宇宙生命的體驗，是自證的境界；語言則生於起滅變化差異，於第一義無所用。禪宗繼承了這一思想，並在對佛教的改革中將其發揚光大。禪宗的這個特點，胡適曾經從方法論上來理解，認為這是禪宗大師所喜用的一種叫做「不說破」的說法方法。日本鈴木大拙則認為這不是一個方法問題，而是因為人的體驗中本就存在著無法言說的東西。「般若直覺中有著某種非知性所能把捉、非所謂直說所能說明的東西存在著。並非禪師存心避免使用此種直說的方法。」〔註32〕實際上，即在我們日常生活中便存在著無法由語言表達的思想感受。所以，「道由悟達，不在語言」〔註33〕，是廣大禪師們的共識。

其次，即使能夠用語言表達，其表達也沒有意義，因為禪宗所著意的是實

〔註31〕〔唐〕實叉難陀譯：《楞伽經》，賴永海、劉丹譯注，中華書局 2010 年，第 84
～85 頁。

〔註32〕〔日〕鈴木大拙：《禪：敬答胡適博士》，張文達、張莉編《禪宗歷史與文化》，
黑龍江教育出版社 1988 年，第 74 頁。

〔註33〕唐香嚴智閑禪師語，載〔宋〕普濟：《五燈會元》中冊，中華書局 1984 年，第
537 頁。

踐，是行動，是體驗，不是認知。在以認知為主的文化中，語言是至為重要的，因為沒有語言就無法表達，沒有表達就無法傳達，沒有傳達就無法交流、評判。而在以實踐為主的文化中，認知只是進入實踐的一個準備，是手段而非目的。對於實踐來說，他更需要的是得心應手，而不是傳達，也不是表達，能否交流也是次要的。禪宗的修行主要是實踐，所以並不在乎語言表達與否。雲居弘覺禪師云：「佛法無多事，行得即是。」正因為「行得即是」，所以不需要另作言說；「汝但作佛，莫愁佛不解語。」〔註34〕佛是從行中覺知，佛之「語」不是言說，而就是「行」，是由「行」而來的體驗。趙州從諗禪師問南泉普願禪師「如何是道？」南泉說：「平常心是道。」趙州說：「還可趣向也無？」南泉說：「擬向即乖。」又問：「不擬爭（怎）知是道？」答曰：「道不屬知，不屬不知。知是妄覺，不知是無記。若真達不疑之道，猶如太虛，廓然蕩豁，豈可強是非邪？」趙州於言下即悟。〔註35〕「猶如太虛，廓然蕩豁」是悟道後的體驗，只有親身體驗才是真切的，即使你能夠將其言說出來，也沒有意義，因為不真切。

此外，語言表達不僅無意義，而且還會成為另一種「執」。修禪是每個人以自己的生命、情境進行的，而每個人的生命、情境又各不相同，因此，每個人的體驗必然也不一樣。這樣，如果將一人的體驗境界言說出來，就會使其定格，成為別人的目標，這就變成一種新的「執」，它會成為別人親身覺悟的障礙。所以，有僧人問藥山惟儼禪師如何修道，藥山沉思良久後說：「吾今為汝一句亦不難，只宜汝於言下便見去，猶較些子。若更入思量，卻成吾罪過。不如且各合口，免殺上累及。」〔註36〕「更入思量」，就是引發對方形成新的思慮，變為新的執著。所以不如各自閉口，等待「言下便見」式的親身體驗。

2. 語言與音樂的意義

語言不足以表達佛的真諦，同樣，它也不能完美地表達音樂的美感意蘊。這首先是因為，音樂在很大程度上具有不可言說性。這個認識在中國很早即已形成。《樂記》云：「故歌之為言也，長言之也。說之，故言之；言之不足，故長言之；長言之不足，故嗟歎之。」（《師乙篇》）「言之不足」，這本來是說音樂產生的原因的，內心當中有某種思想情感需要表達出來。其用語言表達者，

〔註34〕〔宋〕釋惠洪：《題云居弘覺禪師語錄》，載《注石門文字禪》下冊，〔日〕釋廓門貫徹注，張伯偉等點校，中華書局2012年，第1473頁。
〔註35〕〔宋〕普濟：《五燈會元》上冊，中華書局1984年，第199頁。
〔註36〕〔宋〕普濟：《五燈會元》上冊，中華書局1984年，第260頁。

即為詩；而當語言無法完滿表達時，便「長言之」，即聲音拉長；若「長言之」還不足以表達，則「嗟歎之」，即加上感歎的詞和音調。這「長言」、「嗟歎」，就是音樂。這席話倒過來看，正好說明，音樂所要表現的思想情感往往是語言所不能表達或不能完滿表達的。禪宗大師也深刻地認識到這個道理，表達了同樣的思想。釋空塵在《枯木禪琴譜·自序》中說：「始悟琴旨，各稟性靈，莊生所謂：『意之所隨，不可以言傳。』蓋節奏板拍，可以傳授；取音用意，各隨人心。」〔註37〕「節奏板拍，可以傳授」，是因為它有形跡，有差異，故可以用語言來描述。而「意之所隨，不可以言傳」，是因為「取音用意，各隨人心」；而人心之豐富複雜，精深細緻，如情感的微妙變化，體驗的幽邃入微，意念的玄遠飄逸，以語言之「粗」，是不足以妥切表達的。

其次，言說只是「指物」之「指」，而非所「指」之「物」。禪宗大師經常喜歡使用「指月」之喻，手指指向月亮，但手指不是月亮，故而不能把手指當成月亮。這是現代符號學中的「能指」與「所指」之關係。按照這個理論，語言、文字只是表達思想情感的符號，而不是思想情感本身，兩者有質的不同。但另一方面，要把握「所指」，在一定程度上又離不開「能指」；要找到月亮，有時又不得不循著別人的手指望過去。這裡關鍵之處是，千萬別把手指當成月亮。禪宗史上有一個文字禪的傳統，在這個傳統中是可以使用語言，並致力於研究歷史公案中的語言機鋒的，但這只是起著「啟發」或「激發」作用，而不在語言本身。北宋文字禪大師惠洪云：「心之妙不可以語言傳，而可以語言見。蓋語言者，心之緣、道之標幟也。標幟審則心契，故學者每以語言為得道淺深之候。」〔註38〕道不可以語言傳，但可以通過語言呈現出來。因此，要到達道的彼岸，往往也要借助語言之力；但借助語言之力，最終目的還是要進入非語言的境界。他說：「借言以顯無言，然言中無言之趣，妙至幽玄。」〔註39〕最終不在「言」，而是由「言」所顯的「無言之趣」。這個道理在音樂上亦同樣成立。音樂之妙無法言傳，但要領略音樂的妙處，又往往離不開語言的引導。釋空塵在《枯木禪琴譜·凡例》中說：「彈琴須省題目，一曲有一曲之宮商節奏，

〔註37〕〔清〕釋空塵：《枯木禪琴譜·自序》，《琴曲集成》第二十八冊，中華書局 2010年，第 14 頁。

〔註38〕〔宋〕釋惠洪：《題讓和尚傳》，《注石門文字禪》下冊，〔日〕釋廓門貫徹注，張伯偉等點校，中華書局 2012 年，第 1467 頁。

〔註39〕〔宋〕釋惠洪：《題云居弘覺禪師語錄》，《注石門文字禪》下冊，〔日〕釋廓門貫徹注，張伯偉等點校，中華書局 2012 年，第 1472 頁。

或初奏未葉，數句後方入本調。其中起承轉合、變音跌宕、入慢結尾俱要意會。起首之慢要有生發，結尾之宕要有結束。審前人制曲命名之義，自可得其意矣。」〔註40〕這裡的「省題目」之「省」以及「審前人制曲命名之義」之「審」，就是通過語言即曲名、標題和樂曲的解題進行的。但這只是一個引導和過渡，最終還是「要意會」，其目的也是「得其意」，讓欣賞者自己從心底領會音樂的妙處，而不能夠停留在那些語言表述上。歷史上各種譜本對樂曲所作的語言解說和文字描述，均可作這樣的理解；而且，也只有作這樣的理解和對待，才是正確的。

既然對音樂的接受最終都必得進入自己的親身體會，那麼，以前對音樂的種種描述即文字言說就都應拋棄。此即莊子的「得意忘言」，也即禪宗的「隨說隨掃」。百丈懷海禪師說：「佛是無求人，求之即乖理。是無求理，求之即失。若著無求，復同於有求。若著無為，復同於有為。」「無求」是對「求」的否定，但說了「無求」後，隨即又應該將它否定，是對否定又加否定。接著他還引用了佛經中語：「不取於法，不取非法，不取非非法」〔註41〕，進一步說明這個意思。通過連續的否定，不使它落實在肯定上，這就是「隨說隨掃」。之所以在得「意」後要忘「言」，在「說」後要隨即「掃」掉，是因為每個人的經驗不同，故對音樂的理解和體會必然有異。如果不「掃」掉，就容易把自己限制在別人的言說上，窒息了可能發生的活潑潑的美感體驗；另一方面，如果你真的進入自己的美感體驗，此前所記他人之言自然也就忘掉，因為已經不需要了。所以，忘掉別人的言說，才意味著你真正進入自己的美感體驗，就好像只有離開船，才意味著你已經踏上彼岸一樣。而且，別人的言說只是一種陳跡，是前緣的產物；只有拋棄它，才能迎來新緣，創造新的美感境界。也是在這個意義上，釋迦牟尼才自謂「四十九年住世，未曾說一字」。語言只是一個跳板，目的是讓你自己上船，去親身體驗。

二、「悟」：心的顯現

通過語言而進入的狀態，是一個由自己親身體驗的狀態，一個由心靈了悟的狀態。這個「悟」，便是禪宗的終極目標和最高境界。所以六祖慧能云：「不

〔註40〕〔清〕釋空塵：《枯木禪琴譜·凡例》，《琴曲集成》第二十八冊，中華書局 2010 年，第 24 頁。

〔註41〕〔宋〕普濟：《五燈會元》上冊，中華書局 1984 年，第 134 頁。

悟即佛是眾生，一念悟時，眾生是佛。」

那麼，悟從何而來？從自心、自性中來。雖然悟有時候可以通過語言而達到，但卻不是從語言而來，語言只起到激發和誘因的作用。從根本上說，禪宗之「悟」不是由外部求得，而是從自性而得。慧能說：「萬法盡在自心，何不從自心中頓見真如本性？」〔註42〕自性是本體，它存在於自心之中，所以只須從自心中發現。又說：「智慧觀照，內外明徹，識自本心。若識本心，即本解脫。若得解脫，即是般若三昧，即是無念。」(《壇經·般若第二》)「悟」就是自見本心，自顯本性。悟的對立面是「迷」，迷即「迷自本心」。馬祖道一說：「性無有異，用則不同。在迷為識，在悟為智。順理為悟，順事為迷。迷則迷自本心，悟則悟自本性。一悟永悟，不復更迷。」〔註43〕可見，從慧能到他的傳人，都十分重視「悟」在修禪過程中的意義。

1. 「悟」的內容與特點

禪宗的「悟」，其狀態如何？禪師們常常喜歡用「如桶底脫」來形容。雪峰義存禪師問德山宣鑒：「從上宗乘中事，學人還有分也無？」德山立刻給以當頭棒喝：「道甚麼！」雪峰後來說：「我當時如桶底脫相似。」〔註44〕在古代禪林中，禪師們所說之桶，有一種為裝漆之桶，裏面是黑的。一旦底子脫了，桶內即刻變得明亮了，同時提著桶的手也覺得輕鬆了。這個感覺恰好同頓悟時的感覺相似：輕鬆、敞亮，沒有掛礙。因為這個緣故，許多人便將禪宗之「悟」的內容理解為「空」。加上無論是印度佛教還是中國佛教乃至禪宗，無不秉持「空」的思想，認為「色即空，空即色」，「五蘊皆空」，「萬法皆空」。這種「空觀」使得這個理解更趨固化，認為禪宗的「悟」就是從內心深處體驗到萬事皆空，一種對以前所執著問題的徹底丟棄。應該說，這並未錯，但不夠深刻，也不夠全面。即如前面所說，在禪宗那裏，無是為了有，空是為了滿。它確實表達了對以往所執著問題的取消，但這個取消是為了更好地解決人生中更為重要的問題，所以它不是單純的取消，不是消極的放棄。如果說是「取消」，那也是一種積極的「取消」，在取消之外還有新的意義。日本現代禪師鈴木大拙曾指出，禪宗的悟，「從宗教角度來說它是新生，從理性的角度來說它是獲得新觀點，人們會覺得世界如今煥然一新」。他有一段文字對此做了辨析：

〔註42〕〔明〕瞿汝稷編撰：《指月錄》(上)，巴蜀書社2014年，第111頁。

〔註43〕〔明〕瞿汝稷編撰：《指月錄》(上)，巴蜀書社2014年，第138頁。

〔註44〕〔宋〕普濟：《五燈會元》中冊，中華書局1984年，第379～380頁。

在強調禪宗的「悟」的時候，應該注意的是，禪宗的禪與印度佛教、中國佛教其他宗派所奉行的「禪那」體系是不同的，通常說到「禪那」，是指那種指向一定思想內容的冥想或凝心。這思想內容，在小乘佛教常常是「無常觀」，在大乘佛教常常是尋求「空」，當心靈被訓練到意識甚至無意識的感覺都消失，出現了完全的空白狀態的時候，換句話說，即所有形式的心靈活動都從意識中被排除出去，心靈中一絲雲彩也沒有，只剩下廣袤蔚藍的虛空的時候，可以說「禪那」便到達成功了，這可以稱之為迷醉（ecstasy 或 extasy）或夢幻般境界（trance），但不能稱之為禪宗的禪。禪宗的禪必須「悟」，必須是一氣推倒舊理性作用的全部堆積並建立新生命基礎的全面的心靈突現，必須是過去從未有過的通過新視角遍觀萬事萬物的新感覺的覺醒。而「禪那」之中並沒有這個意思，因為它不過是使心靈歸於寧靜的訓練，當然這是禪那的長處，但儘管如此，也不能把它與禪宗的禪等同看待。〔註45〕

在這裡，鈴木的努力是要把禪宗的「禪悟」同佛教其他宗派的「禪那」相區別，從而突出禪宗之「悟」的獨特性。這種獨特性是真實的，否則禪宗也就無所謂禪宗了。但從歷史形成角度看，禪宗之「悟」同佛教其他宗派之「禪那」並非沒有聯繫，而是在它的基礎上又作了進一步發展。其他佛教流派止於對空的體驗，而禪宗則特別強調還要由此產生新的發現，新的見解，新的創造，新的境界。

2.「悟」的機理

那麼，「悟」是如何發生的呢？簡而言之：「悟」是「心」的直接顯現。

禪宗之「悟」不是我們通常所說的「靈感」。靈感總是針對現實中某個具體的事件或問題，總是對這些事件或問題所作的解決。所以，靈感是直接針對著外部世界的，具有明確的外在性和功利性。禪宗之「悟」則不然，它不是針對外部世界中某個事件或問題而發生，不是指向現實中某個事件或問題的解決，而是著眼於突破心中的種種障蔽，剝除包裹在心上的種種外衣，返回自己的本心，使其直接「裸露」。本心得以「裸露」，即可獲得一種完全不同以往的

〔註45〕〔日〕鈴木大拙：《悟：禪宗的存在價值》，學佛網：http://wuming.xuefo.net/nr/1/7194.html。亦可參見另一譯本：鈴木大拙：《禪學入門·悟》，謝思煒譯，生活·讀書·新知三聯書店 1988 年，第 92～104 頁。

看世界的眼光，從而才有可能產生對世界的新看法、新見解，創造出自己人生的新境界。所以，它是發自內而成諸外，具有突出的內在性。因為強調內在，常以「本心」、「自心」言「心」，「本心」、「自心」便是禪宗之「悟」的關鍵所在。慧能常常啟發弟子：「自心常生智慧，不離自性，即是福田。」又說：「無上菩提，須得言下識自本心，見自本性。」「自心」、「本心」是修佛了悟的根本：「菩提自性，本來清淨。但用此心，直了成佛。」這個思想應該是直接源自他的老師五祖弘忍，弘忍在慧能臨行前即曾告誡說：「不識本心，學法無益。若識自本心，見自本性，即名丈夫、天人師、佛。」（《壇經‧行由第一》）

既然「自心本淨」，「即心是佛」，為何還需要「開導」、「示教」？還需要「悟」？因為雖然本心自淨，但在世俗的生活中已經被種種雜質沾染，自心已「迷」。所以，慧能說：「菩提般若之智，世人本自有之，只緣心迷，不能自悟。」為了凸顯「自心」、「本心」在其思想中的核心地位，慧能對「智與愚」、「漸與頓」進行分析，指出它們的區別與聯繫均在其「心」的覺知與否。關於智與愚，其區別就在其「心」是否「開」：「智者與愚人說法，愚人忽然悟解心開，即與智人無別。」智與愚的區別即在「自心」，其轉換的機理亦在「自心」。覺解自心，愚即瞬間轉化為智。漸與頓也是如此。慧能強調說：「本來正教，無有頓漸。人性自有利鈍，迷人漸修，悟人頓契。自識本心，自見本性，即無差別。」（《壇經‧定慧第四》）頓和漸並非質的差異，真正質的差別在於是否「自識本心，自見本性」。如果自見其「本心」、「本性」，頓、漸皆可忽略不計。可見，在禪宗看來，「萬法盡在自心」。既「盡在自心」，那麼，「何不從自心中頓見真如本性？」（《壇經‧般若第二》）這種「從自心中頓見真如本性」，慧能將其稱之為「直心」。他說：「一行三昧者，於一切處，行、住、坐、臥，常行一『直心』是也。」並且引用《淨名經》的話：「直心是道場」，「直心是淨土」。（《壇經‧定慧第四》）而「悟」，也就是「直心」的結果。「令學道者頓悟菩提，各自觀心，自見本性」（《壇經‧般若第二》），是禪宗之悟的唯一正途。

「悟」作為禪宗修行的高峰體驗，其體驗的根本在「心」，因此，禪宗的傳播與傳承自然就由「心」來維繫，於是便有「以心傳心」、「以心印心」的獨特方法。五祖弘忍在傳衣於慧能時說，衣只是「信體」，是一個外在標識。更重要的是「法」，「法則以心傳心，皆令自悟自解。」並強調指出：「自古佛佛惟傳本體，師師密付本心。」（《壇經‧行由第一》）「信體」是外在的，只是一種符號；「本體」才是內在的，那就是「心」。而「心」又是通過「悟」得以顯

現的。因此，「以心傳心」，就是在「悟」的瞬間使禪宗的精神血脈不斷衍生開來，並一代代的傳承下去。而「傳心」的機制，禪師們有時候稱之為「印」，是「以心印心」。唐代著名禪師黃檗希運《傳心法要》云：「自如來付法迦葉已來，以心印心，心心不異。印著空，即印不成文；印著物，即印不成法。故以心印心，心心不異。能印所印，俱難契會，故得者少。」〔註46〕「印」的特點是，既非空無所有，亦非著意於物，而就是心與心的契然相合（「契會」），了無中介。由於這種「心心不異」的契合極為不易，故往往少不了得道者（大師）的接引。通過師徒間的日久磨合和反覆碰撞，一旦接通，則豁然開朗。這個「豁然」的狀態，就是「悟」。

三、音樂與「悟」

這種「悟」，禪宗認為，在音樂中也同樣存在；不僅是存在，而且是必需。北宋成玉礀《琴論》云：「攻琴如參禪，歲月磨煉，瞥然省悟，則無所不通，縱橫妙用而嘗若有餘。至於未悟，雖用力尋求，終無妙處。」這裡表達了兩點意思：一是彈琴作樂與參禪修道具有同構性，即遵循著相同的道理，所以兩者相通。二是彈琴作樂同參禪修道一樣，重點在「悟」，「悟」則一通百通，不「悟」則用力也難求。「悟」在音樂活動中是一個極為關鍵的樞紐，缺了它就不可能達至妙境。

1. 音樂聽賞與「悟」

這種「以心印心」、「心心相印」的「悟」，正是音樂欣賞的奧秘所在。在音樂的欣賞活動中，作者和聽者通過音響的中介發生心的交流，當這種交流達到高度的契合時，聽者便會超越音響的形式，與作樂者發生直接的心的共鳴與默契。這個現象在中國古代早已為人們所覺知，較為著名的例子便是東晉時桓伊與王徽之「邀笛」的故事：「王子猷出都，尚在渚下。舊聞桓子野善吹笛，而不相識。遇桓於岸上過，王在船中，客有識之者云：『是桓子野。』王便令人與相聞云：『聞君善吹笛，試為我一奏。』桓時已貴顯，素聞王名，即便回下車，踞胡床，為作三調。弄畢，便上車去，客主不交一言。」〔註47〕聆聽笛音，而無須一言，只有心與心的相互契合。這個狀態很像禪宗的「以心印心」。

〔註46〕〔唐〕黃檗希運：《傳心法要》卷上，第19～20頁，載《佛法要領永嘉禪宗集傳心法要頓悟入道要門論》，臺北老古文化事業公司1987年。

〔註47〕〔南朝〕劉義慶：《世說新語‧任誕》，余嘉錫：《世說新語箋疏》，中華書局1983年，第761頁。

另如伯牙與子期的故事：「伯牙鼓琴，鍾子期聽之。方鼓琴而志在泰山，鍾子期曰：『善哉乎琴！巍巍乎若泰山。』少選之間，而志在流水，鍾子期又曰：『善哉乎鼓琴！湯湯乎若流水。』」（《呂氏春秋·孝行覽》）也是一種「以心印心」，「心心相印」。

　　同樣，在禪師們那裏，也時有這類論述。宋永明智覺禪師《宗鏡錄》云：「絲竹可以傳心，目擊以之存道。既語默視瞬皆說，則見聞覺知盡聽。苟能得法契神，何必要因言說。如琴中傳意於秦王，脫荊軻之手；相如調文君之女，終獲隨車；帝釋有法樂之臣，馬鳴有和羅之技，皆絲竹傳心也。」〔註48〕既然音樂「可以傳心」，能夠「得法契神」，則語言就為多餘了。他連續舉了宮人漏月鼓琴傳意於秦王而得逃脫、司馬相如以琴傳情於卓文君而成眷屬、帝釋使樂神緊那羅歌詠於世而法得以演、馬鳴作妙伎樂賴吒和羅而感動眾人等四個故事，〔註49〕說明音樂的「傳心」功能。晚清朱敏文為《枯木禪琴譜》所寫《序》中，亦有一段湖中賞樂的記載：

　　　　吾鄉雲閒上人，以琴名一世，自余家居時已相往來。……光緒
　　　　丁亥訪余於武林，為鼓《高山》《流水》之曲，空靈幽怪，莫可名狀。
　　　　時浦城祝安伯太守、震澤王夢澂大令、長白文濟、川柏研香兩協戎、
　　　　杏裏侯遊戎，皆善琴，聞上人名，願一見。余謂上人曰：「師與我湖
　　　　上移情可乎？」上人笑曰：「諾。」爰與諸君子徜徉六橋三竺間，每
　　　　撫弦動操，朝煙夕月，別有神韻。自是月必一晤，晤則琴歌竟日，
　　　　神契益深。

　　　　歲戊子，余奉檄入都，上人偕往，操南音於北風。居數月，賞
　　　　音寂然。自非上人秉志沖淡，幾乎作安道碎琴想矣！先是祝安伯太
　　　　守酷嗜上人雅音，擬結琴社於金牛湖上。事未及行，而庚寅冬余以
　　　　憂去浙，安伯、濟川、襄侯又相繼下世，不勝墜雨秋蒂之感。〔註50〕

　　這雖然只是一段敘事，但也反映了禪師們對待音樂的基本觀念。從丁亥到戊子，也就一年時間，但他們聽音樂的狀態已完全不同。前一年聆聽琴曲，還

〔註48〕〔宋〕永明智覺：《宗鏡錄》，《大正新修大藏經》（第48冊），臺北新文豐出版
　　　　公司1983年，第553頁下。
〔註49〕四個故事的詳細內容參見皮朝綱：《禪苑綻新葩：禪宗音樂美學探討的理論問
　　　　題》，《綿陽師範學院學報》2017年第3期。
〔註50〕〔清〕朱敏文：《枯木禪琴譜·序》，《琴曲集成》第二十八冊，中華書局2010
　　　　年，第7～8頁。

是「空靈幽怪，莫可名狀」，「每撫弦動操」，「神契益深」。這正是作樂人與聽樂人的「以心印心，心心相印」，是人們面對音樂時的高峰體驗狀態。只是過了一年，情況便全然不同，接二連三的變故改變了作者的心境，失去聽樂的心情，以前曾有的「心心相印」的機緣已杳然不再。這從反面說明了「以心印心」的機緣之為難得。前述伯牙與子期的故事，子期為伯牙之知音；後「鍾子期死，伯牙破琴絕弦，終身不復鼓琴，以為世無足復為鼓琴者」（《呂氏春秋・孝行覽》），即說明了「知音」的重要。而在禪師們那裏，這樣的思想也常能見到。韶州後白雲和尚就曾為「伯牙雖妙手，時人聽者稀」〔註51〕而感歎；另有學人問或庵禪師：「我有沒弦琴，久居在曠野。不是不會彈，未遇知音者」，說明只有面對「知音」，彈琴才有意義。接著又問：「知音既遇，未審如何品弄？」或庵禪師的回答是：「鐘作鐘鳴，鼓作鼓響。」〔註52〕意思是，不要作任何人為的「擺佈」，完全按你的「本心」來彈就行。「知音」的實質就是「心心相印」，就是心與心的互相感應與契合。

2. 音樂傳承與「悟」

不僅音樂的欣賞是「以心印心」，音樂的傳承也同樣如此。後來之人通過音樂以感知古人之「心」和「意」，並通過對此「心」此「意」的印合，才成就其源遠流長的傳統。無論是彈奏古曲還是聽賞古樂，都必須循其音聲而又能夠超越於它，進而感其心、會其意。北宋僧人琴家則全即特別強調彈琴要把握古人「用意」，認為「用意」是古人處理節奏的根據：「一曲之中，想古人用意處，抑揚高下，而取與之。此節奏之要也。」為則全《節奏指法》作序者也持同樣的看法：「蓋古人好琴不在多，但一操得意而已。能聽之者，令再三彈此一曲，方識古人用意處。近時聽琴便欲熱鬧堪聽，不得已雜以箏琶羯鼓之音，貴其易入耳，以取一時之美聽，全失古意，豈不歎哉？」「古意」即古人之「意」，是音樂音響節奏背後的精神和靈魂，它源於心，而存於樂。後人以樂顯之，以心印之，以至代代相傳，是即為音樂文化與美學傳統之延續。梅堯臣《贈琴僧知白》詩則強調聲之妙不可傳，而「古意」卻可傳：「上人南方來，手抱伏羲器。頹然造我門，不顧門下吏。上堂弄金徽，深得太古意。清風蕭蕭生，修竹搖晚翠。聲妙非可傳，彈罷不復記。明日告以行，圖興江海思。」〔註53〕常識

〔註51〕〔宋〕道原：《景德傳燈錄》卷二十四，《大正藏》第51冊，第404頁。
〔註52〕〔明〕釋居頂：《續傳燈錄》卷三十一，《大正藏》第51冊，第682頁。
〔註53〕〔宋〕梅堯臣：《贈琴僧知白》，《全宋詩》第5冊，北京大學出版社1999年，第2786頁。

告訴我們，琴之「聲」是可以傳的，因為它有形，可以記，可以學；而琴聲之「妙」是無形的，故「非可傳」，它只是彈琴人以自己的心靈、感覺和性情所鎔鑄出來的。相比之下，琴聲中的「古意」也是無形的，因而也是「非可傳」，即不能以通常的方式例如語言相傳，但知白的琴聲卻做到「深得太古意」。這「古意」是如何得到的？在禪宗看來，只有一個答案，就是「以心印心」，以己之「心」去「印」古人之「心」，通過「心心相印」實現「以心傳心」的功效。大訢禪師說：「鼓琴由藝進，讀書以學博。過耳音不留，空言亦奚託！千古會吾心，於焉有真樂。雨過晚涼生，臨池看魚躍。」〔註54〕「千古會吾心」，就是以心印心，以心會心，使得千年之心能夠隔空相傳。他特別強調，這樣以心會心、印合千古之心的音樂，才是「真樂」即真正的音樂。

當然，傳統並非永遠不變，音樂的精神也並非全然相同。正好相反，傳統之所以值得重視，正是因為它有生命，它會生長、變化，是一個「活」的東西。永遠不變即意味著僵化、死寂，只有不斷變化才會形成無盡的活力。這活力從何而來？也是源於「以心印心」，正是後來不斷與之相印的「心」，才能為之注入新鮮的「活水」。釋空塵《枯木禪琴譜・自序》云：「始悟琴旨，各稟性靈，莊生所謂：『意之所隨，不可以言傳』。蓋節奏板拍，可以傳授；取音用意，各隨人心。昔宓子鳴琴，化及單父；仲氏鼓瑟，見拒聖門。千載之下，猶見其性情。」〔註55〕在禪宗看來，雖然每個人所秉有的佛性只有一個，但其體現佛性之「心」卻各不相同，其佛性的具體體現亦各有特色。各以獨特的個體之「心」去「印」曲中的古人之「意」，其「意」才能不斷地生長、創造，才能保證傳統之河「活水」長流，才能始終保持其旺盛的活力。釋空塵所說，彈奏古曲要能夠「千載之下，猶見其性情」，這裡的「性情」雖以古人的面目出現，但實際上是由後世彈者「激活」的，是由後世彈者的生命、精神和氣質所「灌注」了的，也就是說，是後者以「心」相「印」的結果。

3. 音樂之「悟」的身體化

禪宗著眼的人生，是行動的人生，而非純粹知性的人生，所以特別重視身體感覺。悟就是伴隨身體感覺的心理現象。

〔註54〕〔元〕釋大訢：《琴書自樂詩》，《蒲室集》卷一，《欽定四庫全書》集部五，搜韻網・影印古籍：http://sou-yun.com/eBookIndex.aspx？id=131。

〔註55〕〔清〕釋空塵：《枯木禪琴譜・自序》，《琴曲集成》第二十八冊，中華書局2010年，第14～15頁。

　　禪宗對於音樂，從來都是伴隨著身體感覺和形象意味的。南朝釋慧皎《高僧傳》中有對音樂美感效應的描寫：「夫音樂感動，自古而然。是以玄師梵唱，赤雁愛而不移；比丘流響，青鳥悅而忘翥。曇憑動韻，猶令鳥馬踤躅；僧辯折調，尚使鴻鶴停飛。」是說音樂能夠感動大自然的萬事萬物，而且其感又是伴隨著肢體性動作的。在描述音樂對人的影響時，則有：「動韻則流靡弗窮，張喉則變態無盡。故能炳發八音，光揚七善。壯而不猛，凝而不滯；弱而不野，剛而不銳；清而不擾，濁而不蔽。諒足以起暢微言，怡神養性。故聽聲可以娛耳，聆語可以開襟。若然，可謂梵音深妙，令人樂聞者也。」〔註56〕這是充分認識到音樂的美感具有淪肌浹髓的效果。在禪宗看來，人的理性與感官本來就是相通的，所以，有理性之知，便隨即也會有感性之覺出現；而作感性之覺的同時，也往往能夠引發理性之知：兩者實為一體而不二的。正是因為音樂具有身體化傾向，所以才能發揮深刻而又持久的作用。明代鄭邦福在為《三教同聲》所作的《序》中說：「琴之設，無非禁人之不正以歸於正。咒為佛秘密語，雖不可以文字解，而其為教，亦欲懾群魔以歸之正，此其意旨原不謬於聖人。況道流乎人，患不達先王作樂之本耳。達其本則觸處冷然，無往非正性之具。即佛氏之風水樹鳥，皆能說法；梵音潮音，皆屬妙音：於琴理又何礙也？」〔註57〕「先王作樂之本」即在「修身養性」，它作用於身、心兩個方面。因為不脫離身體感覺，所以才有「達其本則觸處冷然，無往非正性之具」之語，才有「懾群魔以歸之正」的神奇力量。

　　注重身體化是因為禪宗的核心是「行」。慧能在講到修行是否要讀經時說：「經有何過，豈障汝念？只為迷悟在人，損益由己。口誦心行，即是轉經。口誦心不行，即是被經轉。」關鍵是「行」，沒有「行」，經也會使人「迷」；落實到「行」，「悟」才會降臨。所以，「行」才是禪宗的落實之處。「汝觀自本心，莫著外法相。法無四乘，人心自有等差。見聞轉誦是小乘，悟法解義是中乘，依法修行是大乘；萬法盡通，萬法俱備，一切不染，離諸法相，一無所得，名最上乘。乘是行義，不在口爭。」（《壇經·機緣第七》）因為最終落實於「行」，所以禪宗一刻不離身體，始終強調「體察」、「體驗」、「體會」、「體悟」。禪宗之「悟」就是「體悟」。禪宗大師常常用「如人飲水，冷暖自知」形容「悟」的狀態，這飲水之冷暖就是伴隨感性的知，一種身體性的覺解。

〔註56〕〔南朝梁〕釋慧皎：《高僧傳》卷十三，王昆吾、何劍平編著：《漢文佛經中的音樂史料》，巴蜀書社2002年，第610、611頁。

〔註57〕〔明〕鄭邦福：《三教同聲·序》，《琴曲集成》第六冊，中華書局2010年，第111頁。

第三節 音樂上的「不修之修」

那麼，如何才能進入「悟」的狀態？回答是：通過「修」。但這個「修」不是一般的「修」，而是「不修之修」，即以「不修」為「修」。這「不修之修」，是禪宗的另一獨創。

一、禪宗的「不修之修」

禪宗之「修」之所以是「不修」，原因有三：

1. 心本清淨，無須修

傳統佛教強調戒、定、慧，尤其是前二者，強調禁慾、苦修、坐禪、靜慮。「禪」是古印度巴利語「jhana」一詞的音譯，其原始義為思維修或靜慮。故在傳統佛教中，其主要含義便是打坐、靜慮。禪宗則一改坐禪之習，認為人心本來清淨，佛性又是動靜無常，所以無須從外求，也無須以靜求。修道者只須向其本心覓去，即可頓悟成佛。慧能說：「道由心悟，豈在坐也？」「坐」只是軀體之事，而「悟」則靠「心性」。他還引用經語「若言如來若坐若臥，是行邪道」加以說明，指出：「無所從來，亦無所去，無生無滅，是如來清淨禪；諸法空寂，是如來清淨坐。究竟無證，豈況坐耶。」（《壇經·宣詔第九》）可見，在禪宗看來，只有形跡意義的「坐」，是不可能真正悟道的。

既然人心本淨，那麼，是否就意味著應該直接向心處用力？答案也是否定的。慧能說：「汝等慎勿觀淨及空其心。此心本淨，無可取捨。各自努力，隨緣好去。」〔註58〕因為「此心本淨」，所以沒有必要著意去「觀淨」，也沒有必要人為地「空其心」，只須「隨緣」，亦即順其自然、放捨身心就行。臥輪禪師有偈云：「臥輪有伎倆，能斷百思想。對境心不起，菩提日日長。」慧能聞之曰：「此偈未明心地，若依而行之，是加緊繫縛。」於是也作一偈：「慧能沒伎倆，不斷百思想。對境心數起，菩提作麼長！」〔註59〕既然此心本淨，那麼就不需要「伎倆」，不需要「斷」，也無所謂「長」。慧能的這個思想後來突出地體現在馬祖道一的事蹟中：

> 開元中有沙門道一，在衡嶽山常習坐禪。師（懷讓）知是法器，往問曰：「大德坐禪圖甚麼？」一曰：「圖作佛。」師乃取一磚，於彼庵前石上磨。一曰：「磨作甚麼？」師曰：「磨作鏡。」一曰：「磨

〔註58〕〔宋〕普濟：《五燈會元》上冊，中華書局 1984 年，第 56 頁。
〔註59〕〔宋〕普濟：《五燈會元》上冊，中華書局 1984 年，第 56 頁。

磚豈得成鏡邪？」師曰：「磨磚既不成鏡，坐禪豈得作佛？」一曰：
「如何即是？」師曰：「如牛駕車，車若不行，打車即是，打牛即是？」
一無對。師又曰：「汝學坐禪，為學坐佛？若學坐禪，禪非坐臥；若
學坐佛，佛非定相。於無住法，不應取捨。汝若坐佛，即是殺佛。
若執坐相，非達其理。」一聞示誨，如飲醍醐。〔註60〕

馬祖聽後，頓然省悟，並一生弘揚此法，成禪宗一代大師。這裡的道理很
簡單，成佛的因子在心，坐禪卻將其轉向身；佛無定相，坐禪卻固著一態。這
樣的南轅北轍，緣木求魚，結果只能是一無所得。

2. 導向生活，似無修

傳統佛教強調僧俗之別，僧人有自己的生活和規則，有自己獨特的修行之
道。禪宗則打通僧俗的界別，使自己的修行世俗化、生活化。因其是生活化、
世俗化，顯得不像「禪修」，故曰「無修」。在這方面，馬祖道一是個開風氣的
人物。他說：「汝等諸人，各信自心是佛。此心即是佛心。……夫求法者應無
所求。心外無別佛，佛外無別心。」這就是禪宗常講的「即心是佛」。既「即
心是佛」，那麼，順心而為就是向佛之道。而順心而為，也就是人的日常生活。
所以，禪宗的修行也就自然導向生活。正如馬祖所說：「著衣吃飯，長養聖胎，
任運過時，更有何事。」〔註61〕修行就是「著衣吃飯」，此外別無它法。例如
龍潭崇信跟隨天皇道悟，一日，崇信問曰：「某自到來，不蒙指示心要？」天
皇曰：「自汝到來，吾未嘗不指汝心要。」崇信曰：「何處指示？」天皇曰：「汝
擎茶來，吾為汝接；汝行食來，吾為汝受；汝和南時，吾便低首。何處不指示
心要？」〔註62〕崇信認為來到天皇道悟跟前學習，是要得到他語言上的指教；
而在天皇道悟看來，老師給徒弟的指教不是像通常那樣是以語言進行，而就是
體現在平時的日常舉止、生活細節之中。崇信聽了這番話，便低頭尋思其義，
天皇即刻便說：「見則直下便見，擬思即差。」崇信當下開解。

「著衣吃飯」，普通人也是這樣，難道他們也是在修行？當然不是。有一
次，有源律師問大珠慧海禪師曰：「和尚修道，還用功否？」慧海說：「饑來吃
飯，困來即眠。」又問：「一切人總如是，同師用功否？」答曰：「不同。」問：
「何故不同？」答曰：「他吃飯時不肯吃飯，百種須索；睡時不肯睡，千般計

〔註60〕〔宋〕普濟：《五燈會元》上冊，中華書局1984年，第127頁。
〔註61〕〔宋〕普濟：《五燈會元》上冊，中華書局1984年，第128～129頁。
〔註62〕〔宋〕普濟：《五燈會元》中冊，中華書局1984年，第370～371頁。

較。所以不同也。」〔註63〕常人吃飯、睡覺總有各種計較,而禪師們不是,他們已經把吃飯、睡覺當作一個十分自然的過程,盡可能地放鬆,隨遇而安。所以,從形式上看,禪師的吃飯、睡覺與常人沒有不同,但實質是有著很大差異的,他們是通過平常的吃飯、睡覺來訓練自己精神的放鬆和隨緣,目的是使自己的本心得以呈現,進入悟的境界。

3. 修的真諦:放鬆

那麼,這種「無修之修」的本質是什麼?是「放鬆」。執著於形跡的坐禪之所以不合道,就是因為它不能導致「放鬆」,相反,倒是更添了一層束縛和執著。慧能說:「住心觀靜,是病非禪。長坐拘身,於理何益?」「坐」、「住」本身就會給人帶來束縛,所以不符合禪的精神。禪的精神就是解縛,就是使人放鬆。他說:「吾若言有法與人,即為誑汝。但且隨方解縛,假名三昧。」〔註64〕慧能的這個思想,在他的三傳弟子百丈淮海那裏表述得更為清楚。當有人問「如何是大乘頓悟法要」時,他回答說:「汝等先歇諸緣,休息萬事。善與不善,世出世間,一切諸法,莫記憶,莫緣念,放捨身心,令其自在。」〔註65〕「放捨身心,令其自在」,就是禪宗修行的本質所在。實際上,由於禪宗主張「即心是佛」,「心外無佛」,所以,連「解縛」都是多餘的。大珠慧海禪師就說:「本自無縛,不用求解。直用直行,是無等等。」〔註66〕順其自然即可,無須「解」的工夫。所謂「不修之修」,亦因此而來。

禪宗與印度佛教的一個區別是,它把重心從描述因果(法理)轉到尋求頓悟(體驗)上來,把「定」、「慧」二元轉換為「定」、「慧」一體。慧能云:「常生清淨心,定中而有慧。於境上無心,慧中而有定。定慧等無先,雙修自心正。」〔註67〕日本禪師鈴木大拙認為這是慧能帶給禪宗的一個實質性革命,他說:「慧能給中國佛教所帶來的消息是般若與禪那合一,亦即定慧等一說。」〔註68〕可見,作為「不修之修」的禪宗之「禪」,它與印度佛教之「禪那」,已有了很不相同的內涵。

〔註63〕〔宋〕普濟:《五燈會元》上冊,中華書局1984年,第157頁。
〔註64〕〔宋〕普濟:《五燈會元》上冊,中華書局1984年,第84、85頁。
〔註65〕〔宋〕普濟:《五燈會元》上冊,中華書局1984年,第133頁。
〔註66〕〔宋〕普濟:《五燈會元》上冊,中華書局1984年,第155頁。
〔註67〕〔宋〕普濟:《五燈會元》上冊,中華書局1984年,第103頁。
〔註68〕〔日〕鈴木大拙:《禪:敬答胡適博士》,張文達、張莉編《禪宗、歷史與文化》,黑龍江教育出版社1988年,第78頁。

二、強調「音外之修」

1. 音樂之「修」的兩個層面

音樂的創造和欣賞是一個十分複雜的活動，它不僅僅是耳之「聽」的問題，而是涉及全部身心、全副精神乃至全部感官共同合作的綜合過程。要順利地進行這一活動，自然少不了各方面的準備工作，這就是「修」，「修」就是通過努力、研習而致開悟的工夫。禪宗在這方面也有它的精深思考，其中一個特別的地方，就是把這種「修」劃分為兩個不同的層次，即「音內之修」和「音外之修」。釋空塵《枯木禪琴譜》洪鈞《序》中記有空塵以書法比喻彈琴的一段話：

> （余）習之二十餘年，受業琴師者四出。而聆江右諸家之論曰，某浙派、某蜀派，或虞山派、金陵派；更有論者曰，大家派、隱逸派、術士派、閨閣派，靜言思之，殆難定評。每當空山月明，器泠弦調，深味三昧。大都如專家論字，鉅公才子，即不臨帖，不善書，而下筆時有一種高致。筆法在帖，筆性在人。琴之浙、蜀諸派，筆法也；隱逸等派，筆性也。余所習三十餘曲，據依古調，間有增減，但主性情，不標宗旨，期其神遊象外，意在指先而已。〔註69〕

這裡主要講彈琴的兩個層面，並以書法中的「筆法」和「筆性」來指稱。「筆法」層面是指音樂本身的層面，即所謂「音內之修」。對於「音內之修」，我們很容易誤解為單純「技術」的層面，實則不然。它不僅包括技術，同時還包含以技術所表現出來的整體的音樂性，包括表現的內容和表現的魅力。「筆性」層面則是音樂以外的層面，即我們這裡所說的「音外之修」，它看上去與音樂無關，但實際上又直接影響著音樂的面貌。它涉及人的個性、才情、學養、經驗、品位、感受性等一切人生體驗、生活閱歷、思維方法、學養識見、精神氣質等等，空塵用「性情」加以概括。在他看來，以地域和風格而論的琴派，如浙派、蜀派等，屬於「筆法」層面的劃分；以精神、品格而論的琴派，如隱逸派、大家派等，則是在「筆性」層面的劃分。前者因有對象可仿，有形跡可循，故可以「學」；後者沒有明確的對象，也無固定的形跡，故無法以「學」獲得，只能靠「修」。「學」是一個理性化、程式化的模仿和操作，而「修」則是全身心的、浸潤性的體驗和領會。在兩者之中，是「筆性」高於「筆法」，「筆性」統率「筆法」，而非相反。實際上，這種劃分並非始自空塵，早在北

〔註69〕〔清〕洪鈞：《枯木禪琴譜·序》，《琴曲集成》第二十八冊，中華書局 2010 年，第 4 頁。

宋時，主張「攻琴如參禪」的成玉磵，即已指出其不同。他說：「琴中巧拙，
在於用工；至於風韻，則出人氣宇。」「巧拙」在法，可以「用工」，可以「學」；
而「風韻」則基於性情，它是人的內在品格和整體素養所發出的光華，它無法
「學」，只能靠「修」靠「養」來獲得。他說：「人皆慕指法齊整，動作拘硬，
正如小兒學書；欲得風韻瀟灑，出於規矩準繩之外」。「風韻」是人的整體氣質
和生命張力的體現，它超越法度，無跡可循，只能在規則法度之外、也就是在
生活的海洋中養成。

這兩個方面的素養及其關係，我們可以舉北宋僧人琴家義海為例。沈括在
《夢溪筆談》中有一段關於他的記述：

> 興國中，琴待詔朱文濟鼓琴為天下第一。京師僧慧日大師夷中
> 盡得其法，以授越僧義海，海盡夷中之藝，乃入越州法華山習之，
> 謝絕過從，積十年不下山，晝夜手不釋弦，遂窮其妙。天下從海學
> 琴者輻輳，無有臻其奧。海今老矣，指法於此遂絕。海讀書，能為
> 文，士大夫多與之遊，然獨以能琴知名。海之藝不在於聲，其意韻
> 蕭然，得於聲外，此眾人所不及也。〔註70〕

對義海琴藝的記載即體現了琴的兩個層面的修養工夫，一是「音內之修」，
即夷中從朱文濟處，義海又從夷中處所獲得的琴藝傳承。這個層面是法的層
面，技術的層面，是可學、可傳的，所以是「盡得其法」，「盡夷中之藝」。這
樣的傳承也需要付出相當精力的，這從義海的「謝絕過從，積十年不下山，晝
夜手不釋弦」可以看出。但是，義海之所以為義海，不僅僅是因為傳習而得的
琴藝，更因為他的琴「意韻蕭然，得於聲外」，因為他來自「讀書」、「為文」
等音外的獨特之修，養成了他獨到的個性、氣質、情懷、識見、悟性等精神性
品格，即他的「音外之修」。正是有了這樣多方面的深厚素養，才使他成為「眾
人所不及」的一代大家。

所以，在禪宗看來，音樂的這兩種能力很重要，都需要認真地修，但修的
方法有所不同。音內之修有「筆法」可循，是可以學而習之，故是以「學」為
修；音外之修著眼的是「筆性」，它無形跡可循，無法則可依，只能全憑各人
的性情；而性情又是在生活中逐漸養成，所以是以「養」為修。空塵所說：「筆
法在帖，筆性在人」，「帖」是有形之物，可以把捉，可以模仿，可以推敲；而

〔註70〕〔宋〕沈括：《夢溪筆談補筆談》，據胡道靜《新校正夢溪筆談》，中華書局1957
年版，第291頁。

「人」則是一個活的生命存在，全靠自己的潛心經營和一心妙用。性質不同，其修養的方法也自然有異。

不過，儘管禪宗也重視音內之修，但更重視的還是音外之修。在他們看來，與音樂本身的訓練相比，音樂以外的修養更加重要。所以空塵才說：「鉅公才子，即不臨帖，不善書，而下筆時有一種高致。」人格的「高致」可以高於有形之「帖」。沈括也說：「海之藝不在於聲，其意韻蕭然，得於聲外，此眾人所不及也。」人的精神修養也是高於有形之「聲」的。

2.「音外之修」的內涵

空塵所說書法中的一種「高致」，沈括所說義海琴中的「意韻蕭然」，總之，音樂中所隱含著的「音外之修」，是來自人對生活、生命的細緻觀察、獨到體驗和深刻理解，是人的風華才情個性的自然流露，簡言之，是人品的直接體現。因此之故，在音樂界，人們格外重視人品也就不奇怪了。徐上瀛《溪山琴況》云：「第其人必具超逸之品，故自發超逸之音。本從性天流出，而亦陶冶可到。如道人彈琴，琴不清亦清。朱紫陽曰：『古樂雖不可得而見，但誠實人彈琴，便雍容平淡。』」（逸）人品既來自一個人的天性（「性天流出」），同時也是可以經過修煉而得到（「陶冶可到」）。其實，天性只提供一種潛質，真正要獲得優秀的人品，還得靠後天的「修」。這個「修」，自然是「音外之修」。而「音」之外，那就是生活，就是人生，就是你日常所接觸和所做的一切。導向生活，其實正是禪宗的一個重要取向。正如鈴木大拙所說：「禪的日常生活，乃是去生活，而非從它外面去看生活」〔註71〕。

「生活」是一個十分廣闊的領域，在生活中放鬆自己，對於禪悟十分重要；對於從樂之人，在生活中豐富其體驗，增加其閱歷，深化其感性，也是至為重要。禪宗在這方面的理念，我們可以曾出家為僧的明代思想家李贄的論述為例。他在《〈征途與共〉後語》一文中寫有這樣一段話：

> 侯謂「聲音之道可與禪通」，似矣。而引伯牙以為證，謂古不必圖譜，今不必碩師，傲然遂自信者，適足以為笑，則余實不然之。夫伯牙於成連，可謂得師矣，按圖指授，可謂有譜有法，有古有今矣，伯牙何以終不得也？且使成連而果以圖譜碩師為必不可已，則宜窮日夜以教之操，何可移之海濱無人之境，寂寞不見之地，直與

〔註71〕〔日〕鈴木大拙：《禪：敬答胡適博士》，張文達、張莉編《禪宗、歷史與文化》，黑龍江教育出版社1988年，第72頁。

－224－

> 世之矇者等，則又烏用成連先生為也？此道又何與於海，而必之於
> 海然後可得也？尤足怪矣！

這裡的侯即焦竑，字弱侯，明代學者，李贄之友。他曾在《澹園集》中講
到學琴之事，說：「譬之嗜音者必尊信古，始尋聲布爪，唯譜之歸，而又得碩
師焉以指授之。乃成連於伯牙，猶必徙之岑寂之濱，及夫山林杳冥，海水洞湧，
然後恍有得於絲桐之表，而水仙之操，為天下妙。若矇者偶觸於琴而有聲，輒
曰：『音在是矣。』遂以謂仰不必師於古，俯不必悟於心，而傲然可以自信也，
豈理也哉！」（卷十四）這是以伯牙學琴為例，強調學琴必須依循古之圖譜，
遵從今之大師指導，才能取得成功。伯牙隨成連學琴而成一代名師，即為例證。
而那些無此經歷的人（「矇者」），雖然偶觸琴弦也能發聲，但絕不能因此就認
為學琴不必信譜尊師。對焦竑的這番議論，李贄提出不同的看法。他也以伯牙
為例，說明如果只需遵循古譜，得大師指導即能成功，那麼，伯牙在成連門下
學了三年，為什麼還沒能成功？為什麼還要帶他到東海之中，去領略海水之
「洞滑崩澌」，山林之「窅窦」，群鳥之「悲號」？為什麼只是在他經歷了這一
過程之後，他才「遂為天下妙手」？其中道理，李贄做了詳細的分析：

> 蓋成連有成連之音，雖成連不能授之於弟子；伯牙有伯牙之音，
> 雖伯牙不能必得之於成連。所謂音在於是，偶觸而即得者，不可以學
> 人為也。矇者唯未嘗學，故觸之即契；伯牙唯學，故至於無所觸而後
> 為妙也。設伯牙不至於海，設至海而成連先生猶與之偕，亦終不能得
> 矣。唯至於絕海之濱，空洞之野，渺無人跡，而後向之圖譜無存，指
> 授無所，碩師無見，凡昔之一切可得而傳者，今皆不可復得矣，故乃
> 自得之也。此其道蓋出於絲桐之表、指授之外者，而又烏用成連先生
> 為耶？然則學道者可知矣。明有所不見，一見影而知渠；聰有所不聞，
> 一擊竹而成偈。大都皆然，何獨矇師之與伯牙耶？〔註72〕

這一段文字包含以下幾方面的內容：其一，成連與伯牙，亦即師與生是不
同的個體，故各有不同的性情，對音樂也定有各自不同的體驗、理解和發揮，
即所謂「成連有成連之音」，「伯牙有伯牙之音」。因此，僅僅依靠「碩師」的
指點是不夠的。過於依賴碩師，會影響學生對音樂的創造性發揮。其二，音樂
中有些東西可以傳授，有些則無法傳授，即「此其道蓋出於絲桐之表、指授之

〔註72〕張建業主編：《李贄全集注》第二冊《焚書注》（二），社會科學文獻出版社 2010
　　　年，第 11～12 頁。

外者」。也就是說，成連所教只是「音內之修」，此外還有「音外之修」，是成連無法傳授的。無法傳授的東西，碩師不能給予。所以，僅靠「碩師」是不夠的。其三，彈琴和聽琴的關鍵並非在古譜和碩師，而在是否「契」，即心靈與音樂表現的相合。很明顯，伯牙成功的關鍵不是成連的譜傳身授，而是他親臨東海，真切地感受到山林窅冥、海水崩嘶、群鳥悲號。是這樣的情景打開了伯牙的心扉，解放了伯牙的感官，使之與山水翕然相「契」，才能夠取得「水仙之操，為天下妙」的巨大成就。其四，彈琴者和聽琴者要想真正「自得之」，就必須丟開「昔之一切可得而傳者」，使「向之圖譜無存，指授無所，碩師無見」。否則，「自得」的機遇就不會出現。這既是莊子「得意忘言」思想的體現，也是禪宗「了卻前緣，方得新緣」思想的實踐。其五，演奏音樂者一定要有自己的親悟，而親悟又總是有待特定的條件。「明有所不見，一見影而知渠；聽有所不聞，一擊竹而成偈。」「見影」、「擊竹」就是這樣的條件和機緣，它們往往不是存在音樂之中，而是在音樂之外，生活之中。禪宗之所以強調「音外之修」，這也是一個十分重要的因素。

從歷史上看，凡是在音樂上出類拔萃者，都有著豐厚的「音外之修」；從樂者需要豐厚的「音外之修」，也已成歷代眾多樂論者的共識。除上述伯牙之外，另如師文，北宋朱長文即謂「師文之技」乃「天下之至精」，但其琴藝路線卻是「正心以審法，審法以察音。及其妙也，則音法可忘，而道器冥感」〔註73〕。「正心」即是音外之事，在朱文的序列中居於首位，顯示了它的重要。在音樂修養的最高階段，技法已經被超越，音內的世界同音外的世界已經完全交融合一。而沈括對義海的評論：「海之藝不在於聲，其意韻蕭然，得於聲外，此眾人所不及也。」也是說明，「聲」並不是最重要的，「得於聲外」者，才是真正值得珍視的要素。明代徐上瀛《溪山琴況》在論及琴之修養時也有同樣的話：「求之弦中如不足，得之弦外則有餘」（遠），「弦外」即音外，亦即生活，並指出具體的修養路徑：「當先養其琴度，而次養其手指，則形神並潔，逸氣漸來，臨緩則將舒緩而多韻，處急則猶運急而不乖，有一種安閒自如之景象，盡是瀟灑不群之天趣。」「琴度」指彈琴人的氣質、風度、心態、神韻，總之，是人的內在品格。這種品格來自生活，是琴人整個人生修養的結晶。一旦有了這樣的結晶，它就會自然地在你的音樂中實現出來，展現出「安閒自如」、「瀟

〔註73〕〔宋〕朱長文：《琴史》卷二，常俊珩編：《琴史匯要》第一輯，香港心一堂有限公司 2010 年版。

灑不群」的氣象。也因為此，才會有「所為得之心而應之手，聽其音而得其人」（逸）的可能。

　　應該注意的是，禪宗的重視「音外之修」，重點不是對生活的模仿、再現，而是「激發」，是「孕育」，是「釀造」，是將生活中的經驗經過醞釀後轉化、昇華為藝術的感覺與韻致。所以，在禪宗看來，音樂之於生活，創造才是它的本質。

三、既是「無心」，又要「有心」

1.「修」是一個自然、「無心」的過程

　　從根本上說，禪宗是將「修」看成一個自然而然的事情，一如慧能所說：「此心本淨，無可取捨。各自努力，隨緣好去。」前面所引百丈懷海之語：「一切諸法，莫記憶，莫緣念，放捨身心，令其自在」，也是這個意思。為了更清楚地說明其道理，這裡再引用幾個公案，並略作分析。

　　唐代長沙景岑禪師是南泉普願的弟子，曾「居無定所，但徇緣接物，隨宜說法」。後居長沙，信徒甚眾。有僧問：「如何是平常心？」師（長沙景岑）曰：「要眠即眠，要坐即坐。」問：「學人不會，意旨如何？」師曰：「熱即取涼，寒即向火。」問：「向上一路，請師道？」師曰：「一口針，三尺線。」又問：「如何領會？」師曰：「益州布，揚州絹。」〔註74〕面對僧人之問，景岑的回答都是極其普通、極其自然的答案，睏了即眠，累了即坐，熱了取涼，冷了向火。當僧人詢問如何再向上一步時，他又以針線、布帛相答，仍然是日常生活中的事體。這個故事說明，修行並非人們通常所認為的要有人為追求，而就是生活本身，它是一個十分自然的過程。另如藥山惟儼禪師，為了求得「直指人心，見性成佛」之道，他初詣石頭希遷，繼又參拜馬祖道一，後又回到石頭處。據《五燈會元》載：「一日在石上坐次，石頭問曰：『汝在這裡作麼？』（藥山惟儼）曰：『一物不為。』頭（石頭）曰：『恁麼即閒坐也。』曰：『若閒坐即為也。』頭曰：『汝道不為，不為個什麼？』曰：『千聖亦不識。』」〔註75〕按照通常的理解，「閒坐」就應該是無為的了，但藥山認為，若是「有心」「閒坐」，就不是無為，而是「有為」了。之於真正的「不為」是什麼？那是「千聖亦不識」的，它只可意會，不可言說。

〔註74〕〔宋〕普濟：《五燈會元》上冊，中華書局 1984 年，第 210 頁。
〔註75〕〔宋〕普濟：《五燈會元》上冊，中華書局 1984 年，第 257 頁。

　　禪師修行中的「無心」，似乎與音樂相距較遠。音樂是有一定的規則，需要一定的技法，並為著一定的目的、製造一定的效果的，如何能「無心」為之呢？實則不然。成玉磵《琴論》云：「夫彈人不可苦意思，苦意思則纏縛，唯自在無礙，則有妙趣。設若有苦意思，得者終不及自然沖融爾。莊子云『機心存於胸中，則純白不備。』故彈琴者至於忘機，乃能通神明也。」「苦意思」即「有心」，即人為。有了「苦意思」，作為音樂之源的「本心」就無法顯現，琴人生命感性中的活潑之趣也便無從產生。

2. 同時也是「有心」「著力」的過程

　　禪宗的「不修之修」強調自然、無心，並不意味著它是完全鬆弛，更不是「麻木不仁」。雖然是「不修之修」，但終究還是「修」。也就是說，導向生活的「修」，並不就等同於世俗的生活，而是在生活中「修」，以生活為「修」。慧海曾經指出過常人與禪師的不同：常人「他吃飯時不肯吃飯，百種須索；睡時不肯睡，千般計較。所以不同也。」常人吃飯睡覺總是有「千般計較」，而禪師的不同就在於他「不計較」。但是，這「不計較」其實也是一種「用力」，禪師常稱之為「著力」。在禪宗那裏，儘管是「不修之修」，這「修」還是要有某種潛意識的指向；不可以有「執」，但也是要有「修」的意念、意向。百丈懷海也有同樣的說法：「佛是無求人，求之即乖理。是無求理，求之即失。」這是強調「無求」。但緊接著又說：「若著無求，復同於有求。若著無為，復同於有為。」〔註76〕一味的「無求」，也就是「有求」，為什麼？因為它把「無求」也當成「執」了。當我們去「求」「無求」時，「無求」也就變成了「有求」。

　　這個道理說得較為清楚而又有層次的，可推大慧宗杲禪師。《指月錄》記有他這樣一段話：「『趙州狗子無佛性話，喜怒靜鬧處，亦須提撕。』第一不得用意等悟。若用意等悟，則自謂我即今迷。執迷待悟，縱經塵劫，亦不能得悟。」這是說，不要用意，不要有求，求悟終不能得悟。但道理不是就此為止，還有下文：「但舉話頭時，略抖擻精神看，是個什麼道理。」這就又是有心、有為了。如何有為？他舉例說：「常以生不知來處，死不知去處二事，貼在鼻孔尖上，茶裏飯裏，靜處鬧處，念念孜孜。」禪師在修時不是硌硌無為，死水一潭，而是心中有問題，有指向，有張力。「覺得如此時，正好著力。」如何「著力」？「只就這裡看個話頭。」比如講，「僧問趙州：『狗子還有佛性也無？』州云：『無。』」這時該如何呢？應該是：「看時不用博量，不用批註，不用要得分曉，

───────────

〔註76〕〔宋〕普濟：《五燈會元》上冊，中華書局 1984 年，第 134 頁。

不用向開口處承當，不用向舉起處作道理，不用墮在空寂處，不用將心等悟，不用向宗師說處領略，不用掉在無事甲裏。」一連九個「不用」，又回復到「無心」、「無求」的狀態。這是要定好根基，然後再在此根基上有所「為」。這樣，就又有「但行、住、坐、臥，時時提撕。……提撕得熟，口議心思不及，方寸裏七上八下，如咬生鐵橛。沒滋味時，切莫退志。得如此時，卻是好底消息。」〔註77〕「提撕」，就是把問題提出，反覆審察、拷問、敲打。不僅要「提撕」，而且是「時時」，要達到「熟」的程度；還要有相當的強度（「七上八下」）和力度（「如咬生鐵橛」），並努力堅持下去（「切莫退志」）。只有這樣，才能達到「修」的最終目的──「悟」。

禪宗之修既是有心，又是無心，既要無為，又要著力，這樣的道理同樣體現在音樂修為的養成上。就拿禪師們常常談論的成連與伯牙為例。成連率伯牙至東海蓬萊島移情，就是一個有心而為的事情。成連認為自己「能傳曲，而不能移情」，即是發現問題，並尋求解決的方法，此即有心為之。到蓬萊後又有意避開，為伯牙創造自悟的機緣，當然也非無心之舉。而伯牙在獨自感受山林海水之氣象時，亦很用心體驗、把捉，才終於在琴上實現出來，成為一代妙手。這一對師生在琴藝上的提高，無不是有心追求的結果。《枯木禪琴譜》朱敏文《序》中亦曾介紹空塵在琴藝上不斷用心的過程：「上人（空塵）則遍參江浙諸名山，窮岩邃谷，棲真者久之，佛法仙心都歸腕下，所造益進。」〔註78〕首先，這裏反映出作為琴家的空塵對於自身的琴藝修養，重視的正是親臨自然山水、揣摩佛法仙心的「音外之修」。其次，從「遍參江浙諸名山」和「窮岩邃谷，棲真者久之」之語，亦可清晰地感受到琴家所作的主觀努力，一種「有心」的追求。

從總體上說，禪宗之修確實普遍地遵循著這種既「無心」又「有心」、既「無為」又「著力」的基本原則，這個原則若再進一步，就成了既非「無心」，又非非「無心」，既非「無為」，又非非「無為」的理路。這樣，就又進入到禪宗的「不二」大法了。

第四節　實踐中的「不二」思維

禪宗哲學自然涉及許多方面，也可以分為許多部分，如本體論、認識論、

〔註77〕〔明〕瞿汝稷編撰：《指月錄》（下），巴蜀書社2014年，第931頁。
〔註78〕〔清〕朱敏文：《枯木禪琴譜・序》，《琴曲集成》第二十八冊，中華書局2010年，第7頁。

實踐論、邏輯學（因明學）等，各部分之間也有著嚴密的邏輯聯繫，是名副其實的一種思想體系。在這個體系的各個部分之中，其實還貫穿著一個東西，那就是「不二」思維，或者說，「不二」大法。從某種意義上說，這才是禪宗乃至佛教哲學的靈魂所在。

一、禪修中的「不二」思維
1.「不二」是禪宗大法

我們說「不二」是禪宗的思維，是往小裏說；往大里說，它就是禪宗的「大法」，即最高的法則。禪宗三祖僧璨《信心銘》曰：「真如法界，無他無自。要急相應，惟言不二。不二皆同，無不包容。十方智者，皆入此宗。」

這個思想，在慧能那裏，也表述得十分清楚而且肯定。當初他在廣州法性寺聽印宗講《涅槃經》時，印宗即問他，五祖弘忍是如何指授弟子修行的。慧能曰：「指授即無，惟論見性，不論禪定解脫。」印宗曰：「何不論禪定解脫？」慧能曰：「為是二法，不是佛法。佛法是不二之法。」印宗又問：「如何是佛法不二之法？」慧能曰：「法師講《涅槃經》，明佛性，是佛法不二之法。」接著他以高貴德王菩薩向佛請教的話為例予以說明。高貴德王的話是：「犯四重禁、作五逆罪及一闡提等，當斷善根佛性否？」意思是，一個人如果犯了十分嚴重的罪，他的善根佛性有沒有「斷」？佛的回答是：「善根有二，一者常，二者無常。」慧能解釋說：「佛性非常、非無常，是故不斷，名為不二；一者善，二者不善，佛性非善、非不善，是名不二。蘊之與界，凡夫見二；智者了達，其性無二。無二之性，即是佛性。」（《壇經·行由第一》）這裡是以「善」為例說明「不二」的，「不二」就是非善，非不善。對於凡夫來說，是有善與不善之別，而在佛看來，則無此區別，故為「不二」。再如講定慧，也是遵循「不二」原則的。他說：「我此法門，以定惠（慧）為本。第一勿迷以定惠別。定惠體一不二。即定是惠體，即惠是定用。即惠之時定在惠，即定之時惠在定。善知識，此義即是定惠等。」〔註79〕「定慧別」就成「二」，是為「迷」；「定慧等」，「等」即「同」，即「如一」，是即「不二」。他還以「生滅」為例來說明。有人問：「師說不生不滅，何異外道？」慧能解釋說：「外道所說不生不滅者，將滅止生，以生顯滅，滅猶不滅，生說不生。我說不生不滅者，本自無生，今亦無滅，所以不同外道。汝若欲知心要，但一切善惡都莫思量，自然得入清

〔註79〕郭朋：《壇經校釋》，中華書局 1983 年版，第 26 頁。

淨心體。湛然常寂，妙用恒沙。」〔註80〕這是要說明禪宗的「不二」同世俗所謂「無異」的不同。「將滅止生，以生顯滅」，是用此一否定另一，生滅都是實在的存在。而「不二」的意思，是本來就無生無滅，既無生，自然也就無滅。

「不二」之法並非禪宗首先提出的，在印度佛經中就已經存在了。例如禪宗極為重視的《金剛經》，就有明確的「不二」思想：「無法相，亦無非法相。……是故不應取法，不應取非法。」〔註81〕意思是，對任何事情，都不能把它看絕對了。任何事情，都既是，又不是。嚴格地說，這還不夠準確、完整。準確而又完整的表述應該是：既不是，又不不是。雙重否定，這才是「不二」的真正意涵。例如《金剛經》中先是說：「一切法皆佛法。」但緊接著又說：「所言一切法者，即非一切法，是故名一切法。」另一處所說：「如來說諸心，皆為非心，是名為心。」也是這個意思。慧能的三傳弟子百丈懷海所謂「佛是無求人，求之即乖理。是無求理，求之即失。若著無求，復同於有求。若著無為，復同於有為」，應該是更清楚地說出了「不二」的精髓。他所引用佛經中的一句話，對「不二」思想的體現更為簡潔明白，即：「不取於法，不取非法，不取非非法。」〔註82〕

2.「不二」的內涵與特點

那麼，究竟何為「不二」？它有什麼特點？簡單地說，「不二」就是對「二」的否定，即不「落」於二，不「執」於二。善祥法師說：「佛性不落於有、無，不落於常、無常，亦不落於善、惡等，故其性無二。一切世間對待法，均是由佛性而發，是為不二之法，有智慧者能了達，性相二性，其性無二，無二之性，即是佛性也。」〔註83〕不「落」就是不「執」。

實際上，對「二」的否定可以有多種形態：

（1）不分為二，始終為「一」，可用「無分彼此」來表示。這是以「一」來否定「二」，是為「本一（渾一）」。它在否定的同時又有肯定，肯定的是「一」。

（2）分而為二，但執其兩端而用其中，可用「彼此之間」來表示。這是以「中」來否定「二」，是為「中道」。它在否定的同時又有肯定，肯定的是「中」。

（3）可分而為二，但對其「二」又均予否定，既是對「二」的整體否定，

〔註80〕〔明〕瞿汝稷編撰：《指月錄》（上），巴蜀書社 2014 年，第 123 頁。
〔註81〕《金剛經心經》，徐衡譯注，山東畫報出版社 2013 年，第 20 頁。
〔註82〕〔宋〕普濟：《五燈會元》上冊，中華書局 1984 年，第 134 頁。
〔註83〕釋善祥：《公案禪機》，佛教導航網：http://www.fjdh.cn/wumin/2013/12/131250 318098.html。

又對「二」的各部分加以否定，同時還對此否定再加以否定，可以「非此非彼」來表示。但又不止於此，而是「非此非彼，亦非非此亦非非彼」，這就是「不二」。「不二」的特點是完全否定，它只有否定出場，而無肯定顯身。

（4）分而為二，但卻否定其一，肯定另一，可以「非此即彼」來表示。這就是眾所周知的「辯證法」。它與前三者不同，它對於「二」不是從否定出發，而是從肯定出發的。

大致說來，這四類之中，第 4 種是西方的，前三者分別是道家、儒家和禪宗。禪宗的「不二」，有時候又可以包含前面兩種，即既包含道家無分彼此的「同一」，也包含儒家「彼此之間」的「中道」，但真正屬於禪宗獨創的，還是第三種，即可以「分而為二」，但「分而為二」後，必須再加以否定，並且否定後還得否定下去。始終著眼於否定，不著肯定語，是「不二」思維的本質特徵。《中陰經》卷上云：「佛告定化王菩薩曰：『族姓子，聲為有對耶？無對耶？』定化王菩薩白佛曰：『亦有對，亦無對。』佛告定化王菩薩：『聲亦不有對，亦不無對。云何？族姓子，此聲彼應為有？為無？為虛？為實？云何，族姓子，虛空可畫得成不？』對曰：『唯然，世尊，不可得也。』『何以故？如來習行於阿祇劫，亦不見有，亦不見無；亦不見有三世，亦不見無三世，乃至非想非不想，亦復如是。」〔註84〕佛問定化王菩薩聲是否有「對」，定化王的回答是：「亦有對，亦無對。」佛立刻將其糾正為「不有對，亦不無對」。如果用數學思維來衡量，這兩句是沒有什麼差別，佛語中的「不無對」是雙重否定，在數學上應該是負負得正，又回到肯定，即「有對」了。但是，在哲學思維看來，禪宗的「負負」並不等於否定以前的肯定，就好像螺旋式運動，運動一周後好像又回到原點，實際上不是原點，而是一個已經又進了一層的新的位點，和原點已經有了很大的變化。禪宗的否定也是如此，它不會因為雙重否定而變為肯定，而是在總體特性上仍然屬於否定。佛在最後所說的「亦不見有，亦不見無；亦不見有三世，亦不見無三世」以及「非想非不想」等，都是這個意思，都是要把話題落實在否定上。

禪宗之把思維落實在否定上，是為它的哲學的根本目的服務的。禪宗哲學的根本目的是要破除執著，解除束縛。相比較而言，肯定易於生「執」，否定不易生「執」。前文所說「隨說隨掃」，體現的就是否定思維，因而也是「不二」

〔註84〕《中陰經》，後秦竺佛念譯，王昆吾、何劍平編著《漢文佛經中的音樂史料》，巴蜀書社 2002 年，第 160 頁。

法則的具體運用。「不二」就是為了徹底地消除執著，解除束縛。甚至，在禪宗看來，為了避免執著，連「不二」也是可以否定的。三論宗代表人物隋代吉藏《大乘玄論》云：「說有欲顯不有，說無欲顯不無，有無顯不有不無，故名了義。他但以有為世諦，空為真諦。今明，若有若空，皆是世諦，非有非空，始為真諦。三者空有為二，非空有為不二，二與不二皆是世諦，非二非不二名為真諦。」〔註85〕可見，「世諦」和「真諦」（亦即「第一義諦」）並沒有固定的界線。就「有」與「空」來說，「有」是世諦，「空」是真諦；但既然分為「有」和「空」，它就還是「二」；「二」，故又只能是「世諦」；同理，若單說「空」，也只是世諦。只有否定性的「非有非空」才是「真諦」，因為這樣才是「不二」。但是，若又以「二」與「不二」來說，則又落入「二」的言詮，所以又是世諦；只有再次否定，成為「非二非不二」時，才能夠稱為真諦。所以，無論是說「有」還是「無」，都得予以否定（即「不有」、「不無」）。即使是「不二」這樣的大法，一旦它因肯定而有生「執」的可能時，就不再是真正的大法了，而是必須再次否定。可見，「否定」在「不二」大法中至關重要。禪宗所接受並在後來加以弘揚的就是這樣的「不二」大法。

二、「不二」的音樂美學表述

與「不二」本身的三種類型相對應，它在音樂美學的理論表述中也有三種類型，一是以「本一」、「合一」否定二分的「不二」，一是以「中道」否定兩端的「不二」，一是以「否定」為旨歸即徹底否定的「不二」。

1.「本一」式的「不二」

「本一」式的「不二」，是強調本就一體，不分為二；本然即不二，自然應該合一。這個道理，我們可以借羅藝峰教授的《音心不二論》來說明。這篇文章以文言文寫成，最初在「音心對映論爭鳴專題筆會（2008，蘭州）」上發表。他借助佛學的理念，提出音和心並非對映關係，而是「本一」的一體關係。首先，他從音心生成的角度分析，認為音和心都是因緣和合的產物，不是本有的存在：「要在音所以是音，全在因緣和合；心所以心，亦全在因緣際會。」然後，他又指出，音與心是互為前提、互為條件，因而是不能孤立存在的：「心不識音，則音不存。音不表心，則心不顯。按音之本義，音不自音，必待有心而成音，故五聲六律無非人心之作為，人心之外顯，樂（yue）之理和樂（le）

〔註85〕〔隋〕吉藏：《大乘玄論》卷一，臺灣佛典協會印製本，第2頁。

之情，皆在其中。按心之本義，非肉團心而是緣慮心，故心不自心，必待物感心動，音起而發心，樂（yue）之理和樂（le）之情，莫不按覆。」可見，音和心的關係不是「對映」，而是互動、互含的關係：「比音而起之樂（yue），必有心智之驅使；比音而起之樂（le），必是心情之外顯，故音在心中，心在音中。」互動、互含，也就是「本一」，就是「一體」：「比音而樂（yue），則樂理即心理；比音而樂（le），則音情即心情，何待兩兩對映。」最後，作者又借助阿賴耶識，指出音心的種子在其本然中就是同一的：「賴耶即能藏，故音心種子皆本阿賴耶識。賴耶即所藏，故音心種子皆入阿賴耶識。賴耶即執藏，故音心種子皆同阿賴耶識。如此，則物我同一，音心不二，音亦法體，心是集起，是為必然。」〔註86〕這篇文章是針對儒家文本而起的「音心關係」討論的，但作者立足佛教義理進行闡釋，因而也就成為佛教關於音心關係的重要論述，是佛教音樂美學中「本一」式「不二」論的重要文獻。

有本然之「一」（「本一」），則自然就有應然之「一」，即「合一」，這是萬物歸根返本的自然之力，音樂也不例外。與音心關係相似，佛教禪宗的音樂觀中，音意關係也是本然為一的，是音意不二的。則全和尚在其《節奏指法》中說：「凡操弄之作，各有所因。近時學者，往往彈數十曲，其聲一般全無分別。」不管彈的是何曲，聲音「全無分別」，這是則全著意要批評的現象。為什麼？就是因為他們把音意分離，拆而為二了，音與意的有機整體性遭到破壞。他接著舉例分析說：「且如《遊春》《幽居》二操，聲因意而不同；《悲風》〔註87〕一曲，前段乃是舜歌《南風》，取徽外聲之後，方見《悲風》意。如《離騷》者，為弔屈原而作；《昭君怨》者，想像出塞之時，其聲繁亂重疊處，多直婦人之辭也；《高山》《流水》〔註88〕，深有林泉之真，此古人命操之本意也。」〔註89〕每首曲子都有自己特定的「意」，因而也必有自己特定的「音」，音、意本來一體，現在卻將其分離開來，自然是不合道的，因而也就不符合音樂美學原則了。

從這個意義上看「本一」與「合一」，許多問題就能夠得到很好的理解。徐上瀛《溪山琴況》論「和」，提出「所以和者三，曰：弦與指合，指與音合，

〔註86〕羅藝峰：《音心不二論──仿僧肇筆意》，《星海音樂學院學報》2008 年第 4 期。
〔註87〕「悲」原作「惡」，據下文改。
〔註88〕原作「綠水」，應是「流水」。
〔註89〕〔宋〕釋則全：《節奏指法》，《琴苑要錄》（若海珍藏），鐵琴銅劍樓藏本複印本，第 32 頁。

音與意合，而和至矣」，講的是弦指、指音、音意之合。孤立地看，弦、指、音、意都有自己的獨立性，憑什麼說它們是「本一」，故而應「合一」呢？因為這裡是就音樂而言的，作為音樂來說，弦與指一定合了才會有音，指與音合了才會有韻，音與意合了才會有神，弦指音意全然相合了，才會有氣韻生動的音樂。就音樂來說，它們本來就是一體的。一旦將其拆分開來，音樂便不復存在，其弦、指、音、意也就失去原有的意義。實際上，若更進一步說，即連人與琴也本為一體，所以才在彈奏的最高階段，總是渾然合一的。蜀僧居靜就說：「每彈琴，是我彈琴、琴彈我。」〔註90〕人、琴合一，也是禪宗哲學中的本然之理。

2.「中道」式的「不二」

「中道」式的「不二」，就是以「中」否定其兩端。它可以分而為二，但分後必須在兩極之間尋找一個中間點。這類似於儒家的「中庸」之道，但儒家是「執其兩端，用其中」，作為兩端的「二」並不一定要完全否定。而禪宗的「中道」式「不二」則以其「中」否定了兩端，只有這個中間點是以肯定的方式存在。這個類型在音樂美學方面的體現較為普遍，我們可以北宋成玉磵的《琴論》為例加以說明。

成玉磵《琴論》〔註91〕論及彈琴的許多方面，在調弦、取聲、琴派等方面都體現了「中道」式的「不二」。例如調弦：「凡調弦，先看大概聲之高下，取一條為主，然後次第調之。太急則易斷，太緩則無聲，不急不緩，其聲則得中。」太急、太緩是兩個極端，都不合適，必須取其中。「不急不緩」即是「不二」思維的一種體現。再如取聲亦即指法運用方面：「指法遒勁則失於太過，懦弱則失於不及，是皆未探古人真意。惟優游自得，不為來去所窘，乃為合道。取聲忌用意太過，太過則失真，操者亦不覺，惟旁觀者乃知。」指法遒勁則太過，懦弱則不及，皆不可，只有處於兩者之間的「優游自得」，才是正確的。「太過」和「不及」就是「二」；有此「二」，則不合「道」，必須否定。此「道」就是「中道」。

在琴派問題上也如此。「京師、兩浙、江西，能琴者極多，然指法各有不

〔註90〕〔宋〕釋則全：《節奏指法》，《琴苑要錄》（若海珍藏），鐵琴銅劍樓藏本複印本，第11頁。
〔註91〕〔宋〕成玉磵：《琴論》，均見《琴曲集成》第五冊，中華書局2010年，第206～208頁。

同。京師過於剛勁，江西失於輕浮，惟兩浙質而不野，文而不史。此法人多不知，惟三人對彈，可較優劣。所謂『彈欲斷弦，按欲入木』，貴其持重，然亦要輕重、去就皆當乎理，乃盡其妙。」他以當時的三家琴派為例，認為京師和江西都有所失，因為它們走向兩個極端，一者過於剛勁，一者失於輕浮，不合「中道」原則，應該否定。而兩浙則正好居其中，是「質而不野，文而不史」，符合「中道」思維，故應該肯定。「中道」思維就是有所節制，不走極端，即使如琴家常講的「彈欲斷弦，按欲入木」，也不是一味地用力，而是「輕重、去就皆當乎理」。這「理」，也就是「中道」。

　　「中道」式的「不二」在佛教中有著悠久的傳統，早在印度佛教那裏，「中道」思想就體現在音樂的觀念當中。例如《中阿含經》載：「世尊告曰：『沙門，……汝在家時善調彈琴，……若彈琴弦急，為有和音可愛樂耶？』沙門答曰：『不也，世尊。』世尊復問：『於意云何：若彈琴弦緩，為有和音可愛樂耶？』沙門答曰：『不也，世尊。』世尊復問：『於意云何：若彈琴調弦不急不緩，適得其中，為有和音可愛樂耶？』沙門答曰：『如是，世尊。』世尊告曰：『如是，沙門，極大精進令心調亂，不急精進令心懈怠，是故汝當分別此時，觀察此相，莫得放逸。』」〔註92〕這是用弦的緩急來說明學禪的心理，但反過來表達了當時佛教對樂器演奏的某些規律的認知。這個認知所反映的就是對「中道」的重視。

　　3.「否定」式的「不二」

　　與「本一」式和「中道」式相比，「否定」式的「不二」更加複雜曲折一些，也更深刻一些，從操作層面講，難度也更大一些。它的意思是，當一個命題被提出後，必須立刻就有另一個命題來制約它，否定它，而在表述中不使用肯定的語詞收尾，也就是說，最後不落入肯定之中。

　　這個類型的「不二」，可以僧人琴家則全的《節奏指法》為例。他說：「凡節奏者，或是兩字相應，或是兩句，或是兩段，前後不同，可高以下應，輕以重應，長以短應，遲以速應。」這裡的「高」與「下」、「輕」與「重」、「長」與「短」、「遲」與「速」，後者與前者的關係是「應」，即呼應。呼應就是一種制約，也就是對前者的一種否定，通過否定來制約前者，通過反嚮用力來獲得平衡。他論疏密是：「凡對按、掐起、打摘，亦有節奏，正是密處疏、疏處密

────────────────

〔註92〕〔晉〕僧伽提婆譯：《中阿含經》卷二十九，載王昆吾、何劍平編著《漢文佛經中的音樂史料》，巴蜀書社2002年，第125頁。

之意。假令用打摘，不可相連，須分作兩聲，蓋密處要疏。抹挑勾剔與 [註93]
打摘同，上字隨前句，下字隨後句。假令大十打三、名十一對按掐起：先打三，
少息，卻將掐起之聲先猱，方掐以接後句，散挑五相接如一聲，此疏處令密也。」
這個原則，他稱之為「密處放疏，疏處令密」。其實質是，以相反的力量形成
音的相互制約，避免走向疏、密二端。至密處時，要以疏來「否定」「密」，至
疏處時，又要以「密」來「否定」「疏」。在否定之時，並不作任何肯定，這就
是「不二」的真諦。

　　這個類型的「不二」在成玉磵的《琴論》中也有體現。例如，同樣是講指
法，有時即用到否定式的「不二」：「指法雖貴簡靜，要須氣韻生動，如寒松吹
風、積雪映月是也。若僻於簡靜，則亦不可，有如隆冬枯木，槎枒而終無屈伸
者也。大都不可偏執，所謂得之於心，應之於手。至於造微入玄，則心手俱忘，
豈容計較。」指法既要「簡靜」，也要「生動」，後者即是對前者的制約，也是
對它的「否定」。沒有這個制約和否定，就會「僻於簡靜」，犯「偏執」之病。
有了「偏執」，即落入「二」，是不合「道」的。

　　在這方面表現更為自覺、闡述更為充分的，應數明代徐上瀛的《溪山琴
況》。在該文中，他也使用了如則全和尚《節奏指法》中兩兩相對、互相制約
的範疇和命題，如「和」況中有：「如右之撫也，弦欲重而不虐，輕而不鄙，
疾而不促，緩而不弛。」「不虐」、「不鄙」、「不促」、「不弛」，都是對重、輕、
疾、緩之可能走向極端、出現「二」的否定，係典型的「不二」思維。再如將
「溜」作為「左指治澀之法」（溜），將「健」作為「導滯之砭」（健），也是這
樣的思維。但是，更集中、細緻地體現「不二」思維的，還是在他對「宏」與
「細」、「輕」與「重」、「遲」與「速」等相對幾況的論述中。例如宏與細：「宏
大而遺細小，則性未至；細小而失宏大，則其意不舒。理固相因，不可偏廢。」
（宏）宏大與細小是相對立的兩個概念，之所以說它們「不可偏廢」，就是因
為有「宏大」，就必須有「細小」相制約和否定，講宏大時，細小就是對它的
制約與否定，反之亦然。有了制約和否定，在整體上就會是平衡、和諧的。再
如輕重：「不輕不重者，中和之音也。……要知輕不浮，輕中之中和也；重不
煞，重中之中和也。故輕重者，中和之變音。而所以輕重者，中和之正音也。」
（輕）「不輕不重」，就是「非此非彼」，是否定式的「不二」思維。「不浮」、
「不煞」則是對「輕」、「重」的極端形態的否定，也屬「不二」範疇。即如「重」

─────────────────────

〔註93〕原缺「與」字，據文意補。

本身，也應該做到既用力而又「不覺」的地步。這樣，這個「重」即使「重如擊石」，也不會出現「剛暴殺伐之疚」（重）。其中「不覺」，就是對它的否定，而無「剛暴殺伐之疚」，即為其產生的效果。再如遲速：「指法有重則有輕，如天地之有陰陽也；有遲則有速，如四時之有寒暑也。蓋遲為速之綱，速為遲之紀，嘗相間錯而不離。……若遲而無速，則以何聲為結構？速無大小，則亦不見其靈機。」（速）這裡體現的是，「不二」思維中的「二分」之法是被肯定的，輕重、遲速如同陰陽一樣，本來就是自然運動的規律，無此，則生命的節奏無從產生。但所分出來的兩端又是互相交織，互相博弈，各自都是以對方的存在為前提，因而也受著對方的制約，承受著來自對方的否定的力，才不至於滑向偏執。

上述以否定為特徵的「不二」思維，對「二」的否定存在著不同的形式。一是互相制約型，如「密處放疏，疏處令密」，即是疏與密的互相制約。二是設定範圍型，如「重而不虐，輕而不鄙，疾而不促，緩而不弛。」「不虐」、「不鄙」、「不促」、「不弛」就是劃出邊界，不得逾越。三是交替平衡型，如「高以下應，輕以重應，長以短應，遲以速應」；「重抵輕出」，「輕重間出」等，是指對立面之間在交替運動過程中互相制約，達成平衡。但根本上還是靠演奏或演唱者心中有這樣的意念，就是說，心裏要保持著「反」意，即與當前所作方向相反的意念，如重彈時要有輕意，輕彈時要有重意；密時要有疏意，疏時也要有密意，如此等等。前面三種類型，實際上都是靠此「反」意而成功的。「反」意，就是否定，是為「不二」的關鍵所在。

但是，音樂演奏和演唱中難道都只有否定，沒有肯定嗎？沒有肯定，音樂的效果如何呈現呢？應該說，肯定自然是有的，但主要不在我們所注意的「法」上，而在「功」上。前面說過，禪宗的「空」是為了「有」，同樣，它的「否定」也是為了「肯定」，就好像涅槃是為了新生一樣。就以前面所說為例，做到「不煞」，就會得到真正的「重中之中和」；做到「不浮」，就會得到真正的「輕中之中和」；「輕重間出，則岱嶽江河，吾不知其變化也。」「遲」「速」「嘗相間錯」，才能形成聲之「結構」，「見其靈機」。手段是否定的，但其「功」、其效果則是肯定的。

著眼於「不二」，能夠使我們更好地接觸到音樂及其審美的真正本體，更深入地體會音樂創造的真諦。

三、「不二」思維的本土淵源

實際上，對於上述樂論中的「不二」言論，我們並不陌生，因為早在先秦，就已經出現過相似的表述方式。最為典型的就是《春秋左傳》所記季札評樂之語：

> 吳公子扎來聘。……請觀於周樂。使工為之歌《周南》、《召南》，曰：「美哉！始基之矣，猶未也。然勤而不怨矣。」為之歌《邶》、《鄘》、《衛》，曰：「美哉，淵乎！憂而不困者也。……」為之歌《王》，曰：「美哉！思而不懼，其周之東乎？」……為之歌《小雅》，曰：「美哉！思而不二，怨而不言，其周德之衰乎？猶有先王之遺民焉。」為之歌《大雅》，曰：「廣哉，熙熙乎！曲而有直體，其文王之德乎？」為之歌《頌》，曰：「至矣哉！直而不倨，曲而不屈，邇而不逼，遠而不攜，遷而不淫，復而不厭，哀而不愁，樂而不荒，用而不匱，廣而不宣，施而不費，取而不貪，處而不底，行而不流。五聲和，八風平，節有度，守有序，盛德之所同也。」（襄公二十九年）

這裡的「A而不X」的句式，實際上存在兩種不同的類型，一種是補充型的，即後一個「X」與前者不是同一件事，而是對它所作的補充。如「勤而不怨」、「憂而不困」、「思而不懼」、「思而不二，怨而不言」等，這是「A而不B」型，不屬於「不二」思維。另一種才是我們所討論的「不二」，如在評論《頌》時所說的「直而不倨，曲而不屈，邇而不逼，遠而不攜，遷而不淫，復而不厭，哀而不愁，樂而不荒，用而不匱，廣而不宣，施而不費，取而不貪，處而不底，行而不流」，後一詞與前一詞是同一性質，只是程度上更加極端，在闡述中通過「不」來否定，使其能夠產生正確的效果。這應該屬於「A而不A1」，實際上就是「不二」思想，或與「不二」相通。但是，在中國早期的這種「A而不A1」的思維模式，主要是以「中道」（中庸）的面貌出現的，也是在「中道」的框架中得到理解的。「中道」思想在儒家經典之一《中庸》中得到集中的表述，如：「喜怒哀樂之未發，謂之中；發而皆中節，謂之和。」喜怒哀樂是人的正常的情感形態，是人所固有的秉性，當未發之時，它存在於人性之內，故謂「中」。當它表現出來時，就需要「節」，亦即制約。制約就是一種否定的要素，有了否定性要素發生作用，才能實現「和」，即與他者或環境相協調。這個思維模式與禪宗的「不二」基本一致，它在思維的過程中實際上也強調要有「反」意。例如《論語》中論樂最有名的一句就是：「樂而不淫，哀而不傷」

（《八佾》），「不淫」、「不傷」就是對「樂」與「哀」的限制和否定。又如：「君子惠而不費，勞而不怨，欲而不貪，泰而不驕，威而不猛。」（《堯曰》）這裡的「不費」、「不怨」、「不貪」、「不驕」、「不猛」，也都分別是對「惠」、「勞」、「欲」、「泰」、「威」的制約和否定。這裡的意思是指所作所為不要過分；不要過分，即需制約之力；制約之力，就是有「反」意。這個道理，老子也曾說過，他的《道德經》有言曰：「反者，道之動；弱者，道之用。」（第40章）這裡的兩個概念，一是「弱」，一是「反」，前者是道的運用，是手段，是方法；後者是道的運動、施行，是道本身。可見，「道」本身包含著「反」。強調行動時要有「反」意，也是道家思想一個重要方面。

那麼，這是否意味著，禪宗的「不二」在中國本已有之，因而並無獨到之處？當然不是。在中國先秦，這種類似「不二」的思維模式被納入到中庸體系中去的，是在中庸的意義上，即舜「執其兩端，用其中於民」的意義上得到理解和運用的。雖然其命題中有時也包含著否定的概念，但其涵義和意義並未能夠凸顯出來。而在佛教禪宗那裏，則不僅將其凸顯出來，反覆強調，並且在理論上對它進行正面的闡釋，使其中的義理闡發達到幽深精微的地步。因此，雖然我們可以在中國古代的文本中能夠找到相似的論述，但其理論的分量、自覺的程度、闡釋的深度與力度，與禪宗相比，都還不可同日而語。佛教禪宗將其向否定的方向做了發展，本身就具有嶄新的意義。

第六章 「明心見性」的音樂理念
——文人音樂美學思想的價值取向

　　文人音樂美學思想是指在文人的著述中所表達出來的、反映文人階層所特有的音樂觀念。這裡應該注意的是，並非文人著述中所表達的音樂美學思想都是文人音樂美學思想。文人著述中所表達的有很大一部分是對一般音樂美學問題的理論思考，是具有共性特點的音樂美學理論成果，如孔子的禮樂思想、老子的「大音希聲」、嵇康的「聲無哀樂論」等。文人音樂美學思想只是指其中表達文人自己所特有的音樂美學觀念和趣味，反映了文人所特有的音樂美學價值取向的音樂思想。由於中國古代音樂美學思想的表達者幾乎全部是文人，而他們對自身特有的思想表述往往與一般音樂美學的表述糅合在一起，成為中國古代音樂美學的一個重要組成部分，並對中國古代音樂藝術與音樂美學產生重要影響，但又與一般音樂美學思想有著明顯的不同，故而需要加以專門論述。文人音樂美學思想也有自己專門的樂論文字，但更多是通過大量的詩、詞、賦等文學作品得以表達的。因此，歷史上論樂和涉樂的詩、詞、賦[註1]便成為本章重要的考察對象。又由於文人音樂美學思想更多地體現在論

〔註 1〕本章所引論樂的詩、詞、賦等文學作品，均源自《琴曲集成》第五冊（中國藝術研究院音樂研究所、北京古琴研究會編，中華書局 2010 年），以及《全唐詩》（增訂本，〔清〕彭定求等編，中華書局 2011 年）、《全唐文》（〔清〕董誥等編，中華書局 1983 年）、《宋詩鈔》（〔清〕吳之振等編，中華書局 2015 年）等書，亦參考了《全唐詩中的樂舞資料》（人民音樂出版社 1996 年版）和《全宋詞中的樂舞資料》（人民音樂出版社 1990 年版）。為避免煩瑣，不一一注出。

琴之作中，故涉及古琴的文學作品自然成為考察的重點。

第一節　文人階層及其音樂觀的形成

一、文人階層的形成與特點

　　文人作為中國古代社會的一個階層，並非一開始就有，而是隨著社會結構的分化演進逐漸形成的。關於中國古代社會的階層，歷史上有不同的劃分。例如有一種劃分影響很大，即分為十等：「一官、二吏、三僧、四道、五工、六農、七醫、八娼、九儒、十丐」。但嚴格地說，這只是十種不同的職業，還不是社會階層。大致說來，在漢朝以前，社會階層通常分為三級，即：大夫、士、庶民。這「士」的階層，就是後來產生文人階層的母體。大約在西周時，「士」階層開始出現，它原是周代宗法制度的產物。在周代，作為貴族的「卿大夫」是以嫡長子繼承父位，其餘諸弟皆為「士」。而在「士」，也是嫡長子繼承為「士」，其餘諸子則為「庶人」。所以，此時的「士」是一個階層，並且是官定的。漢朝時始形成士、農、工、商四個階層。《漢書‧食貨志》曰：「士、農、工、商，四民有業。」並對「士」下了個定義，即：「學以居位曰士。」意思是，以所學之知識獲得一定的職位和地位者，稱為士。文人階層即源於這個「士」。「士」在商、周時為貴族的下層，春秋時從貴族中分離，進入民間，成為一個獨立的群體。但此時的士至少包含兩種不同類型的人，一是以軍事、武功為其特長的人，一是以讀書問學掌握知識為特長的人。後者主要以思想、政治、文化、教育為業，是為文人的初始形態。

　　與其他社會階層比，文人階層有著自身的特點。首先，文人階層擁有文化知識，佔據文化高位，是社會文化的表述者，也是其他社會階層的代言人。其次，文人是精英文化的創造者和傳承者。社會文化可分為世俗文化與貴族文化、民間文化與精英文化等不同的層次。一個社會的文化應該是立體的，並且是金字塔形的，文人文化屬於塔尖的部分，有了它，社會文化才避免了平面化、淺層化、單一化。第三，中國的文人階層在政治、經濟上不具獨立性，而是有著較強的依附性。文人沒有自己獨立的政治理念與傳統，而是依附在現實的政體之中，並只有在這樣的政體結構中找到自己的位置，才能很好地生存。同時，在經濟上也缺乏獨立性，歷史上以文為業賴以生存的文人極其少，即有，也是依靠家裏已有的資產才得以維持。更多的是從政或充當貴族或富豪家的門客

來獲得生計。比較普遍的以文為業便是教育，即私人辦學，但規模都很有限。第四，文人在社會各階層中又有一定的自由度，具有一定程度的自由人的身份。很可能是因為缺少政治、經濟的獨立性，故而使得他們能夠代表全社會發聲，成為社會思想文化的核心，引領著一個傳統，一種價值觀。最後，還有一個十分重要的特點，與農、工、商三個階層不同，文人階層在社會中呈非水平狀態，也沒有清晰的邊界。文人階層不是一個水平式的階層，而是縱向貫通式的階層，它是連接政府和民間的橋樑，最上可達朝廷（如皇帝、大臣），最下直達社會的底層（如未仕的秀才及普通讀書人）。他們既有相對獨立的身份，又是官員的候補、民間的導師；不僅可以分別嵌入上層和底層之中，也可以各種方式嵌入其他階層。客觀上講，文人階層既充當了中國古代社會的「黏合劑」，也是一種溝通古今上下的「潤滑劑」。

文人作為階層的形成，比我們想像的要晚，且有一個漸進的歷史過程。這個過程可描述為四個階段：

第一階段是春秋戰國時期，組成文人階層的個體開始形成。在西周以前，由於知識歸朝廷所有，擁有知識的人不具有獨立性，故還沒有作為個體的文人。進入東周後，由於周天子為代表的朝廷權力下降，「學」也隨著從官府轉移到民間，從而產生第一批活動於民間的、擁有文化知識的人。這批人當時稱為「士」，實際上就是後來「文人」的先驅。

第二階段是漢魏六朝時期，其特點是文人的隊伍不斷壯大，文人對自己這個群體的品格有所自覺，並開始反思，其標誌是漢魏時期所盛行的人物品評。不同只是，漢代文人注重自身的「品格」，側重道德、學問、事功、操守等社會性因素；魏晉文人則注重自身的「個性」，偏於性格、才情、風度、氣質等個人性的因素。

第三階段是隋唐時期，其標誌是文人群體進一步壯大，文人作為一個社會階層正式形成。這個變化離不開一個事件，即科舉制度的建立並有效實施。科舉制度有力地推動了讀書求仕的社會行為，客觀上助成了文人隊伍的快速成長。

第四階段是宋代，其特點是文人階層地位的提高和自身特殊性的整體自覺，標誌著文人作為一個階層從結構到意識達到完全成熟。促成這一階段文人群體特徵的一個最重要的社會事件，便是北宋文官制度的設立。文官制度的設立進一步鞏固了科舉制度，提高了文人階層的社會地位，而社會地位的提高又

推動了文人群體和文人階層意識的自覺，其中也包括藝術觀、音樂觀。

二、文人音樂觀的基點與進階

　　文人音樂觀的核心是文人音樂美學思想，它的邏輯基點就是儒家的「修身」。以「修身」的觀念對待音樂，是文人音樂美學思想的現實基礎和邏輯起點。中國古代的文人本來就是和「儒」密切相關的，但又不等同。「儒」在開始階段與「文人」十分相近甚至大部重合，但隨著「儒」而成「家」，便逐漸成為一種思想體系，涵蓋不了文人概念；而文人亦隨著歷史的進程不斷壯大，也越來越超出「儒」的範圍。

　　文人承接儒家的「修身」理念，「修身」之「身」乃一己之身，故文人對待音樂首先立足自我，既指自我對音樂的欣賞，也指自我對音樂的操持，形成其特有的「自娛」、「自得」的意識。當然，這裡包含著一個由原始儒家音樂觀向此後文人音樂觀的轉換。原始儒家的音樂觀重在音樂的「儀節」功能，重視「禁」，後來的文人則將其轉換為「娛」、「玩」、「樂」，把音樂作為自己人格的象徵、個性的寄託、情志的表達和心靈的慰藉。其思想範疇早已超越了儒家，而又融入道家，後來又吸取禪宗等思想元素；特別是，又在結合自己的職業特點、知識結構、功能需要、價值取向之後，終於形成一個較為普遍而又穩定的音樂美學思想。所以，文人音樂美學既不是儒家音樂美學，也不是道家音樂美學，而是在儒家修身觀念的基礎上，借助道家、禪宗等思想的催化，由文人的特殊身份和特定意識孵化而成、在文人群體中普遍持有的音樂美學思想。文人音樂美學思想的出發點和最後歸宿都是個人，是心情，是境界。

　　與文人階層的形成相對應，其音樂美學思想的形成也有一個漸進的過程，它基於雅樂與俗樂的區分，始於東周，成於兩漢。但這還屬於儒家音樂美學的系統，文人的音樂美學思想還蘊含其中，尚未獨立。文人音樂美學思想的正式形成是起於魏晉，完成於北宋。這個過程可分為三個階段：

　　魏晉為第一階段，其標誌是文人身份的自覺以及由此而來的趣味轉移。漢代時文人群體已經存在，但文人對自身的身份並未自覺，文人總是和官員、門客、幕僚等捆綁在一起，文人自身的特殊性亦未充分自覺。至魏晉時，這個狀況發生變化，文人開始以其群體享譽於世，產生影響，如「建安七子」、「正始名士」、「竹林七賢」等。伴隨著文人身份的自覺和影響的擴大，文人所從事的行業如文學、繪畫、書法、音樂等均得到迅速發展，並先後獨立。與此相應，

文人對音樂的功能定位亦有所變化，開始從嚴肅的「修身」向輕鬆的「娛情」轉移，以前特別強調音樂的「禁」，現在則更多地在意其「樂」。其代表人物有嵇康、阮瞻、戴逵、陶潛等。

到唐代，文人音樂的獨特風格開始形成和自覺。首先是音樂載體的確立，明確琴為文人的代表樂器，以同箏、笛、琵琶相區別。其次是明確文人音樂的風格是古和淡而非時和豔，是疏和簡而非密和繁。此外，文人亦開始以這類音樂來標示其身份，藉以宣示文人所特有的志向、胸襟、人格乃至個性。這一階段最有代表性的人物是王維和白居易。

進入北宋後，文人音樂美學思想進一步自覺，並得到理論的表述。他們為自己的音樂美學確立了基本的觀念和範疇，如「不以藝觀」，「琴之為技小矣」等；他們劃定文人音樂的範圍，以同藝術性的音樂（「藝人音樂」）拉開距離，劃出界線；同時也將音樂進一步融入生活，使其更加個人化、平易化、世俗化。這一階段的代表人物為范仲淹、歐陽修、蘇軾等。

第二節 「明心見性」的功能預設

「明心見性」一詞出於明代琴家徐上瀛的《溪山琴況》，他在其「雅」況中說：「惟真雅者不然，修其清靜貞正，而藉琴以明心見性，遇不遇，聽之也，而在我足以自況。斯真大雅之歸也。」「藉琴以明心見性」，就是以琴來自我標示，這就意味著，琴不僅僅是一種樂器，而且是一種精神，一種志向，一種操守，一種人格。在文人看來，琴就是我，我就是琴，兩者實為一體。

一、標舉心志的「自況」意識

《溪山琴況》以「況」論琴，這個「況」的語義較為豐富，有狀況、品格、味道、樣態、表現等等。二十四況就是琴的二十四種狀況、品格、樣態、味道、表現。其中，有的是狀況，有的是品格，有的是味道，有的是樣態，並不統一。而此處的「自況」，其義即為自比，是以琴自喻，用琴來寄託自己的心志與情懷。這種「自況」的持琴態度，正是文人音樂美學思想的一個重要內容。

以琴來自我標示，確是文人音樂觀中的一個重要方面。白居易《鄧魴張徹落第詩》云：

　　　　古琴無俗韻，奏罷無人聽。寒松無妖花，枝下無人行。春風十
　　二街，軒騎不暫停。奔車看牡丹，走馬聽秦箏。眾目悅芳豔，松獨

守其貞。眾耳喜鄭衛，琴亦不改聲。懷哉二夫子，念此無自輕。

鄧魴和張徹是作者的朋友，他們參加貞元年間的進士考試，均未及第，白居易寫作此詩予以鼓勵。詩中即以琴比喻兩位，謂其因「無俗韻」而「無人聽」，眾人喜歡「看牡丹」，「悅芳豔」，「聽秦箏」，而琴則如「無妖花」的寒松，另有其高潔的品格。並藉此勸勉他們「不改聲」，「無自輕」，要像寒松那樣「獨守其貞」。古琴不與眾器為伍，自有其獨立的品格，是常使文人引為知己的緣由。他的另一首詩《彈〈秋思〉》表達的也是這樣的思想：「信意閒彈《秋思》時，調清聲直韻疏遲。近來漸喜無人聽，琴格高低心自知。」彈琴彈到無人願聽的地步，但彈琴人並不以為憾，反而引以為榮，因為琴格越高，懂者越少。而現在懂者少了，正說明自己的琴格有了進一步的提升。元好問詩《智仲可月下彈琴圖》：

暮春舞雩鼓瑟希，琴語解吐胸中奇。誰言手揮七絃易，大笑虎
頭真絕癡。北風蕭蕭路何永，流波湯湯君自知。三尺絲桐盡堪老，
兒童休訝鶴書遲。

「暮春」、「舞雩」、「鼓瑟希」，均出自《論語·先進》「侍坐章」中子路、冉有、公西華、曾點各言其志之事。〔註2〕其中曾點「鼓瑟希，鏗爾，舍瑟而作」，曰：「莫春者，春服既成；冠者五六人，童子六七人，浴乎沂，風乎舞雩，詠而歸。」這是以音樂來言其志，故而有「琴語解吐胸中奇」之句。後兩句源自東晉畫家顧愷之的故事。「虎頭」即顧的小名，「絕癡」指顧有三絕：才絕、畫絕、癡絕。顧愷之特別喜歡嵇康的四言詩，曾一一為其詩作畫。嵇詩中有「目送歸鴻，手揮五弦。俯仰自得，遊心太玄」之語。顧愷之畫後感歎地說：「手揮五弦易，目送歸鴻難。」元好問在此將此意向前更進一步，表示「手揮七絃」亦是不易的，因為琴中孤高絕俗的品格不僅不易表達出來，而且也不易為人們所瞭解，所欣賞，但也正因此而顯得格外寶貴，更值得珍視。與之相比，趙搏的《琴歌》則側重對琴的這種孤高岑寂給以更多的同情和憐惜：「綠琴制自桐孫枝，十年窗下無人知。清聲不與眾樂雜，所以屈受塵埃欺。」邵雍《古琴吟》則表達了對琴的護持之心：

長隨書與棋，貧亦久藏之。碧玉琢為軫，黃金拍作徽。典（曲）
多因待客，彈少為求知。近日僮奴惡，須防煮鶴時。

雖然生活貧困，喜歡聽琴的人少了，自己也很少彈它了，但仍然珍愛著，

〔註2〕詳見本書第一章第五節。

收藏著，還得時時提防不懂事的僮奴毀了它。

正因為文人自恃清高，難以得到他人的欣賞，於是便常有知音難得之歎。而知音難得之意，便常常以音樂，特別通過琴寄託出來。李白詩《月夜聽盧子順彈琴》：

> 閒夜坐明月，幽人彈素琴。忽聞悲風調，宛若寒松吟。白雪亂纖手，綠水清虛心。鍾期久已歿，世上無知音。

詩人聽盧子順彈琴，被其琴聲深深打動，但也只有他們彼此的惺惺相惜，因為除此之外，世上已經沒有知音了。與之相似，孫處的《贈彈琴孫瑾》詩：

> 丈人琴僻無人知，每約我彈不約歸。我有古耳塞已久，一聞使我淚雙垂。雙垂如雨滴空眼，欲灑向君君門遠。舉頭收淚夢床醒，覺來起坐時空晚。我勸丈人休彈琴，世上何曾遇知音。

作者和孫瑾為琴友，常常相約彈琴聽琴。但現在分處兩地，路途遙遠，見面不易。彈琴而無人聽賞，是為一憾，所以最後才勸他不要彈琴。黃晉卿《抱琴》詩亦云：

> 三尺孤桐樹，相隨年歲深。此行端有應，何處託知音？隱隱青山夜，寥寥太古心。空攜水仙曲，更向海中岑。

因為找不到知音，只能面向青山、大海、太古而彈。孟浩然《贈道士參寥》：

> 蜀琴久不弄，玉匣細塵生。絲脆弦將斷，金徽色尚榮。知音徒自惜，聲俗本相輕。不遇鍾期聽，誰知鸞鳳聲。

有琴卻久不彈，以致匣上蒙了灰塵，弦也老化易斷，無人珍惜。琴的價值早已不為人所識，不是鍾子期那樣的人，是不會珍惜它的。劉戩的《夏彈琴》則寫出一段尷尬的遭際：

> 碧山本岑寂，素琴何清幽。彈為風入松，崖谷颯已秋。庭鶴舞白雪，泉魚躍洪流。余欲娛世人，明月難暗投。感歎未終曲，淚下不可收。嗚呼鍾子期，零落歸荒丘。死而若有知，魂兮從我遊。〔註3〕

在古代的傳說中，琴聲是極富感染力的，它能使「庭鶴舞白雪，泉魚躍洪流」。詩人想再現琴的輝煌，但未能獲得世人的欣賞，以至於「感歎未終曲，淚下不可收」。世上已無鍾子期，只希望他的魂魄能夠伴隨著自己，聊作無奈的慰藉。王元《聽琴》詩：

> 拂塵開素匣，有客獨傷時。古調俗不樂，正聲君自知。寒泉出

〔註3〕該詩一名《夏日彈琴》，作者標為劉希夷。

澗澀，老檜倚風悲。縱有來聽者，誰堪繼子期。

有人打開琴匣獨自彈了起來，所彈音調古雅而不入時俗，即使有人在聽，也是難以領會其真正的趣味的。韋莊《贈峨嵋山彈琴李處士》云：

> 廣陵故事無人知，古人不說今人疑。子期子野俱不見，烏啼鬼哭空傷悲。

沒有知音，琴音再好也無人欣賞，只能落得「空傷悲」。上述這些詩中一個突出的詞——「知音」，在目前已經難以尋覓，它所暗喻的正是文人自恃滿腹才華卻無人識的心理狀態，琴和音樂已經成為文人的化身和心志的寄託。

文人的心志與現實總是存在一定反差的，當這種反差過大，形成禁錮和壓抑時，音樂也會成為他們宣洩心情、抒發其對現實不滿的手段。韓愈在其《送孟東野序》中提出「不平則鳴說」：

> 大凡物不得其平則鳴。草木之無聲，風撓之鳴；水之無聲，風蕩之鳴。其躍也或激之，其趨也或梗之，其沸也或炙之。金石之無聲，或擊之鳴。人之於言也亦然，有不得已者而後言，其歌也有思，其哭也有懷。凡出乎口而為聲者，其皆有弗平者乎！樂也者，鬱于中而泄於外者也，擇其善鳴者而假之鳴。金、石、絲、竹、匏、土、革、木八者，物之善鳴者也。

韓愈認為，不平則鳴是自然規律，自然界如此，人類社會亦如此，人類創造藝術更是如此。詩是「不得已者而後言」，樂是「鬱于中」而「擇其善鳴者而假之鳴」。「不平」是作樂最為重要的動力之一，而前述種種，實際上正是這種恃才傲物又懷才不遇的不平心態的曲折表現。

二、面向自我的「自娛」精神

這種不平之心雖然難免，但也不宜長久，否則便會對身心都帶來不利影響。於是，與這種標舉心志的「自況」意識正好成為互補的，便是轉向自我的「自娛」精神。「自娛」與「自況」，正是一個硬幣的兩面。蘇軾有詩云：

> 至和無攫醳，至平無按抑。不知微妙聲，究竟從何出。散我不平氣，洗我不和心。此心知有在，尚復此微吟。（《聽僧昭素琴》）

內心不平，故而才需要一種平和的音樂，因為只有平和的音樂，才能「散我不平氣，洗我不和心」。於是便有文人音樂觀中特別熱衷於以音樂自遣、自樂的方面，突出體現了文人音樂的自娛精神。

「自娛」本來源於修身，但後來又超越原來哲學和倫理學意義上的修身，而進入心理、情感與藝術、美學的境域。前面說過，這個變化起於魏晉。嵇康的《琴賦》就是一個重要標誌。他在引言中說：

> 余少好音聲，長而玩之。以為物有盛衰，而此無變；滋味有厭，而此不倦。可以導養神氣，宣和情志，處窮獨而不悶者，莫近於音聲也。

在此之前，音樂的修身功能主要在「以儀節也，非以慆心也」（醫和）；在琴，強調的也是「明道德」、「美風俗」、「流文雅」（劉向），「君子守以自禁也」（桓譚），「禁止淫邪，正人心也」（班固），「修身理性，反其天真」（蔡邕）等，都是趨於約束性的方面，不太強調愉悅性。雖然也偶有像「鼓琴足以自娛」（莊子）、「君子以鐘鼓道志，以琴瑟樂心」（荀子）等偏於愉悅性的言論，但在漢末以前文人的話語中並未成為主流。直到魏晉時，情況才有所改變。雖然此後在音樂的修身觀念中仍然保留著「節」和「禁」的元素，但佔據主導地位的已經是「娛」，是「樂」，是「玩」，是「悅」了。這個重要變化，即可以嵇康的《琴賦》為標誌，這是從純粹審美的角度對琴所作的闡述，它既是贊琴之賦，亦是論琴之文，在中國音樂美學史以及琴論史上有著重要的地位。

嵇康開了個頭，接下來的文人便隨而和之，以音樂特別是琴樂來娛心自樂成為普遍現象。如陶淵明《答龐參軍》：「衡門之下，有琴有書。載彈載詠，爰得我娛。」這裡的彈琴，就是為了心的娛樂。王維《竹里館》：「獨坐幽篁裏，彈琴復長嘯。深林人不知，明月來相照。」一人於山林之中獨處，而能悠然自得，亦是因為有了「琴」和「嘯」。《酬張少府》表達的也是同樣的意趣：

> 晚年唯好靜，萬事不關心。自顧無長策，空知返舊林。松風吹解帶，山月照彈琴。君問窮通理，漁歌入浦深。

在以音樂獲得輕鬆快樂方面，白居易的詩表現得最為突出。其《琴酒》詩云：「耳根得聽琴初暢，心地忘機酒半酣。若使啟期兼解醉，應言四樂不言三。」在這裡，他將以前視為神聖之器的琴，與酒放在一起，共同成為獲取快樂的工具。孟浩然的《洗然弟竹亭》詩也有此旨趣：「逸氣假毫翰，清風在竹林。達是酒中趣，琴上偶然音。」與酒一樣，音樂也已成為文人生活中的一個日常現象，是他們生活中不可缺少的知音和伴侶。白居易《清夜琴興》：

> 月出鳥棲盡，寂然坐空林。是時心境閑，可以彈素琴。清泠由木性，恬淡隨人心。心積和平氣，木應正始音。響餘群動息，曲罷

秋夜深。正聲感元化，天地清沉沉。

又如《聽彈古〈淥水〉》：

聞君古淥水，使我心和平。欲識漫流意，為聽疏泛聲。西窗竹

陰下，竟日有餘清。」

文人通過音樂所得之樂，不是樂不可支的激動亢奮之樂，而是平和、寧靜、愉悅之樂，會心之樂。

在文人看來，音樂不僅能夠帶來心情的平和舒暢，還能夠消除疾患之苦。白居易《好聽琴》：

本性好絲桐，塵機聞即空。一聲來耳裏，萬事離心中。情暢堪

銷疾，恬和好養蒙。尤宜聽三樂，安慰白頭翁。

詩人天生喜歡琴，只要聽到琴的聲音，就能將自己從世事的煩惱中擺脫出來。而且，琴不僅能夠帶來快樂，還能夠消除疾病之憂：由音樂所帶來的快樂心情，就是疾憂得以消除的直接原因。在這方面，歐陽修也是一個著名的例子。他在《送楊寘序》中說：

予嘗有幽憂之疾，退而閑居，不能治也。既而學琴於友人孫道

滋，受宮聲數引，久而樂之，不知疾之在其體也。

他為了消除自己的「幽憂之疾」，特地向孫道滋學習彈琴。在彈琴中獲得快樂，以至於感覺不到疾之存在。他還進一步分析其原理：

夫疾，生乎憂者也。藥之毒者能攻其疾之聚，不若聲之至者能

和其心之所不平。心而平，不和者和，和則疾之忘也，宜哉。

人之所以會生疾，是因為其心不和。音樂能夠使人心和；心和後，即「不知疾之在體」矣。

文人對待音樂的自得自樂，有時會有截然相反的表現，但其實質則完全一致。這方面最為典型的例子，應推晉朝的兩位名士戴逵和阮瞻。據《晉中興書》記載：

戴逵，字安道，少有文藝，善鼓琴。太宰武陵王晞，聞其能琴，

使人召焉。逵對使者前打破琴曰：「戴安道不能為王侯伶人。」（引

自《藝文類聚》）

不以琴娛人，更不以琴侍奉豪門權貴，並破琴以示其志，在歷史上傳為佳話。阮瞻則相反，據《晉書》記載：

阮瞻，字千里。性清虛寡欲，自得於懷。……善彈琴，人聞其

能，多往求聽，不問貴賤長幼，皆為彈之。神氣沖和，而不知向人
所在。內兄潘岳每令鼓琴，終日達夜，無忤色。由是識者歎其恬淡
不可榮辱矣。(《晉書‧列傳》)

阮瞻是誰要聽琴，欣然應命，來者不拒。對於這兩個人，蘇軾曾有過評論，並做出高下之判，認為「安道之介，不如千里之達」(《雜書琴事》)。蘇軾的褒阮而抑戴，是從特定的角度，即「達」(曠達)的意義上作出的，從更深的層次上看，兩者其實完全相通，都是出於自娛、自得、自樂的琴樂理念。阮瞻的來者不拒，從本質上看，並不是要彈琴給別人聽，而是自己太喜歡彈琴，故只要有人提出，就能隨即答應。一旦彈起琴來，便「不知向人所在」。「向人」即指剛剛求他彈琴的人。彈琴而立刻忘記聽琴之人，正說明他的彈琴根本不是給別人聽的。

文人在以音樂自娛時，常常還要特別強調琴不在「娛人」。我們注意到，在「自況」中往往伴隨著對知音難求的慨歎，而在「自得」中則正好相反，彈琴作樂已經不需要知音，甚至連聽者都顯得多餘。常建《聽琴秋夜贈寇尊師》云：

　　琴當秋夜聽，況是洞中人。一指指應法，一聲聲爽神。寒蟲臨
砌急，清吹嫋燈頻。何必鍾期耳，高閒自可親。

因為是自娛自得自樂，所以，是否有知音已不重要。這個意思表達得最清楚的，還是白居易，其《彈〈秋思〉》云：

　　信意閒彈《秋思》時，調清聲直韻疏遲。近來漸喜無人聽，琴
格高低心自知。

不僅不求知音，而且還以「無人聽」而高興，越是「無人聽」，其琴格就越高，這種自得、自樂的情趣只有自己最清楚。再如《夜琴》：「蜀桐木性實，楚絲音韻清。調慢彈且緩，夜深十數聲。入耳淡無味，愜心潛有情。自弄還自罷，亦不要人聽。」深夜彈琴，節奏遲緩，聲音寥落，淡而無味，但正合自己的心情。有這些，就足夠了。《松下琴贈客》：

　　松寂風初定，琴清夜欲闌。偶因群動息，試撥一弦看。寡鶴當
徽怨，秋泉應指寒。慚君此傾聽，本不為君彈。

這次彈琴是有人在聽的，琴彈得也很有感覺，但最後還是要強調一下，這個曲子不是為他而彈的。這樣的思想在文人中十分普遍，北宋歐陽修之於音樂，也主要是以自娛自得自樂待之的。他的《夜坐彈》(其一)云：

　　　吾愛陶靖節，有琴常自隨。無弦人莫聽，此樂有誰知？君子篤

　　自信，眾人喜隨時。其中苟有得，外物竟何為？寄意伯牙子，何須

　　鍾子期。

　　自己彈琴，既不需要外物的響應，也不需要鍾子期式的知音。為什麼？就因為其中有「自信」，有「自得」。「自娛」、「自得」、「自樂」的根底全在自足的生存狀態。自足，才能於外無所求。

三、唯求心意的「自釋」精神

　　「自娛」的落腳點是在心情，在感覺，在體驗。而由這心情、感覺、體驗再進一步，便會走到重心意而輕形跡的地步。既然對待音樂的關鍵是自己的內心，是自得、自樂、自足，那麼，只要我的心意能夠自得、自樂、自足，則是否需要外部的工具，是否在意外在的形跡，就不很重要了。於是便有了重心意而輕形跡的音樂思想，一種在面對音樂時所生發的「自釋」精神。所謂「自釋」，就是不需要外部因素的作用，完全憑藉自己的心力，就可以實現自得、自樂、自足，使自己進入輕鬆愉悅的境地。歐陽修在《論琴帖》中以自己的經歷為例，表達了重心輕形的思想，並提出「自釋」說：

　　　在夷陵，青山綠水日在目前，無復俗累，琴雖不佳，意則自釋。

　　及作舍人、學士，日奔走於塵土中，聲利擾擾，無復清思，琴雖佳，

　　意則昏雜，何由有樂？乃知在人不在器也。若有心自釋，無弦可也。

　　「若有心自釋，無弦可也」，正是我們這裡所要講的話題。

　　「自釋」的精神最典型地體現在東晉陶淵明的「無弦琴」故事中。事蹟見載《晉書・陶潛傳》，內云陶淵明是——

　　　性不解音，而畜素琴一張，弦徽不具。每朋酒之會，則撫而和

　　之，曰：「但識琴中趣，何勞弦上聲？」

　　關於陶淵明究竟是否「解音」，歷代學者都有甄別，結論是肯定的，他不僅懂音樂，而且會彈琴，常彈琴。這個問題與我們所要說的話題關係不大，故不去討論。所蓄素琴，是指沒有上漆的琴，可能是新做之琴，尚未完工，所以才「弦徽不具」。而當朋友相聚，詩酒相助，興致高漲之際，取其素琴撫弄一番，都是現實中極為可能之事。這裡最為關鍵之處是他最後說的兩句話：「但識琴中趣，何勞弦上聲！」體現了他的音樂思想。他的意思是：彈琴聽琴是要聽其聲音，通過聲音來領略音樂的趣味。但是，如果現在已經領略到音樂的趣味，即沒有音樂相助也能夠領略其趣味的話，那麼，有沒有聲音就不重要了，

無弦之琴也一樣能夠讓人領略音樂的趣味。這裡,聲音是形跡,對音樂趣味的領略是心意。只要得其心意,形跡便無關緊要。

前面說過,文人喜歡琴,喜歡音樂,是因為在琴和音樂中能夠獲得輕鬆愉悅的心理體驗,也就是音樂的趣味。而現在,我們在沒有琴和音樂的情況下,也同樣能夠體驗到音樂的趣味,那麼聲音、形跡,乃至弦,就不是必需的了。這個道理,應數唐代高郢的《無聲樂賦》說得最為透徹。他說:

> 樂而無聲,和之至;聲而有象,樂之器。特飾樂以彰物,非克和之大義;故保和而遺飾,然後至樂之道備。樂不可以見,見之非樂也,是樂之形;樂不可以聞,聞之非樂也,是樂之聲。……無聽之以耳,將聽之以心。……得意貴於忘言,得魚貴於忘筌。堯人致歌於擊壤,陶令取逸於無弦。

他從道家「無聲和之至」、「得意貴於忘言」的角度闡述了「無弦」的道理。與之相似,張隨的《無弦琴賦》也表述了同樣的思想:

> 《幽蘭》無聲,媚庭際之芬馥;《淥水》不奏,流舍後之潺湲。以為心和即樂暢,性靜則音全,和由中出,靜非外傳。若窮樂於求和,即樂流而和喪;扣音以徵靜,則音溺而靜捐。是以撫空器而意得,遺繁絃而道宣。豈必誘玄鵠以率舞,驚赤龍而躍泉者哉?如是載指載撫,以逸以和,因向風以舒嘯,聊據梧以安歌。曰:「樂無聲兮情逾倍,琴無弦兮意彌在。天地同和有真宰,形聲何為迭相待?」

這是從求和應從心起的思想進行論證的,認為以心求和,是為真和,以心求樂,是為真樂。若從外(聲)求之,則和與樂都會喪失。北宋宋祁亦作有《無弦琴賦》,他主要從「捨弦上之未用,得琴中之深旨」立論的,認為「遺飾於此,藏真在彼,取其意不取其象,聽以心不聽以耳。」「亦猶履之適則足乃可忘,魚之登則筌亦何取?故弦可去也,我謂得其妙;弦之存也,我謂收其粗。」這些論述,都是從道家出發,是「重意輕形」、「得意忘言」思想在音樂中的實踐。

正是在這樣的思想基礎之上,形成了一股詠贊無弦琴的詩潮。宋代顧逢《無弦琴》詩:

> 三尺孤桐古,其中趣最幽。只須從意會,不必以聲求。袖手時橫膝,忘言自點頭。孫登猶未悟,多卻一絲留。

孫登是魏晉時隱士,《晉書》載其好讀《易》,撫一弦琴。而顧逢則認為一

弦都是多餘的，只要能夠意會其趣，就不必從聲音中求。張商英《無弦琴》云：

> 我有無弦琴，自彈混沌音。拂開黃漠面，挑出老盧心。不見絲
> 頭許，那堪指下尋？虎溪回首去，陶令趣何深！

無弦琴所彈混沌音，其實就是無聲之音，就是由心意會而得的趣味。南宋劉後村《無弦琴》則將一般的文人雅士彈琴同陶淵明相比，突出後者的高明：

> 雅士多琴癖，淵明獨不然。所藏聊備物，欲撫更無弦。焦尾珍
> 無價，朱弦絕有年。曾參徽外趣，肯向譜中傳。碎向玉門下，彈於
> 日影邊。兩生為巧累，益見此翁賢。

一般文人雅士往往嗜琴成癖，精神空間過於窄小。相比之下，陶淵明並不把自己的樂趣寄託在外物上面，他所藏均為常用之物，有名琴卻並不張弦，這正是他在精神意趣上自足、自得的表現。何孟舒《無弦琴》：

> 君子閒邪日御琴，絕弦非為少知音。忘情自得無為理，默契義
> 皇太古心。

這是說，無弦不是因為沒有知音，而是因為琴主已經「忘情自得」，已經領略到「羲皇太古心」了，故而不需要再去「理」其弦。僧文珦還畫了一幅陶淵明彈無弦琴的畫，並題《淵明弄琴像》詩：

> 淵明膝上琴，無弦亦無音。於以寄孤操，度越古與今。舉世莫
> 能辨，山水徒高深。所以衡茅下，濁酒時自斟。

認為只有在無弦琴上，才能完美地寄託自己的孤傲和節操，才能打通古今，肆情山水。宋代沈說還對比自己學琴前後的不同，闡述無弦之妙。其《贈段琴》詩云：

> 我琴未弦時，渾然心與耳。自從識開指，反為琴所使。清風千
> 古曲，雪澗敲寒玉。誰能繼此音，蒼梧泣修竹。

他的琴未上弦時，心耳相諧，自得其樂；後來開始學習彈奏後，反而為琴所縛，體驗不到趣味和快樂。真正的樂趣應該就在蒼梧修竹、清風雪澗，而這些正是需要人用自己的心靈去領略的。

從理論上看，「無弦說」還是不徹底的。既然是唯求心意，不拘形跡，弦應該去掉，那麼，琴體是不是形跡？是不是也該一併去掉？這確實是一個問題。有問題就會有人去求解。果然，便有人提出「無琴說」。南宋舒岳祥的詩雖然題為「無弦琴」，但其意卻在「無琴」：

> 琴在無弦意有餘，我琴直欲並琴無。北窗高臥何人識？日日高

風詠有虞。

元代耶律楚材《和王正夫憶琴》亦有此意：

　　道人塵世厭囂塵，白雪陽春雅意深。萬頃松風皆有趣，一溪流
水本無心。忘機觸處成佳譜，信手拈來總妙音。陶老無弦猶是剩，
何如居士更無琴。〔註4〕

只要人的內心平和寧靜，他就會無往而不樂，陽春、白雪、松風、溪流等等，觸處皆是音樂，皆是詩。所以，陶淵明僅說無弦是不夠的，還是居士（即王正夫）之無琴來得更徹底。

正因為重在心意，故文人對待音樂，更重視自己心境的營構。重視音樂的目的，是為了給自己營構一種輕鬆愉悅、自得自足、自由自在的心境。這個思想很早即已出現，嵇康《兄秀才公穆入軍贈詩之十五》便是因此而為世人稱道的一首詩，其中有句曰：「目送歸鴻，手揮五弦。俯仰自得，遊心太玄。」這幾句詩，文字極簡，但意趣極深，牽引力極強，這些均來自詩人對其心境的完美呈現。此後，在彈琴詩中著意表現一種心境意緒，便成為一個傳統。王維《竹里館》：「獨坐幽篁裏，彈琴復長嘯。深林人不知，明月來相照。」是寫獨處時自得自樂的心境。其《酬張少府》：「晚年唯好靜，萬事不關心。自顧無長策，空知返舊林。松風吹解帶，山月照彈琴。君問窮通理，漁歌入浦深。」寫的是寧靜淡泊，一任自然的心境。白居易《聽彈古〈淥水〉》：「聞君古淥水，使我心和平。欲識漫流意，為聽疏泛聲。西窗竹陰下，竟日有餘清。」寫的是平和清閒的心境。側重於自娛、自得、自樂的「自釋」精神，最後總是要落實在心境上面的。

第三節　「崇古尚淡」的品味辨識

文人音樂觀在其成熟之後，常常伴隨著這樣一個衝動，即努力把自己與其他音樂觀區分開來。這裡面既有文人對其音樂的獨特理念，也有與眾不同的風格追求，還有樂器種類上的嚴格區分，等等。正是通過以上諸多方面的細緻辨別，才使得文人音樂美學思想的獨特性得以彰顯。

一、音樂本體辨識

文人音樂的觀念是隨著文人琴的觀念而出現，並且主要是通過文人琴的

〔註4〕〔元〕耶律楚材：《湛然居士文集》，中華書局1986年版，第210頁。

觀念而得到表述的。早在漢代，就已經有人開始對它進行描述。東漢初年，桓譚在其《琴道》中指出琴的音響特點是：「大聲不振華而流漫，細聲不湮滅而不聞。」這是文人音樂觀中對於音色的表述，為後人所廣泛接受。北宋時崔遵度又將其概括為：「清厲而靜，和潤而遠。」則使其特點更為明朗。在文人看來，音樂的聲響應該和靜清遠，大小適中，輕而不滅，重而不囂，具有平和之美。到魏晉之際，嵇康又在音樂的功能上闡述文人的觀念，那就是《琴賦》序中開頭的一段話：「余少好音聲，長而玩之。以為物有盛衰，而此無變；滋味有厭，而此不倦。可以導養神氣，宣和情志，處窮獨而不悶者，莫近於音聲也。是故復之而不足，則吟詠以肆志；吟詠之不足，則寄言以廣意。」其特點是越出儒家的「節」和「禁」的範疇，確立以音樂來「導養神氣，宣和情志」的功能。這裡的「導養」和「宣和」便屬於舒展、輕鬆、愉悅一路，它直接通向上述所謂自娛、自得和自樂。此後，白居易又以詩的形式描述了文人心目中的音樂形態，如：「絲桐合為琴，中有太古聲。古聲淡無味，不稱今人情」（《廢琴詩》）；「入耳淡無味，愜心潛有情。自弄還自罷，亦不要人聽」（《夜琴》）；「清冷由木性，恬淡隨人心。心積和平氣，木應正始音」（《清夜琴興》）等，也涉及文人音樂的音色、功能、風格等多方面的特點。

但是，上述文字都還停留在敘述或描述的層面，尚未上升為理論表述。直到北宋時，文人音樂觀的理論表述才真正出現。它的代表人物，便是以范仲淹、歐陽修、蘇軾為代表的北宋文人集團。范仲淹在《與唐處士書》中首次提出「琴不以藝觀」的思想：

> 蓋聞聖人之作琴也，鼓天地之和而和天下，琴之道大乎哉！秦作以後，禮樂失馭，于嗟乎，琴散久矣！後之傳者，妙指美聲，巧以相尚，喪其大，矜其細，人以藝觀焉。

他認為古代聖人的以「和天下」之琴才是正道，而後之傳者則僅僅注重技巧，崇尚美聽，純然「以藝觀」之，並指出這種做法是「喪其大，矜其細」，丟掉了琴最為重要的東西。歐陽修與范仲淹的思想完全一致，他在《送楊置序》中也說：「夫琴之為技小矣。」認為如果僅僅注意琴的技巧，那只是抓到琴的小處，而未及其大處。可見，范和歐都反對將琴及其音樂僅僅等同於技巧，都反對僅僅從「藝」的角度理解琴及其音樂。這裡應注意的是「僅僅」，而不是一味地反對。在范、歐二人的表述中，歐陽修認為琴之為技「小」，范仲淹認為「喪其大，矜其細」。「細」也就是小，那就意味著琴還有其「大」處。這「大」

處是什麼？在范仲淹那裏，自然就是「鼓天地之和而和天下」；而在歐陽修那裏，則有著長長的表述，詳盡地歷數其「大」之所在。在說了「琴之為技小矣」之後，接著寫道：

> 及其至也，大者為宮，細者為羽，操弦驟作，忽然變之，急者悽然以促，緩者舒然以和。如崩崖裂石，高山出泉，而風雨夜至也。如怨夫寡婦之歎息，雌雄雍雍之相鳴也。其憂深思遠，則舜與文王、孔子之遺音也；悲歡感憤，則伯奇孤子屈原忠臣之所歎也。喜怒哀樂，動人心深。而純古澹泊，與夫堯舜三代之言語、孔子之文章、易之憂思、詩之怨刺無以異。其能聽之以耳，應之以手，取其和者，道其堙鬱，寫其憂思，則感人之際，亦有智者焉。是不可以不學也。

這些是什麼？是音樂背後的思想，是形式表現的內容。文人音樂觀真正重視的是，如何在音樂之中滲透著豐富深厚的思想文化內涵，如何從音樂中體驗到寧靜悠遠、瀟灑不群的君子人格和精神意趣。南宋朱熹說：「世之言琴者，徒務布爪取聲之巧，其韻勝者乃能以蕭散閒遠為高耳。」（《定律》）「蕭散閒遠」就是一種精神，一種氣質，一種格調，一種境界。文人音樂觀之強調「得意」，並講究「自得」，其所得正是這樣的東西。

二、音樂風格辨識

音樂的觀念是要從音樂形態和風格表現出來的。文人音樂對自己的風格是如何界定的？如果詳細說來，應該有許多元素構成。但若概括言之，則可用「古、淡、靜」三字表示。「古」側重音樂的內涵方面，「淡」側重音樂的形態方面，「靜」則側重人的身心方面。三者雖各有側重，卻也總是相連在一起的。

「古」在琴樂中表現尤為突出。白居易《廢琴詩》：「絲桐合為琴，中有太古聲。古聲淡無味，不稱今人情。……廢棄來已久，遺音尚泠泠。」琴的創製歷史久遠，其發明者可上溯至伏羲、神農、堯、舜等遠古聖王，故其身上自然古味盎然。文人音樂觀十分珍視這種古味，以至於後來直接稱其為「古琴」。在他們看來，這種古味才是正味，才稱得上大雅。而古中又包含著淡，是「淡無味」，但在文人看來，無味正是至味。這種古淡之聲，通過琴存留下來，我們才得以領略，所以才值得寶貴。歐陽修《彈琴效賈島體》云：「古人不可見，古人琴可彈。彈為古曲聲，如與古人言。……乃知太古時，未遠可追還。」古代的東西距離我們已經十分遙遠，但通過琴聲，我們就可以與古人對話，感知

古人之心意。雖然對琴上的這種古今交流不乏懷疑者，如梅堯臣《鳴琴》就說：
「雖傳古人聲，不識古人意。古人今已遠，悲哉廣陵思。」但仍然有不少人肯
定這種交流的可能性與現實性。例如黃庭堅就在詩中描寫過自己如何以琴與
古人對話，得知古人心意的過程。他的《聽崇德君鼓琴》說：「月明江靜寂寥
中，大家斂袂撫孤桐。古人已矣古樂在，彷彿雅頌之遺風。妙手不易得，善聽
良獨難。猶如優曇華，時一出世間。兩忘琴意與己意，乃似不著十指彈。禪心
默默三淵靜，幽谷清風淡相應。絲聲誰道不如竹，我已忘言得真性。罷琴窗外
月沉江，萬籟俱空七絃定。」在這裡，古與今的交流已經到了琴己兩忘、水乳
交融，亦即「忘言得真性」的地步。

　　「淡」作為文人音樂的一個重要特點，在文人音樂觀中佔有特別的地位。
在這方面，白居易用力甚多，影響深遠。他的《夜琴》詩：「蜀桐木性實，楚
絲音韻清。調慢彈且緩，夜深十數聲。入耳淡無味，愜心潛有情。」琴樂之淡
有多方面的條件，其質料為桐，性實；弦為絲作，音清；樂曲節奏舒緩，又徐
徐彈之。這樣的聲音，聽起來是淡而無味，但在詩人卻覺得十分愜意有情味。
在音樂中，淡首先是音樂音響形態的特點，然後再由此音響形態而產生味淡的
感覺特點，最後再從這淡味之中領略到無盡的至味。但是，反過來也仍然能夠
成立，即要有心意之淡，才能領略音聲之淡。《船夜援琴》云：「鳥棲魚不動，
月照夜江深。身外都無事，舟中只有琴。七絃為益友，兩耳是知音。心靜即聲
淡，其間無古今。」「聲淡」是需要「心靜」為前提的。《清夜琴興》亦云：「月
出鳥棲盡，寂然坐空林。是時心境閒，可以彈素琴。清泠由木性，恬淡隨人心。
心積和平氣，木應正始音。」音聲之淡與心意之淡本來就是互相作用，互相依
存的，要從疏淡的樂聲中聽出無盡的淡味，離不開恬淡的心意。

　　「靜」也是文人音樂的一個重要特點。音樂本來是聲音的藝術，有聲就不
是靜。但是，文人音樂觀正是要從這聲中求靜。這個「靜」當然包含多方面含
義，首先，它一定包含音樂場景的靜。「月出鳥棲盡，寂然坐空林。是時心境
閒，可以彈素琴。」（白居易《清夜琴興》）場地靜，則心靜，心靜，則易於進
入音樂的情境。歐陽修《江上彈琴》即表達了這樣的意思：「江水深無聲，江
雲夜不明。抱琴舟上彈，棲鳥林中驚。遊魚為跳躍，山風動清泠。境寂聽愈真，
弦舒心已平。」場地靜，琴聲亦靜，故而文人特別喜歡在深夜彈琴。朱淑真《夏
夜彈琴》云：「夜久萬籟息，琴聲愈幽寂。接引到清江，岩泉溜寒滴。」蘇軾
也說：「江空月出人響絕，夜闌更請彈《文王》。」（《舟中聽大人彈琴》）實際

上，人的心靜才是最為重要的，前述的「古」與「淡」，都來自心意之「靜」。正如白居易所說：「心靜即聲淡，其間無古今。」

文人音樂的這種風格特點，雖然受到一些文人的推崇，但卻不合於時，也不合於眾。白居易《廢琴詩》云：「古聲淡無味，不稱今人情。……不辭為君彈，縱彈人不聽。何物使之然？羌笛與秦箏。」其《鄧魴張徹落第詩》亦為此意：「古琴無俗韻，奏罷無人聽。寒松無妖花，枝下無人行。春風十二街，軒騎不暫停。奔車看牡丹，走馬聽秦箏。」可以見出，在文人心目中，時與古、己與眾的差別是何等的大。有時候，我們覺得這種差別是被文人人為地拉大的。也就是說，正是因為它不合時，不合眾，文人才特別地加以推崇。白居易《彈〈秋思〉》：「信意閒彈《秋思》時，調清聲直韻疏遲。近來漸喜無人聽，琴格高低心自知。」曲調清澈單純，旋律平直而少波瀾，出音蕭疏零落，節奏又比較遲緩，是符合古樂的特點。這種音樂聽的人越來越少，而詩人卻越來越高興，就是因為它能夠反過來說明琴的格調、也就是自己的格調之高。

文人推崇「古」、「淡」、「靜」的音樂風格，還有什麼更深刻的緣由嗎？有的。「古」，從字面上看，它只是一個時代的概念，但實際上要複雜得多。在中國文化語境中，「古」就代表著美好，是理想之所在，所以，古人常常以「古」作為自己的楷模。當需要糾正某種時弊時，也往往抬出「古」來救治。唐宋時期文學上推崇漢魏風骨，就是為了糾正中晚唐時的形式主義文風。同時，在遠古時代，因為階級尚未出現，民風也確實比較純樸，政治也相對清明，在某種意義上，樹為當時的榜樣，並無大錯。還有一層，其實也是十分重要的，那就是在音樂中產生「互文」效應。所謂「互文」，就是在一個文本中包含著其他文本的元素，形成互相闡釋、互相呼應、互相支撐的效果。就「古」的方面說，就是努力在當前的文本中感知到古人的文本信息，從而增加其內涵的深度與厚度。蘇軾《次韻子由彈琴》云：「琴上遺聲久不彈，琴中古意久長存。苦心欲記常迷舊，信指如歸自看痕。」在自己的琴聲中能夠隱約現出「古意」，本身就是價值之所在。

與「古」相似，「淡」和「靜」也各有自己特別的涵義。「淡」代表著自然樸素，具有含蓄之美。在文人心目中的「淡」不是白開水式的淡而無味，而是內含至味，卻以淡的方式呈現出來，即蘇軾所謂「外枯而中膏，似淡而實美」；「質而實綺，癯而實腴」。這樣的境界往往是經歷過極度絢爛之後的產物，亦即蘇軾所說的「絢爛之極」，「乃造平淡」，是「洗淨鉛華，淡雅如菊」，所以是

成熟的最高境界。「靜」有兩層涵義，一是本根狀態，一是敞開狀態。在中國哲學特別是道家哲學中，「靜」是一切生命的根本，老子說：「致虛極，守靜篤。萬物並作，吾以觀其復。夫物芸芸，各復歸其根。歸根曰靜，靜曰覆命。覆命曰常，知常曰明。不知常，妄作，凶。」所以，靜為動之本，動為靜之用。有性之靜，才會有心之動；心動，才會有音樂產生。而就敞開的涵義說，唯有靜是開放，是博大，是輕鬆，是平和。因此，只有在靜中才能有容，才會有所得，才會感到自足，感到充實。而心意的自得、自足，正是文人用樂的目的所在。

「古」、「淡」、「靜」基本上概括了文人音樂觀對於音樂風格的要求。「古」主要側重音樂表現的思想內容方面，強調藝術格調的簡樸自然；「淡」側重音響形態方面，強調藝術表現中的節制含蓄；「靜」則側重樂音的運動方面，強調音樂過程的平和舒展，從容閒適。三者結合，便構成文人對於其藝術風格的美學理想。

三、樂器身份辨識

文人音樂觀對其風格的認同，還經常表現在樂器上。在他們看來，真正能夠體現文人音樂風格的樂器，就是琴。為了凸顯音樂的文人風格，他們往往拿非琴樂器如箏、笛、琵琶與之比較，並常常將其對立起來。「絲桐合為琴，中有太古聲。……廢棄來已久，遺音尚泠泠。……何物使之然？羌笛與秦箏」（《廢琴詩》）；「古琴無俗韻，奏罷無人聽。……奔車看牡丹，走馬聽秦箏。」（《鄧魴張徹落第詩》）對琴與其他樂器的著力區分，可以通過明代宋濂《琴論》所記事蹟來窺其一斑：

> 客有為予言，楚越之交恒多山，山民齊氏者不識琴，問人曰：「何謂琴？」或告之曰：「琴之為制，廣前狹後，圓上方下，嶽首而越底，被之以絲，則鏗鏗然、泠泠然可聽也。」齊悅：「是知琴也。」
>
> 一日，適通都大邑，見負築來者，亟趨視之，驚曰：「是不類廣前狹後、圓上方下者邪？」反側驗之良久，又曰：「是不類嶽首而越底者邪？」以指橫度之，則亦有聲出絲間，復曰：「是又不類鏗鏗泠泠之可聽者邪？」遂力致其人而歸，師之三年，蚤夜不輟，自以為盡其技也。
>
> 鄉之告者偶過焉，聞其聲輒瞿然曰：「子習者築也，非琴也。不然，何若是嘈雜淫哇也？」因出琴鼓一再行。齊氏聞之戲頷曰：「子

給我矣,子給我矣。淡乎若大羹玄酒,樸乎若黃桴土鼓,不足樂也。
予所嗜者異乎是,若鸞鳳之鳴,若笙簫之間作,若燕趙美人之善謳。
吾不知子琴之為築,吾築之為琴也,請終樂之。」

嗟夫!琴之為器,人所易識。山民乃以築當之,則夫誤指鄉愿
為君子,日愛之而不知厭者,尚何怪乎?感斯言作琴諭。

在宋濂和他的客人看來,琴與築是音樂風格迥然不同的兩種樂器,前者
「淡乎若大羹玄酒,樸乎若黃桴土鼓」,後者則「若鸞鳳之鳴,若笙簫之間作,
若燕趙美人之善謳」。但在文人看來,前者是「君子」,後者是「鄉愿」,兩者
的差別判若天壤。這位山民原是要瞭解琴的,但他錯將築當成琴彈了三年之
後,卻喜歡上築,而不喜歡琴了。這在文人看來,是十分可笑的。

更能體現文人音樂觀對兩種樂器的區分的,還是北宋時對韓愈《聽穎師
琴》詩的不同解讀。韓愈詩:

昵昵兒女語,恩怨相爾汝。劃然變軒昂,勇士赴敵場。浮雲柳
絮無根蒂,天地闊遠隨飛揚。喧啾百鳥群,忽見孤鳳凰。躋攀分寸
不可上,失勢一落千丈強。嗟餘有兩耳,未省聽絲篁。自聞穎師彈,
起坐在一旁。推手遽止之,濕衣淚滂滂。穎乎爾誠能,無以冰炭置
我腸!

這是韓愈對其聽穎師彈琴時的音樂表現和聽樂感受的生動描寫。其中既
有細語的柔情,又有勇士的激昂;既有闊遠的場面描寫,又有喧鬧中主角的出
場;既有艱難攀援中的張力樣態,也有頓然墜落時的滑行動勢。音樂中使用了
大量的對比和轉折,情緒大起大落,大開大闔,使得詩人的情緒隨之而波瀾起
伏,以至於「濕衣淚滂滂」。從詩中我們不難判斷出,穎師的琴以其卓越的音
樂表現深深地感動了韓愈,產生了「冰炭置我腸」的審美效果。

但是,就是這首詩,卻在後人那裏產生了不同的理解。這個方面,蔡絛《西
清詩話‧評古琴詩》中有較詳盡的記載:

六一居士嘗問東坡琴詩孰優,東坡答以退之《聽穎師琴》。公曰:
「此只是聽琵琶耳。」或以問海,海曰:「歐陽公一代英偉,然斯語
誤矣。『昵昵兒女語,恩怨相爾汝』,言累柔細屑,真情出見也;『劃
然變軒昂,勇士赴敵場』,精神餘溢,竦觀聽也;『浮雲柳絮無根蒂,
天地闊遠隨飛揚』,縱橫變態,浩乎不失自然也。『喧啾百鳥群,忽
見孤鳳凰』,又見脫穎孤絕,不同流俗下俚聲也;『躋攀分寸不可上,

失勢一落千丈強」，起伏抑揚，不主故常也。皆指下絲聲妙處，惟琴為然，琵琶格上聲烏能爾耶？退之深得此趣，未易識評也。

海即義海，北宋著名僧人琴家，他認為這首詩不是彈琵琶的詩，而就是彈琴詩，並一句一句加以分析。但蘇東坡認同歐陽修的觀點，後來還作有《聽惟賢琴詩》：「大絃春溫和且平，小絃廉折亮以清。平生未識宮與角，但聞牛鳴盎中雉登木。門前剝啄誰扣門，山僧未閑君莫嗔。歸家且覓千斛水，洗盡從來箏笛耳。」有人又問義海此詩如何，義海曰：

> 東坡詞氣倒山傾海，然未知琴。「春溫和且平」，「廉折亮以清」，絲聲皆然，何獨琴也？又特言大小絃聲，不及指下之韻。「牛鳴盎中雉登木」，概言宮角耳。八音宮角，豈獨絲也？

後來人多認為歐、蘇的說法不確，如胡仔《苕溪漁隱叢話》曰：「東坡嘗因章質夫家善琵琶者乞歌詞，亦取退之《聽穎師琴》詩，稍加隱括，使就聲律，為《水調歌頭》以遺之。其自序云：『歐公謂退之此詩最奇麗，然非聽琴，乃聽琵琶耳，余深然之。』觀此則二公皆以此詩為聽琵琶矣。今《西清詩話》所載義海辯證此詩，復曲折能道其趣，為是真聽琴詩。世有深於琴者，必能辨之矣。」另有南宋吳曾《能改齋漫錄》亦認為義海所說為是，但具體分析尚不到位：「余謂義海以數聲非琵琶所及，是矣。而謂真知琴趣，則非也。」接著引晁无咎的分析以證之：

> 「浮雲柳絮無根蒂，天地闊遠隨飛揚」，為泛聲，輕非絲、重非木也。「喧啾百鳥群，忽見孤鳳凰」，為泛聲中寄指聲也。「躋攀分寸不可上」，為吟繹聲也。「失勢一落千丈強」，為歷聲也。數聲琴中最難工。〔註5〕

這個分析結合演奏技法，比義海更為具體、貼切，因而也更有說服力。此後，大多數琴家都以歐、蘇為非，如徐上瀛就明確肯定韓詩為聽琴詩，其《溪山琴況》還以韓愈的《聽穎師琴》詩句為例論「宏」與「細」之關係。〔註6〕

歐陽修、蘇軾的批評有兩種可能，一是認為穎師所彈不是琴，而是琵琶；二是認為穎師所彈為琴，但不符合琴的要求，而與琵琶相近。但反映出來的觀

〔註5〕〔南宋〕吳曾：《能改齋漫錄》（上），上海古籍出版社1979年新1版，第123頁。

〔註6〕徐上瀛在「細」況中說：「昌黎詩：『昵昵兒女語，恩怨相爾汝。劃然變軒昂，勇士赴敵場』，其宏細互用之意歟？」是把韓詩作為彈琴詩的。

念是一致的，都是認為琴不應該有這樣的聲音。歐陽修與義海之所以會對穎師之琴有如此不同的判斷，即源於兩者音樂觀的差異。他們之間存在著兩種不同的琴樂理念，代表著兩種不同的琴樂傳統。穎師和義海都是典型的藝人琴家，而歐陽修則是從其所持的文人音樂觀和文人琴觀念所作的評判，而且是比較狹隘的文人音樂觀和文人琴觀念。這從他的《三琴記》即可看出，他說：

> 余自少不喜鄭衛，獨愛琴聲，尤愛《小流水》曲。平生患難，南北奔馳，琴曲率皆廢忘，獨《流水》一曲夢寐不忘，今老矣，猶時時能作之。其他不過數小調弄，足以自娛。琴曲不必多學，要於自適。琴亦不必多藏，然業已有之，亦不患多而棄也。

以琴「自娛」、「自適」，彈琴只是「數小調弄」，不喜鏗鏘密麗的鄭衛之音。穎師之琴恰好是抑揚頓挫，起伏跌宕，緩急相間，有著豐富的表現力和生動的藝術效果，所以才說它不是琴詩。竭力將琴與箏、笛、琵琶等樂器區別開來，是文人音樂美學觀的一個重要特點。

第四節 「體幽察微」的意義闡釋

文人之所以為文人，是因為接受教育的程度較高，經受過較好的文學藝術訓練，因此有較強的文字表達和修辭能力。因此，他們在接觸或從事音樂活動時，比較擅長將自己對音樂的感受和理解用文字記錄下來，形成對音樂的意義闡釋。這種意義闡釋主要表現在兩個方面，一是對聽樂所產生的心理效應作精微的體察，一是對音樂表現內容進行文學化的解讀。

一、對聽樂效果的精微體察

文人對待音樂，雖然首重是自己的修身，是其自娛、自得、自樂，但也很重視音樂對聽者心情的影響，亦即音樂的感染力。這兩者乍看是對立的，實質上是統一的。音樂之所以能夠產生修身的功能，最終還是因為它能夠感染人，影響人。因此，文人音樂觀中就不乏對音樂感染力的描述。謝朓《詠琴》：「洞庭風雨乾，龍門生死枝。雕刻分布護，沖響鬱清巵。春風搖蕙草，秋月滿華池。是時操《別鶴》，淫淫客淚垂。」是說在特定的時刻，特定的情境彈奏《別鶴操》，最能使在外漂泊之人流下思鄉之淚。盧綸《河口逢江州朱道士因聽琴》亦是描寫琴聲對人的影響：「廬山道士夜攜琴，映月相逢辨語音。引坐霜中彈一弄，滿船商客有歸心。」不僅對人如此，對物，對天地，對山水自然亦如此，

音樂同樣能夠在他們那裏發生影響。顧況《彈琴谷》寫琴聲對草蟲的驚動：「谷中誰彈琴，琴響谷冥寂。因君扣商調，草蟲驚暗壁。」商調是一種表現悲情的曲調，在山谷之中彈奏商調，其悲情連周邊黑暗中的草蟲都受其感染。雍裕之《聽彈〈沈湘〉》寫的則是江水：「賈誼投文弔屈平，瑤琴能寫此時情。秋風一奏《沈湘曲》，流水千年作恨聲。」《沈湘曲》是寫屈原投江自沉之事的，漢初賈誼以文弔屈原，此曲則以音樂來弔念。每當秋風起時，一奏此曲，江水似乎也染上了哀恨之情。再如歐陽修《贈無為軍李道士之二》：「李師琴紋如臥蛇，一彈使我三諮嗟。……忽然黃鍾回暖律，當冬草木皆萌芽。……李師一彈鳳凰聲，空山百鳥停嘔啞。」李道士的琴不僅使詩人感歎不已，而且具有一種在寒冬中使草木發芽、在空山中令百鳥止鳴的力量。

　　直接描寫音樂對聽者的影響已經能夠反映文人在聽賞音樂方面精細幽微的感受性和領悟力，但是，更能反映其對音樂感受的深刻性和高妙的寫作能力，還不在這個方面，而是通過描寫聽樂之後人的感覺對世界事物的改變來表達音樂的巨大感染力。這方面最典型，也最為人稱道的作品要數唐代常建的《江上琴興》：

　　　　江上調玉琴，一弦一清心。泠泠七絃遍，萬木澄幽陰。能使江
　　月白，又令江水深。始知梧桐枝，可以徽黃金。

　　我們知道，音樂的聲音是不能直接改變外部世界的，它無法使「萬木澄幽陰」，也不能「使江月白」，「令江水深」。之所以能夠產生這樣的效果，是因為音樂影響了我們的心，改變了我們的感覺，即「一弦一清心」。心「清」之後，所感知到的世界自然就「清」「幽」起來。這樣的描寫既反映出文人對音樂的感受性的精深幽微，同時也曲折而深刻地寫出琴音的強大影響力和感染力。這種方式的描寫在多人的作品中都有體現。前面出現過的白居易《清夜琴興》最後四句：

　　　　響餘群動息，曲罷秋夜深。正聲感元化，天地清沉沉。

　　如果說，「曲罷秋夜深」主要還是對當時情境的客觀描寫，那麼，後面的「天地清沉沉」就不純粹是客觀的了，而是以改變了的心境去感知天地萬物的結果。王貞白的《涼州行》：

　　　　一聲長在耳，萬恨重經心。調古清風起，曲終涼月沉。

　　這裡的「清風起」、「涼月沉」，就不只是一個實景的描寫，更重要的是，經過感知的作用，它已經是一種主觀化了的意象。文人以這種曲折的方式表現

音樂的感染力，效果更含蓄，意味更雋永，給人的印象也就更深刻。

但是，文人描寫音樂的感染力，更多的還是使用綜合的方式，既有直接描寫音樂對事物的影響，也注意曲折地表現通過心境感覺的折射而形成的主觀意象。最著名的應數白居易《琵琶行》，其中有——

> 曲終收撥當心畫，四絃一聲如裂帛。東船西舫悄無言，唯見江
> 心秋月白。

「東船西舫悄無言」是聽者被吸引、被震撼的表情狀態，是實景描寫；「唯見江心秋月白」是通過人的感覺所見江月之景，是經過心理折射後的帶有主觀色彩的描寫。虛實並用，主客結合，有力地表現了琵琶音樂的感染力。與之相似，李頎的《琴歌》也有異曲同工之妙。詩的後半：

> 銅爐華燭燭增輝，初彈《淥水》後《楚妃》。一聲已動物皆靜，
> 四座無言星欲稀。

琴聲響起，萬籟俱寂，既是動靜之間的辯證法，也是琴聲本身的魅力體現。「四座無言」主要應該是實景描寫，而「星欲稀」，則明顯不僅僅是實景了，而是由特定的心情去看夜空的結果。北宋歐陽修、黃庭堅亦有此類聽琴詩，前者的《贈無為軍李道士之一》，其後半云：

> 彈雖在指聲在意，聽不以耳而以心。心意既得形骸忘，不覺天
> 地白日愁雲陰。

後者的《聽崇德君鼓琴》：

> 兩忘琴意與己意，乃似不著十指彈。……罷琴窗外月沉江，萬
> 籟俱空七絃定。

這裡的「形骸忘」與「兩忘琴意與己意」，是實寫，而「愁雲陰」和「萬籟俱空」則明顯滲透著特定的感覺與心境，是曲筆。

二、對音樂表現的文學闡釋

中國古代的文人基本上都是文學起家，詩、詞、文、賦以及後來的小說、戲劇，總體上都屬於語言藝術，久而久之，便會形成從文學角度理解其他藝術的思維定勢。正是這個特點，決定了他們喜歡對音樂作文學化的描述和解讀。

對於如何感受和理解音樂這個問題，文人中也有人曾經嚴肅地思考過，其中最有成就的當是嵇康，他的《聲無哀樂論》是力圖擺脫文學化的路徑，完全從音樂本身進行解讀的一次了不起的實踐。嵇康之外，也有人思考過這個問

題，但並未擺脫文學思維的框架。例如盧仝的《聽蕭君姬人彈琴》，開頭便是對音樂的感受與理解進行追問：「彈琴人似膝上琴，聽琴人似匣中弦。二物各一處，音韻何由傳？」彈者與聽者是兩個完全獨立的個體，也沒有什麼連接的通道，這琴聲是如何在對方發生影響的？他的回答是：「無風質氣兩相感，萬般悲意方纏綿。」「兩相感」，就是本書第三章所說的「感應」。然後便以「感應」思維進入對音樂表現內容的文學性描述：

> 初時天山之外飛白雪，漸漸萬丈澗底生流泉。風梅花落輕揚揚，十指乾淨聲涓涓。昭君可惜嫁單于，沙場不遠隻眼前。蔡琰薄命沒胡虜，烏梟啾唧啼胡天。關山險隔一萬里，顏色錯漠生風煙。形魄散逐五音盡，雙蛾結草空嬋娟。中腹苦恨杳不極，新心愁絕難復傳。金樽湛湛夜沉沉，餘音疊發清聯綿。主人醉盈有得色，座客向隅增內然。孔子怪責顏回瑟，野夫何事蕭君筵。拂衣屢命請中廢，月照書窗歸獨眠。

盧仝這次所聽是何曲，題中沒有交代。但在詩中，我們看到，他是用王昭君和蔡文姬的事蹟來解讀的。這種解釋音樂的方法，就是以歷史事蹟為藍本所作的文學性想像和描述。

這樣的音樂闡釋在唐代特別興盛。岑參《秋夕聽羅山人彈〈三峽流泉〉》：「皤皤岷山老，抱琴鬢蒼然。衫袖拂玉徽，為彈三峽泉。此曲彈未半，高堂如空山。石林何颼飀，忽在窗戶間。繞指弄嗚咽，清絲激潺湲。演漾怨楚雲，虛徐韻秋煙。疑兼陽臺雨，似雜巫山猿。幽引鬼神聽，淨令耳目便。楚客腸欲斷，湘妃淚斑斑。誰裁青桐枝，絚以朱絲絃。能含古人曲，遞與今人傳。知音難再逢，惜君方老年。曲終月已落，惆悵東齋眠。」彈的曲子是《三峽流泉》，詩人便在題目所示的意象中組織詩句，與音樂的結合還是比較緊密、自然的。李頎的《聽董大彈〈胡笳〉》，曾被認為是聽琴詩的代表作：

> 蔡女昔造胡笳聲，一彈一十又八拍。胡人落淚沾邊草，漢使斷腸對歸客。古戍蒼蒼烽火寒，大荒沉沉飛雪白。先拂商弦後角羽，四郊秋葉驚摵摵。董夫子，通神明，深山竊聽來妖精。言遲更速皆應手，將往復旋如有情。空山百鳥散還合，萬里浮雲陰且晴。嘶酸雛雁失群夜，斷絕胡兒戀母聲。川為靜其波，鳥亦罷其鳴。烏珠部落家鄉遠，邏娑沙塵哀怨生。幽音變調忽飄灑，長風吹林雨墮瓦。迸泉颯颯飛木末，野鹿呦呦走堂下。長安城連東掖垣，鳳凰池對青

瑣門。高才脫略名與利，日久望君抱琴至。

董大即董庭蘭，唐代技藝高超的琴師，相傳他率先將俗樂篳篥曲《胡笳》改編為琴曲，獲得成功。他在琴藝上的成就，深受宰相房琯的賞識。崔珏有詩云：「七條弦上五音寒，此樂求知自古難。唯有河南房次律，始終憐得董庭蘭。」房次律即房琯。高適著名的《別董大》詩，中有「莫愁前路無知己，天下何人不識君」，亦說明董庭蘭的琴藝之高，影響之大。李頎此詩就是對他彈《胡笳》時的音樂效果的描寫，這裡面雖然也有來自音樂聽覺的理解，但無疑也更多地加進了自己的文學想像。巧的是，戎昱也有一首聽彈《胡笳》的詩，但彈者相傳是董庭蘭的學生杜山人：「綠琴《胡笳》誰妙彈？山人杜陵名庭蘭。……杜陵攻琴四十年，琴聲在音不在弦。座中為我奏此曲，滿堂蕭瑟如窮邊。始聞第一第二拍，淚盡蛾眉沒蕃客。更聞出塞入塞聲，穹廬氈帳難為情。胡天雨雪四時落，五月不曾芳草生。須臾促軫變宮徵，一聲悲兮一聲喜。南看漢月雙眼明，卻顧胡兒寸心死。回鶻數年收洛陽，洛陽士女皆驅將。豈無父母與兄弟，聞此哀聲亦斷腸。杜陵先生證此道，沈家祝家皆絕倒。如今世上雅風衰，若箇深知此聲好。世上愛箏不愛琴，則名此調難知音。今朝促軫為君奏，不向流俗傳此心。」（《聽杜山人彈〈胡笳〉》）文學性描寫的成分就更明顯了。

相比之下，還是白居易的《琵琶行》更多的是從音樂出發，或緊扣音樂形態而寫。如中間寫琵琶聲的部分：「轉軸撥弦三兩聲，未成曲調先有情。弦弦掩抑聲聲思，似訴平生不得志。低眉信手續續彈，說盡心中無限事。輕攏慢撚抹復挑，初為《霓裳》後《六么》。大絃嘈嘈如急雨，小絃切切如私語。嘈嘈切切錯雜彈，大珠小珠落玉盤。間關鶯語花底滑，幽咽泉流冰下難。冰泉冷澀弦凝絕，凝絕不通聲暫歇。別有幽愁暗恨生，此時無聲勝有聲。銀瓶乍破水漿迸，鐵騎突出刀槍鳴。曲終收撥當心畫，四絃一聲如裂帛。」裏面自然也有文學性的想像，但主要還是從音樂出發，出於想像的詩句，與音樂的形態也是吻合的。

關於文人的聽音樂詩，明代胡仔《苕溪漁隱叢話》有一段評論，他說：「古今聽琴、阮、琵琶、箏、瑟諸詩，皆欲寫其音聲節奏，類以景物故實狀之，大率一律，初無中的句，互可移用。是豈真知音者？但其造語藻麗，為可喜耳。」他的這番話，基本上是中肯的。

第七章　琴樂演奏的多層義理
——古琴美學的歷時
建構與共時整合

　　古琴音樂是中國古代音樂中極為重要的部分，其所以極為重要，不僅是因為它有著 2000 多年沒有中斷的歷史，不僅因為它存留著 3000 多首曲譜，不僅因為它長期以來一直作為文人修身的工具，不僅因為它的載體琴器本身在樂器價值之外還具有極高的文物價值、審美價值和文化價值，而且還因為它有著博大精深的美學理論。在中國古代音樂美學史中，古琴美學佔有十分重要的地位，它既是古代音樂美學的一個有機組成部分，又有其相對獨立的理論體系。但是，這個理論體系不是一次性完成的，它的各個部分是隨著歷史演進而陸陸續續地建構起來的：它以功能論為起點，然後分別建構出本體論、表現論、審美論和演奏論，最後在徐上瀛的《溪山琴況》那裏獲得綜合。

第一節　古琴美學的歷時性建構

　　就古琴音樂美學的起源而言，我們發現，它同我們通常所理解的古琴美學體系並不在時序上同構，在這方面，其歷史與邏輯是不統一的。在一般的美學體系中（古琴美學也不例外），最具決定性作用的出發點是本體論，然後才有建立在這本體論基礎上的表現論、演奏論、美感論、功能論等其他組成部分。不同的本體論必然導致不同的表現論、演奏論、美感論和功能論，必然會建構出不同的美學體系。但是在中國古代，藝術美學（包括音樂美學乃至古琴美學）

的產生則是從功能論起步的。

一、古琴美學的功能論起點

中國藝術美學最早產生於詩論和樂論，而詩論和樂論的最初表述都是功能論的。儒家創始人孔子對詩的論述最能說明這一點。他說：「詩可以興，可以觀，可以群，可以怨；邇之事父，遠之事君；多識於鳥獸草木之名。」（《論語‧陽貨》）又說：「不學詩，無以言。」（《論語‧季氏》）「誦詩三百，授之以政，不達；使於四方，不能專對。雖多，亦奚以為？」（《論語‧子路》）這裡的興、觀、群、怨以及事、識、言、達、對等，都是純粹功能論的命題，而且涉及功能的不同方面。從孔子的上述話語中，我們不難看到這樣一種思想，即：詩只有滿足了上述諸種功能，它才會有價值，有意義；否則，「雖多，亦奚以為？」

在早期的樂論中，首先出現的亦同樣是功能論。春秋時晉國的樂師師曠，即因樂可以「補察其政」，可以「箴諫」而特別重視音樂的社會功能。他還曾通過聞聽楚國軍隊「歌南風」而斷定「楚必無功」。吳國的季札則能在來自各地的音樂之中，一一聽出該地的民風與政事，體現的是「樂以知政」的思想。秦國的醫生醫和，其重樂也主要是為了「節百事」，指出：「君子之近琴瑟，以儀節也，非以慆心也。」音樂的功能論思想在春秋時魏絳那裏表述得更為明晰，他說：「夫樂以安德，義以處之，禮以行之，信以守之，仁以屬之，而後可以殿邦國，同福祿，來遠人，所謂樂也。」（均見《左傳》）春秋之後，對音樂功能論的重視已形成一個強大的傳統，成為古代中國人的一個權威話語。中國人對音樂的重視首先是從它的功能認識開始的。

音樂如此，琴自然不例外。經查，現存最早的一些琴論文字，均屬功能論的範疇。前面所引醫和的話即屬此類。其後相當長一段時間內，在論及琴的文字中，除了一些技術性內容外，均立足於功能的境域。荀子有「君子以鍾鼓道志，以琴瑟樂心。」（《荀子‧樂論》）莊子有「鼓琴足以自娛。」（《莊子‧讓王》）雖是片言隻語，但其思想是一目了然的。到漢代，功能論的論述更為自覺，也更加豐富。劉向《琴說》係古代第一篇琴論專文，他說：「凡鼓琴，有七例：一曰明道德，二曰感鬼神，三曰美風俗，四曰妙心察，五曰制聲調，六曰流文雅，七曰善傳授。」這裡除五和七外，其餘均是講琴的功能的，如道德功能、情感功能、社會功能、智力功能、文化功能等，幾乎囊括了琴樂功能的

所有重要方面。之後不久，桓譚在其《新論‧琴道篇》認為「琴……足以通萬物而考治亂也」；「琴之言禁也，君子守以自禁也」；「昔神農氏……削桐為琴，練絲為弦，以通神明之德，合天地之和焉」；「琴者禁也，古聖賢玩琴以養心」等，亦是從功能角度言琴的。後來如嵇康在其《琴賦》中結合個人經驗談琴，其出發點也是功能論：「余少好音聲，長而玩之，以為物有盛衰，而此不變；滋味有厭，而此不倦。可以導養神氣，宣和情志，處窮獨而不悶者，莫近於音聲也。」雖然各家對琴的功能論述並不一致，有的是重道德、禁淫邪，有的是觀風俗、察時政，有的是自娛自樂，有的是抒懷託志，但在注重琴的功能效用方面則完全一致。這些觀念和語彙後來在歷代琴人那裏繼承下來，成為一個自明的無須再加論證的命題被不斷傳述，且很少有新的功能觀念被提出。這本身就說明，功能論的論題在先秦兩漢時即已完成，接下來的琴學論題將要轉到其他方面。

　　總之，在整個先秦，關於藝術的理論都圍繞著功能論進行的，我們見不到像樣的本體論論述。唯一貌似本體論命題的是《尚書》中論詩的文字：「詩言志」，但從該命題的前後文語境來看，它實際上仍然是功能論的。它前面的文字是：「帝曰：夔，命汝典樂，教胄子，直而溫，寬而栗，剛而無虐，簡而無傲」，是典型的功能論；後面的「八音克諧，無相奪倫，神人以和」，也是講功能的。

　　功能論一旦作為起點進行運作，它就不只是一個起點，而是立刻轉化成一種動力和範式。它不僅推動著古琴美學理論大廈的建構，而且還制約著這大廈的外部形象和內部結構，並為它提供一種範式。這範式的特徵正取決於功能論的獨特內容，那就是：以琴來獲得和諧與平衡，包括心理的、人際的以及人與自然的等諸種方面。無論是「琴者，禁也」，還是「琴者，心也」，抑或是「琴者，觀風俗也」，等等，都是為了達成一種和諧與平衡。這樣一種內容特徵，便決定了它對範式的影響，在於它特別注重操作過程、美感效果和心理境界，而不太注重形式、技巧的不斷開掘。這對古琴美學與古琴藝術的歷史走向和形態特徵均有著深刻的影響。〔註1〕

〔註1〕關於不同的功能論對音樂形態及其歷史過程的影響，拙文《從文化傳統看中西音樂傳統的不同》有較詳細的論述，載《黃鐘》1995年第3期；亦可見拙著《中國音樂的神韻》第一章，福建人民出版社1998年版及2004年修訂版，可參閱。

二、功能論張力下的歷時建構

功能論一旦出現，就立刻獲得一種自生長的能力，像一粒種子獲得適宜的溫度和水份就能夠自發地生長一樣。而且更為相似的是，它的生長雖然也仍然是整體地、全息地進行的，但在不同的階段仍然有其不同的主題。它大致經歷了本體論、表現論、美感論和演奏論四個主題性階段。

1. 本體論：為功能論提供根據

如同種子的生長首先是向土中扎根，奠定生長的基礎一樣，古琴美學在其功能張力驅動下，也首先是建立自己的本體論，為自己奠定一個堅實的基礎和提供一套有說服力的根據，為功能論進行有效的說明。所以，本體論是緊接著功能論出現的。由於證明的思路不同，實際上便產生了兩種不同的本體論，一是生成論意義上的本體論，一是本質論意義上的本體論。

生成論意義上的本體論最早見於戰國末期的《呂氏春秋》，是關於音樂的本體論。琴樂是音樂的一個部門，故音樂的本體論同時也就是琴樂的本體論。內云：「音樂所由來者遠矣：生於度量，本於太一。太一出兩儀，兩儀出陰陽。陰陽變化，一上一下，合而成章。」認為音樂源於宇宙自然的某種關係和運動，屬於自然本體論。此外，在《音初》中又提出「心」本體論：「凡音者，產乎人心者也。感於心則蕩乎音，音成於外而化於內。」後來的《樂記》在此基礎上進一步完善，作了更周全的表述：「凡音之起，由人心生也。人心之動，物使之然也。感於物而動，故形於聲。聲相應，故生變，變成方，謂之音。比音而樂之，及干戚羽旄，謂之樂。」「樂者，音之所由生也；其本在人心之感於物也。」這兩種生成論本體論後來都有廣泛的接受者，成為中國音樂美學本體論的兩個主幹。

從本質論角度講本體論，突出地表現在以「和」論樂上，認為樂就是「和」。「和」的提出較早，早在西周時即有史伯提出和、同之辨，認為「和實生物，同則不繼」，並以「聲一無聽」涉及音樂的本質特徵。春秋時晏嬰也在區分「和」與「同」異的基礎上肯定「和」為樂的本質特徵，「一氣、二體、三類、四物、五聲、六律、七音、八風、九歌〔註2〕以相成也，清濁、小大、短長、疾徐、哀樂、剛柔、遲速、高下、出入、周疏〔註3〕以相濟也。」是說對立雙方在互

〔註2〕九歌：《夏書》：「九功之德皆可歌，謂之九歌。」九功：六府、三事，合稱九功。六府：金木水火土穀；三事：正德、利用、厚生。
〔註3〕周疏：疏密。

相配合，交替運行中實現平衡，就是「和」的所在。單穆公與伶州鳩也持有同
樣的觀念：「政象樂，樂從和，和從平。」但這裡的「和」主要還是從功能論
的意義上講的，還不是純粹本體論角度的命題。所以晏嬰接著說：「君子聽之，
以平其心，心平德和。」單穆公也說：「聽和則聰，視正則明。聰則言聽，明
則德昭。聽言昭德，則能思慮純固。……若視聽不和，……於是有狂悖之言，
有眩惑之明，有轉易之名，有過慝之度。出令不信，刑政放紛，動不順時，民
無依據，不知所力，各有離心。」(《國語》)「和」的命題後來被《樂記》吸收，
方才獲得真正本體論的意義。《樂記》是從「樂」與「禮」的區分來界定「樂」
的本質的，認為「樂者為同，禮者為異。同則相親，異則相敬。」「樂者，天
地之和也；禮者，天地之序也。和，故萬物皆化；序，故群物皆別。」

　　這種以「和」為內容的本體論，直接影響到古琴美學。桓譚是對琴進行探
究的最早的幾位理論家之一，他便是將琴歸之於天地之「和」：「昔神農氏繼宓
羲而王天下，上觀法於天，下取法於地。於是始削桐為琴，練絲為弦，以通神
明之德，合天地之和焉。」

　　這兩種本體論雖有不同，卻有著許多共同的特點：

　　第一，它們都是描述性的，而非邏輯性的；是經驗式的，而非學理式的。

　　第二，它們都直接服務於功能論。在生成論本體論中，把樂界定為「人心
之感於物」，是為了說明音樂的其他現象，特別是功能現象。例如，《樂記》在
表述了這一本體論命題後，接著就說：「是故其哀心感者，其聲噍以殺；其樂心
感者，其聲嘽以緩；其喜心感者，其聲發以散；其怒心感者，其聲粗以厲；其
敬心感者，其聲直以廉；其愛心感者，其聲和以柔：六者非性也，感於物而後
動。」又說：「是故審聲以知音，審音以知樂，審樂以知政，而治道備矣。」(《樂
記》) 在本質論本體論中，將音樂界定為「和」，也是為了發揮它的更為廣闊的
「和」的功能。故《樂記》又說：「樂由天作，禮以地制。過制則亂，過作則暴。
明於天地，然後能興禮樂也。」「是故君子反情以和其志，比類以成其行。……
然後發以聲音，文以琴瑟，動以干戚，飾以羽旄，從以簫管，歷至德之光，動
四氣之和，以著萬物之理。」這是一種非常典型的思路，對後人影響甚大。

　　第三，這兩種本體論都很少被討論，即很少對它進行深入的學理探究，而
是僅僅滿足於對它的一般性陳述。（後來只有嵇康的《聲無哀樂論》真正深入
地討論過這個問題。）這說明，本體論在中國音樂美學中與在西方音樂美學中
的地位和意義均不相同，在西方，它是全部的根基所在；而在中國，則僅僅是

為功能論服務的一個工具。

2. 表現論：為功能論提供資源

要實現古琴的合天地、美風俗、修身心的功能，還必須有相應的思想內涵與合適的文化資源，這就涉及古琴的表現問題。目前尚存比較早的古琴表現論文獻，是西漢初年韓嬰所編《韓詩外傳》中關於孔子向師襄學琴的故事。

> 孔子學鼓琴於師襄子而不進。師襄子曰：「夫子可以進矣。」孔子曰：「丘已得其曲矣，未得其數也。」有間，曰：「夫子可以進矣。」曰：「丘已得其數矣，未得其意也。」有間，復曰：「夫子可以進矣。」曰：「丘已得其意矣，未得其人也。」有間，復曰：「夫子可以進矣。」曰：「丘已得其人矣，未得其類也。」有間，曰：「邈然遠望，洋洋乎，翼翼乎，必作此樂也！黯然而黑，幾然而長，以王天下，以朝諸侯者，其惟文王乎！」師襄子避席再拜曰：「善。師以為文王之操也。」（《韓詩外傳》卷五）

這裡所述孔子對琴曲之意、人、類的執著追尋，正是根源於對琴樂表現性的自覺。同樣在這部書中，還記有一則曾參、子貢聞孔子鼓瑟有貪狼邪僻之音的故事，也是屬於音樂表現性的範疇。但這裡的表現性還只是體現在音樂實踐中，尚未進入理論的境域。

較早從理論上對古琴表現論進行思考的是「移情說」，其基本內涵是：演奏家要表現特定的對象，就必須先將它「移置」到自己的心中，或者說，用它來引發自己的內心反應，也就是我們現在所說的「體驗」。「移情」概念最早見於漢末蔡邕《琴操》中的《水仙操》解題。該書早佚，後經清人輯成為書。目前所見有兩個版本，一是以平津館叢書所載為代表的版本，一是王謨從《漢魏遺書》所輯而成的版本。前者的內容是：「伯牙學琴於成連先生，先生曰：『吾能傳曲，而不能移情。吾師有方子春者，善於琴，能移（一為「作」）人之情，今在東海上，子能與我同事之乎？』伯牙曰：『夫子有命，敢不敬從？』乃相與至海上，見子春受業焉。」此處的「移情」概念，其內涵不太明朗，也不完整。在後一版本中，情況就有了改觀，其後半部分便改為：「至蓬萊山，留宿伯牙曰：『子居習之，吾將迎吾師。』刺船而去，旬時不返。伯牙延望無人，但聞海水汩沒漰澌之聲，山林窅寞，群鳥悲號，愴然而歎曰：『先生將移我情！』乃援琴而歌……曲終，成連回，刺船迎之而還。伯牙遂為天下妙矣。」〔註4〕

〔註4〕均見吉聯抗：《琴操》（兩種），人民音樂出版社1990年版，第31～32、6～7頁。

在前文中，確實存在著方子春這個人，而後文中則沒有，方子春代指的就是山林海水，即大自然，我們所生活的世界，也就是音樂表現的對象。這樣一來，「移情」的內涵清晰起來，理論性也得到大幅提升，整個話題轉換成典型的表現論話題。這兩個不同的版本有兩種可能，一是蔡邕原是完整的文本，後來殘缺了〔註5〕；一是蔡邕所寫確實有方子春這個人，後面增加的部分係後人所續。但無論是何種情況，都不影響其理論的內涵及其意義。如果是後一種情況，那就說明，「移情」概念雖為蔡邕所提，但所內含著的思想在蔡邕那裏尚未完全成型。但是，一個命題只要真正有意義，就一定會啟發人們進一步思考，將其內含著的可能性充分呈現出來。此後各個譜本的《水仙操》解題採用的幾乎都是後一個文本，就足以說明它有著必然的理論邏輯，也是必然的文化選擇。

　　琴樂表現論的再一次理論表述是在清末，即由浦城派琴家祝鳳喈提出的「傳神說」。「傳神說」最早由東晉畫家顧愷之針對人物畫而提出，據《世說新語》記載：「顧長康畫人，或數年不點目精。人問其故，顧曰：『四體妍蚩本無關於妙處，傳神寫照正在阿堵中。』」認為人物畫的傳神主要靠眼睛。在《魏晉勝流畫贊》中他又說：「凡生人亡（無）有手揖眼視而前亡所對者，以形寫神而空其實對，荃生之用乖，傳神之失矣。」也還是針對的眼睛，主要應該是眼神。後來，傳神說又由人物畫擴展到山水、花鳥畫，使人以外的一切事物皆有「神」。如南宋鄧椿說：「世徒知人之有神，而不知物之有神」，即謂此。

　　祝鳳喈則將「傳神說」引入琴樂，提出琴樂表現的核心也在「傳神」。首先，他肯定古琴有著很強的音樂表現力，他在《制琴曲要略》中說：「凡如政事之興廢，人身之禍福，雷風之震颯，雲雨之施行，山水之巍峨洋溢，草木之幽芳榮謝，以及鳥獸昆蟲之飛鳴翔舞，一切情狀，皆可宣之於樂」。其次指出琴樂表現的方法在於「傳神」：「樂曲以音傳神，猶之詩文以字明其意義也。然字義之繁，纍之萬千，樂音則止此五二而已，該乎人事萬物，而無所不備。」（《與古齋琴譜》）在《樂奏明調收音起接傳神說》中也說：「樂只以五正二變七聲，旋成諸調該備乎人事萬物一切之情狀，皆得以發其神情。」（《與古齋琴譜補義》）他還探討了琴樂傳神的方法，認為琴樂之所以能夠「以音傳神」，「考所以然，即在音節，美由取葉，如弦位之散、泛、實三聲相和應，指按之罨、

<hr>

〔註5〕輯者據《事類賦・樂部》注引《樂府解題・水仙操》，認為此處以下有缺文（缺文內容與後一版本相似）。但此殘本結尾處明確寫有「乃相與至海上，見子春受業焉」之語，敘述完整，又不像殘缺。

掏、動、引各法相贊助，皆所以成其音節，而配葉之美善者也。不然，雖同其音，或異其節，神情各別。」(《琴曲音節美善論》)為此，他還進一步從題神、用調、節奏、收音、起接等環節以及吟猱、綽注、撞逗、泛按、清濁等技法入手，分別探討琴樂傳神各個環節。一般而言，音樂是難以表現事物靜態之形的，但可以通過音色、旋律、節奏和強弱變化來表現對象的精神氣質，「以傳其神而會其意」，從而把握作品所表現對象的精神氣質。這也就是徐上瀛所謂「定將一段情緒，緩緩拈出，字字摹神」(《溪山琴況》)，徐祺所謂「其聲和平而沉厚，其神勾陳朦蛇」(《五知齋琴譜》)，蕭鸞所謂「以跡會神，以聲致趣」(《杏莊太音補遺》)的審美效果。

3. 美感論：為功能論提供魅力

與本體論的尋找根據、表現論的提供資源相對應的，是緊接著發展起來的以美感論來把握效果。與本體論、表現論的產生機制一樣，美感論也是在功能論張力的直接驅動之下進行的，它是為功能論提供魅力效果。

美感論的起源亦較早。眾所周知的伯牙、子期「高山流水」的故事，即包含了對於古琴音樂的美感要求。但這是從音樂所表現的內容方面，而不是從其魅力和感染力方面，它屬於表現論範疇，而不是美感論範疇。韓非子《十過》所記師曠為晉平公奏《清商》和《清徵》，是屬美感論的範疇了。其奏《清商》是：「一奏之，有玄鶴二八自南方來，集於郎門之垝；再奏之而列；三奏之，延頸而鳴，舒翼而舞，音中宮商之聲，聲聞于天。」奏《清徵》則是：「一奏之，有玄雲從西北方起，再奏之大風至，大雨隨之，裂帷幕，破俎豆，隳廊瓦，坐者散走。」其審美效果極為強烈。但這是被放置在治政和德行這樣一個大框架之內論說的，總體上還是功能論的。劉向《說苑》所記雍門周彈琴令孟嘗君泫然泣涕的故事就是真正的審美論了。其中雍門周的一席話是對琴樂審美心理條件的論述，他說：「臣何獨能令足下悲哉？臣之所能令悲者，有先貴而後賤，先富而後貧者。……凡若是者，臣一為之徽膠援琴而長太息，則流涕沾衿矣。」但這還是從聽者的方面來講琴樂的審美，而非琴樂本身的魅力和感染力。

就琴樂本身的魅力與感染力來談審美的，其較早者有對師曠、師文等人彈琴效果的記述，見於王充的《論衡》和張湛的《列子》。《論衡》中記述了傳說中師曠所彈琴樂的巨大魅力和感染力，並證明了它的可信性。其所記與上述韓非子一則內容相似，但已從功能論的框架中獨立出來，具有了純粹美感論的意義。王充說：「傳書言瓠芭鼓瑟，淵魚出聽；師曠鼓琴，六馬仰秣。或言師曠

鼓《清角》，一奏之，有玄鶴二八，自南方來，集於廊門之危；再奏之而列；三奏之延頸而鳴，舒翼而舞，音中宮商之聲，聲籲於天。……此雖奇怪，然尚可信。何則？鳥獸好悲聲，耳與人耳同也。禽獸見人之食，亦欲食之；聞人之樂，何為不樂？然而魚聽仰秣，玄鶴延頸，百獸率舞，蓋且其實。」(《論衡·感虛篇》)王充是古代著名的反對玄虛之說的思想家，但這裡卻充分肯定了琴樂的非凡的魅力和感染力，並從聽覺心理結構方面加以說明，體現了古人對音樂審美心理的理解。《列子》中對師文鼓琴效果的描述，亦屬美感論的範疇：「當春而叩商弦，以召南呂，涼風忽至，草木成實。及秋而叩角弦，以激夾鍾，溫風徐回，草木發榮。當夏而叩羽弦，以召黃鍾，霜雪交下，川池暴沍。及冬而叩徵弦，以激蕤賓，陽光熾烈，堅冰立散。將終，命宮而總四絃，則景風翔，慶雲浮，甘露降，澧泉湧。」這些文字雖然還只是一些描述性的形容語彙，尚未上升為理論的說明，但它已經十分明確地顯示了那個時代人對琴樂審美效果的體驗和理解。

　　對古琴的美感論作集中論述的是嵇康的《琴賦》。這雖然是一篇詠琴的文學作品，實際上也是一篇非常深入而且豐滿的琴論文字。在這篇賦中，一個最突出的主題就是琴的獨特魅力和巨大感染力，屬於美感論的範疇。他講到琴的特殊的音色魅力：「器和故響逸，張急故聲清；間遼故音庳，弦長故徽鳴。性潔靜以端理，含至德之和平。」講到琴的審美功能：「誠可以感蕩心志，而發洩幽情。」講到審美中欣賞主體自身條件的重要性：「然非夫曠遠者，不能與之嬉遊；非夫淵靜者，不能與之閒止；非夫放達者，不能與之無吝；非夫至精者，不能與之析理也。」還講到不同的人有不同審美體驗：「是故懷戚者聞之，則莫不憯懍慘悽，愀愴傷心，含哀懊咿，不能自禁；其康樂者聞之，則欨愉歡釋，抃舞踊溢，留連瀾漫，噫噫終日；若和平者聽之，則怡養悅愉，淑穆玄真，恬虛樂古，棄事遺身。」正因為此，他認為琴的魅力與感染力極強：「其感人動物，蓋亦弘矣。」它能使我們「感天地以致和，況歧行之眾類。……永服御而不厭，信古今之所貴。」嵇康的《琴賦》作為詠琴之作，達到美文的高峰；作為論琴之作，亦達到了精深幽微的極致。琴的審美品格，後之持論者甚多，如宋朱長文的《琴史·盡美》、劉籍的《琴議》、明楊掄的《聽琴賦》等，然無有出其右者。直到徐上瀛的《溪山琴況》問世，才達到美感論的另一座峰巔。

4. 演奏論：為功能論提供手段

　　古琴的美感效果當然得由特定的技法來實現，琴樂的功能要求也需要特

定的手段才能得以滿足。正是在美感論的指導下，演奏論也緊跟著發展起來，成為古琴美學的最為龐大的一塊。

早期的演奏理論往往不太注重演奏本身，而注重其他方面修養。如《列子》記師文從師襄學琴的故事。「文非弦之不能鉤，非章之不能成。文所存者不在弦，所志者不在聲。內不得於心，外不應於器，故不敢發手而動弦。」這段話強調演奏者應該首先理解樂曲的內容，並將心中的理解完滿地實現在手上。從琴的演奏哲學來看，論者已經把握了幽深的演奏之「道」，表述了關於演奏的一些觀念；但總體上說，還比較抽象，故而還不能算是真正意義上的演奏論。

最早對演奏論進行專門論述的是唐代的薛易簡。他的《琴訣》一文已佚，現在能夠看到的只有被後人輯錄而保存下來的幾個片段。從這些片段文字看，主要是講演奏的。其中一段講演奏技法是由表現的內容決定的，所以應從內容的需要來選擇技法，理解技法。他說：「常人但見用指輕利，取聲溫潤，音韻不絕，句度流美，但賞為能。殊不知志士彈之，聲韻皆有所主也。」另一段講演奏時要簡靜：「彈琴之法，必須簡靜。非謂人靜，乃手靜也。手指鼓動謂之喧，簡要輕穩謂之靜。又須兩手相附，若雙鸞對舞，兩鳳同翔，來往之勢，附弦取聲，不須聲外搖指，正聲和暢，方為善矣。」並談到彈琴貴在精，而不在多。〔註6〕另有一段則是講彈琴者的精神狀態，認為「凡鼓琴時，無問有人無人，常如對尊長，挈琴在前，身須端正，定神氣，淨志慮，情不虛亂，弦不錯鳴。」〔註7〕

唐代的演奏論，現存文獻除《琴訣》外，主要還有李勉的《琴記》和陳拙的《琴說》、《指法》。《琴記》強調彈琴要「吟猱有度，遲速合節，急而不斷，慢而不絕」，並指出常見的彈琴之病。《琴說》強調彈琴要先知「古人命意作調弄之趣」，然後才能做到「弦指相契」；《指法》則是演奏的指法說明和演奏要領。

到北宋又有成玉磵的《琴論》。該文所論及的問題比唐人更為廣泛，更為具體、細緻，也更為系統。文章的主題是演奏，但結構嚴密，所論內容由淺入深，由表及裏，層層深入。第一層講調弦與音準，強調五音要正，轉調要準，是演奏前最重要的準備工作，也是演奏者必備的基本功。第二層起進入演奏，主要講技法運用的基本原則，即「合道」，亦即「中和」，強調技法處理既不能

〔註6〕引自吳釗等：《中國古代樂論選輯》，人民音樂出版社 2011 年版，第 162 頁。
〔註7〕〔宋〕《琴苑要錄》，鐵琴銅劍樓藏本，複印本。

「失之太過」，也不能「失於不及」，而應「質而不野，文而不史」，「優游自得，不為來去所窘」。第三層進入演奏中的內容表現，強調「以得意為主」。「意」即音樂表現的內容，認為琴曲雖有操、弄、調、引之別，指法亦有左右手花式不同，但只要「以意為主」，「則無適而不通」。第四層進入演奏者內在修養的層面，指出琴樂貴在「風韻」，而「風韻」非「藉力」能成，而是在「用工深遠」而達「至精至熟」後自然出現的，它「出人氣宇」，是「規矩準繩之外」的產物。第五層又進入演奏者思維的層面，強調「悟」的重要，認為「攻琴如參禪，歲月磨煉，暓然省悟，則無所不通，縱橫妙用而嘗若有餘。至於未悟，雖用力尋求，終無妙處。」第六層總結琴樂演奏的終端效果，指出琴樂演奏的最終目標是「氣韻生動」，這是一個經由「心手相應」而最後達至「心手俱忘」時出現的景象，是演奏者擺脫了「苦意思」而「至於忘機」的自然結果。成玉磵的《琴論》是演奏論中較為全面、系統，且多有真知灼見，較充分地體現琴樂之道的論著，在琴論史上佔有重要地位。

　　宋代之後，演奏論的論述得到不斷的擴展，著述也越來越多。也有人能夠在前人基礎上又有新的論述，如：宋人趙希曠專門論述演奏中的「專務喝聲」和「只按書譜」兩種偏向；明代蕭鸞的《杏莊太音補遺·序》中論述了琴譜與琴樂的關係，提出「以跡會神，以聲致趣，求之於法內，得之於法外」的原則；楊表正的《彈琴雜說》則講了演奏的場所、環境、準備、衣著、心境、姿勢等方面的具體要求，等等。而在徐上瀛的《溪山琴況》那裏，則不僅是演奏論，而是整個古琴美學得到了一次總結性的表述。〔註8〕

三、徐上瀛琴論的特色與意義

　　徐上瀛的《溪山琴況》在中國音樂美學史上佔有突出的地位，無論從深度還是廣度上都是古琴美學的集大成，是此前古琴理論的總結。它所表述的琴樂

〔註8〕徐上瀛之後，即在清代，也還有一些琴家在琴論方面有一定的拓展，如陳幼慈《琴論》討論了「韻」的本質以及如何取「韻」的問題，闡述了琴調無古今的觀點；祝鳳喈《與古齋琴譜補義》論述了制曲中的「傳神」問題、依譜鼓曲中的調式和節奏問題；釋空塵《枯木禪琴譜》「以琴說法」，「以禪論琴」，成為禪宗音樂美學的重要文獻。蔣文勳《琴學粹言》分論右手指法要點（點子、輕重、手勢）和左手指法要點（吟猱、綽注、上下），對演奏論亦有自己的發揮。這些研究，在某些問題上對《溪山琴況》有所突破，但總體上說，均沒有超越徐上瀛古琴美學思想的深度和厚度，更無人超越其理論上的成就。傳統的古琴美學在這裏達到高峰。

審美理想，是中國傳統琴樂美學在成熟期的主導審美理想。其闡述的具體入微，意境的高妙玄遠，文詞的輕靈雅致，使古典的琴樂美學達到了極致。早在清代，王仲舒就評論說：「《琴況二十四則》，……字字抉琴之精微蘊奧出之，自削桐綸絲以來，實闡發琴學第一書。學操縵而不讀此，固不知琴學有如是之深，而奚由造琴學至於如是之深哉。誠能鞭心入骨，探其賾，索其隱，寢食以之，則心自虛，志自遜，功自勤而不敢怠，詣自精而入於神。」〔註9〕正因為此，後代論者稱它為中國音樂美學史的第三個里程碑〔註10〕。更為重要的是，它是中國音樂美學進入成熟境地而出現的成果，因而在它的身上也就更多、更鮮明、也更深刻地體現著中國音樂美學在觀念、思維、問題、方法等方面的獨特性，成為中國音樂美學的一本「打開了的書卷」（馬克思語）。因此，《溪山琴況》成為中國音樂美學研究的一個熱點，便是必然的了。

　　徐上瀛的古琴美學之所以能達到既宏大廣博而又精妙深微的境地，除了它是此前多方面成果的綜合之外，更重要的還在於它成功地將功能論、本體論、表現論、審美論和演奏論糅合成一個有機的整體，使其互相激發，互相支撐，形成「整體大於部分之和」的新質效應。其中演奏論與審美論的結合，尤為成功。他的審美論之所以比其他人的更加深微精妙，就是因為它是緊緊結合著演奏論進行的，是通過演奏的技法處理來闡述古琴的審美效果的，所以充實、具體，看得見，摸得著，沒有流於抽象與空乏。而他的演奏論之所以能夠超越純技術的操作層面，顯得如此精微、深邃，蘊涵豐富，意趣盎然，富有靈氣，給人可望、可追而又不可及的強大而持久的吸引力和近乎無限的追求空間，也正是因為它始終在審美論的張力下談論演奏技法，使這些本來是無生命的技法成為一個個有生命、有情性、有魅力的音樂元素，使物理的技法轉換成了生動的美感狀態。例如：

　　他談「遲」是：「復探其遲之趣，乃若山靜秋鳴，月高林表，松風遠沸，石潤流寒，而日不知晡，夕不覺曙者，此希聲之寓境也。」

　　談「圓」是：「其趣如水之興瀾，其體如珠之走盤，其聲如哦詠之有韻，……如一彈而獲中和之用，一按而湊妙合之機，一轉而函無痕之趣，一折而就起伏

〔註9〕〔清〕王仲舒：《指法彙參確解·琴況錄要小序》，范煜梅編：《歷代琴學資料選》，四川教育出版社2013年，第367頁。

〔註10〕前兩個分別是《樂記》和《聲無哀樂論》，參見蔡仲德：《中國音樂美學史》，人民音樂出版社，1996年，第3頁。

之微。……天然之妙，猶若水滴荷心，不能定擬，神哉圓乎！」

談「采」是：「蓋下指之有神氣，如古玩之有寶色。商彝周鼎自有暗然之光，不可掩抑，豈易致哉？經幾鍛鍊，始融其粗跡，露其光芒。」

我們說，徐上瀛對待技法，並不僅僅是技法，而是與審美緊密結合，使技法獲得豐富深邃的美學內涵。其中一個重要特點，就是他能夠努力深入到技法背後，試圖揭示技法的深層邏輯。他在《萬峰閣指法閟箋》的《自序》中說：「然就其抹挑勾剔之類，不過是其粗跡，可得而易知也。而其所以抹挑、所以勾剔者，不可得而易知也。」不是就抹挑勾剔而談抹挑勾剔，而是追究到「所以抹挑、所以勾剔」，進一步探求抹挑勾剔之理。正如他自己所說：「茲余也，於琴譜多究理，於指法常辯難，故少得其理與趣，而間嘗以識之。」〔註11〕對於古琴演奏，努力窮究其理，這個特點在《指法閟箋》中已有所體現，例如講到「抹」時，他說：「用抹之法，必以正出，不可斜掃；又不可太重，使弦拍面。常在一徽內出聲，庶獲清健之音。如下三四徽而彈，則音出太柔而不堪聽矣。」不僅講其然，而且交代其所以然。講到「挑」時，則說：「惟是挑以甲尖，從空懸落，於弦中一下，而虛靈無礙，始得清健之音也。」不僅講方法，而且交代由此法所造成的效果。講到「勾」時說：「語又云『彈欲斷弦』者，固取其下指堅實，不使失於輕浮耳。殊不知過重之病，反見殺伐之聲。吾故曰：『重抵輕出』，才得緊實之中和也。」「重抵輕出」，是他從經驗中總結出來的、體現辯證法思想的演奏命題，論理有相當的深度和高度。講到「綽注」時，他說：「徽有陰陽，弦有順逆，非綽注則音不和也。又有用綽注稍過於徽而音始和者，此正陰陽之謂也。」這是以陰陽之道、順逆之勢來解釋綽注的原理，於技法又深入一層。講到「猱」時，他將其與「吟」相區別，指出猱「大於吟而多急烈。音取闊大蒼老，亦以恰好圓滿為度。大都小者為吟，大者為猱；吟取韻致，猱取古勁。各有所宜。」亦是將技法與風格與審美相聯繫，而非就技法而講技法。在《撫弦七忌》中說：「一忌起手無序，神氣不斂，忙忙連下，如奔如蹶，無一毫摉酌之音，並無意趣可見，亦無大雅足取。惟有鬧鬧熱熱，以終其曲，乃於何處得領會其妙乎？」〔註12〕這裡表達出的則是對演奏中音樂性

〔註11〕中國藝術研究院音樂研究所、北京古琴研究會編：《琴曲集成》第十冊，中華書局 2010 年，第 450～451 頁。
〔註12〕均見中國藝術研究院音樂研究所、北京古琴研究會編：《琴曲集成》第十冊，中華書局 2010 年，第 452～469 頁。

的重視，也是《溪山琴況》的一個重要主題。但是，真正展示出徐上瀛論琴特點和成就的，還是要到《溪山琴況》。他的《溪山琴況》在古琴美學方面的突出貢獻，即與這種強烈的理論意識和探究精神密不可分。

《溪山琴況》的音樂美學思想涉及本體論、表現論、演奏論、審美論、功能論等多個方面，但它不是對音樂美學的這些部分一一論述，也不是正面地對這些部分進行綜合的產物，而是以演奏論為主線，在闡述演奏論的思想中融入其他部分的內容。所以，總體上說，它是一篇以琴樂演奏為論述對象的演奏論美學著作，同時又內含著古琴美學其他方面的內容，是對此前古琴音樂美學思想的總結和昇華。

《溪山琴況》是以二十四況結構全篇的。這二十四況是：「和、靜、清、遠、古、淡、恬、逸、雅、麗、亮、采、潔、潤、圓、堅、宏、細、溜、健、輕、重、遲、速。」大體說來，這二十四況可以分為四個層次：首四況「和、靜、清、遠」為第一層，是針對古琴演奏的四大要素——弦、指、音、意而提出的基本要求，即：弦要和，指要靜，音要清，意要遠，是為「要素論」，亦即演奏論的「本體論」，是整個《琴況》的綱。次五況「古、淡、恬、逸、雅」為第二層，是對古琴音樂風格的五種形態的描述，是為「風格論」。又五況「麗、亮、采、潔、潤」為第三層，是對演奏中音色音質的要求，是為「音色論」。後十況「圓、堅、宏、細、溜、健、輕、重、遲、速」是第四層，是對演奏中音的運動變化所作的技法要求，是為「技法論」。四個層次之間聯繫緊密，它們既是總論—分述型關係，也是逐層體現型關係，同時還是雙向互動的網絡型關係。三種關係互相交織，構成《琴況》文本的有機性、思想的系統性和體系的潛在性。〔註13〕

第二節 《溪山琴況》演奏論的理論框架

作為演奏論的音樂美學，少不了對演奏論的基本綱領或總體原則的闡述。徐上瀛將這個工作放在首況「和」中。就這個意義上說，「和」況確實又是全篇的總綱。這與我們在結構分析中將「和」作為演奏的四要素之一，與「靜」、「清」、「遠」共同構成演奏美學的要素論或本體論有所不同，但並不矛盾，因

〔註13〕關於《溪山琴況》文本結構的詳細論述，參見拙文《〈溪山琴況〉結構新論》，《音樂與表演》2004年第2期。

為這兩種思路不在一個層面。這樣一種立體的交叉重疊關係，在《琴況》中常常出現，是《琴況》結構的一個特別之處。

《琴況》對演奏論理論框架的表述，主要集中在演奏三層次及其關係、演奏的終端目標和演奏者的心理特點三個方面。

一、演奏的三層次及其關係

徐上瀛關於演奏論的基本原理的論述即在他的四要素三層次說中。四要素是「弦、指、音、意」，由此構成演奏的三個層次，即「弦與指合」、「指與音合」、「音與意合」。

「弦與指合」是演奏的第一層次，主要解決的是「技」以及由「技」所產生的物理音響問題，是說由弦、指合作所產生的物理的聲音應該達到什麼狀態，具有什麼特點。作者提出兩個標準，一是「順」，一是「實」。「順」是一個總的標準，認為弦具有自己特性和規律，我們除了順應它沒有其他辦法，這就是「欲順而忌逆」。而所謂的「順逆」，並非固定不變，而是由音樂進行中的前後語境決定的，是音樂的語境決定著技法的運用。其具體表現就是，「若綽者注之，上者下之，則不順」，必須遵循音在進行中本有的「綽注」規律，才能夠使「弦與指合」。這個規律，就直接基於音樂的進行。「實」則是由順所派生出來的另一個標準，它也是弦本身的性質，即「欲實而忌虛」，但因為要「順」弦之「性」，所以也要尊重和保持弦的「實」之性，此即所謂「按未重，動未堅，則不實」。這兩個標準就是要求演奏者的演奏要連貫、流暢，聲音要飽滿堅實。其具體做法是：「指下過弦，慎勿鬆起；弦上遞指，尤欲無跡。往來動宕，恰如膠漆。」「弦與指合」是要解決演奏中技法運用的熟練程度問題，技法運用做到純熟，才能帶來琴音的純淨、連續、流暢，才能保證琴樂進行中音的質量。

第二個層次是「指與音合」，是在技法問題解決之後提出的更進一層的要求，即音樂性要求。在他看來，琴樂演奏的聲音不僅要連貫有張力，還要遵循特定的邏輯，體現出特定的語氣，這就需要每一個指法、每一個關節點的處理都要恰到好處，符合分寸。「篇中有度，句中有候，字中有肯」，「度」是結構，「肯」是關節點，「候」原來是指時機、時節，如「氣候」、「火候」，這裡是指合適、恰到好處、分寸得宜。就是說，每一首樂曲，每一個樂句，甚至每一個樂音，都有自身獨特的結構和規律，必須認真體會，準確把握，才能使音樂悅

耳動聽。其具體做法，就是「吟猱以叶之，綽注以適之，輕重緩急以節之」，即充分利用每一個技法，處理好每一個音，使所彈之音能夠「宛轉成韻，曲得其情」，即在音樂的進行中能夠體現出良好的音樂性和美感。這個層次比前一層次要高，前一層次只是在技法訓練的意義上把樂曲連貫、熟練地彈奏出來，尚未獲得藝術性；而這個層次則已經進入藝術層面，且具有美感價值。

第三層次是「音與意合」，這是在第二個層次的基礎上進一步追溯到音樂的根本，即音樂所表現的內容和形象。在這裡，音是服從意的：「音從意轉，意先乎音，音隨乎意。」（和）而要想使音能夠妥帖地表現「意」，就必得「先練其音」，做到「右之撫也，弦欲重而不虐，輕而不鄙，疾而不促，緩而不弛；左之按弦也，若吟若猱，圓而無礙，以綽以注，定而可伸。紆回曲折，疏而實密，抑揚起伏，斷而復聯。」（和）只有練音至此，才能夠妥帖地表現音樂形象，即「以音之精義，而應乎意之深微」。若「不究心音義，而求精神發現，不可得也。」（采）這裡的「音的精義」，如同「采」況中的「音義」一樣，是指音本身的道理，亦即「練其音」，「經幾鍛鍊」，以「融其粗跡，露其光芒」，使音「有神氣」，「有寶色」（采）。這屬於音自身的規律。把握了「音義」，再來表現「意」，表現我們所生活的世界，才能夠產生生動的藝術效果和強大感染力。

其實，「弦與指合，指與音合，音與意合」三個層次之間的關係，除了上述的層層遞進之外，還存在著反向的影響、制約。就是說，「弦與指合」自然是「指與音合」的基礎和前提，沒有前者，後者便無從談起。同樣，沒有「指與音合」，「音與意合」也無從談起，後者也是建立在前者的基礎之上的。但是，反過來說，也同樣成立，沒有「音與意合」，「指與音合」，甚至「弦與指合」也難以真正成立。所以，雖然他說：「欲用其意，必先練其音；練其音，後能洽其意」，但從根本上說，還是「音從意轉，意先乎音，音隨乎意」，這才能夠「將眾妙歸焉」。在徐上瀛看來，「意」在根本上對音樂演奏起著決定和制約的作用。

這裡我們應該注意一個現象，在「指與音合」的階段，他對技的要求只是「細辨其吟猱以叶之，綽注以適之，輕重緩急以節之」；而在「音與意合」的階段，其要求又進了一步，強調「右之撫也，弦欲重而不虐，輕而不鄙，疾而不促，緩而不弛；左之按弦也，若吟若猱，圓而無礙；以綽以注，定而可伸。紆回曲折，疏而實密；抑揚起伏，斷而復聯。」前者只是一般地或抽象地或籠

統地講技法運用，後者則具體得多，且明確體現了「中和」的原則，即避免輕重疾徐的過度，強調在疏密、斷聯之間尋找平衡。

為什麼會有這樣的變化？為什麼在前一階段沒有提出這樣的要求，而直到第三階段才提出？就是因為到這裡才涉及「意」的問題。「意」就是音樂所表現的內容（廣義的內容），沒有音樂內容的參照，是無法對技法的運用做出具體要求的。只有當技法對應於特定的內容時，我們才能夠判斷它在運用時的分寸究竟如何，才能夠明確其「中和」的處理究竟該如何實施。這就是「意」對「音」的決定作用，體現的是「意」對「音」的制約性。

所以，在演奏的這三個層次之間，既有由低到高的遞進關係，也有高屋建瓴的統率和制約關係。兩種關係互相配合，形成一個雙向循環、互動平衡的系統。

二、演奏要達到的美學效果

「和」況作為全篇的總綱，還提出了演奏者演奏時應該產生的美學效果。這涉及的方面比較多，但比較重要的有三：一是演奏的音響必須氣韻生動，二是音樂內容的表現必須形象鮮明，三是音樂的感染力必須強勁有力。

首先，是音樂音響的氣韻生動。

音響的氣韻生動有許多條件，一是要流暢連貫，二是要緩急相間，起伏有致，三是要變化有節，體現「中和之美」。流暢連貫是「弦與指合」階段的內容，如「指下過弦，慎勿松起，弦上遞指，尤欲無跡，往來動宕，恰如膠漆」，這是對音的最基本的要求。緩急相間，起伏有致是「指與音合」階段的內容，是在流暢連貫的基礎上再進一步的要求，即「細辨其吟猱以叶之，綽注以適之，輕重緩急以節之，務令宛轉成韻，曲得其情」。進入此階段後，演奏的音響便獲得音樂性，具有音樂的美。變化有節，體現「中和之美」則為「音與意合」階段的內容，「如右之撫也，弦欲重而不虐，輕而不鄙，疾而不促，緩而不弛；左之按弦也，若吟若猱，圓而無礙，以綽以注，定而可伸。紆回曲折，疏而實密，抑揚起伏，斷而復聯。」這是有著豐富內涵、凝結著弦外之意的音響。三個層次，程度不同，內涵有別，但同為氣韻生動則一。

「和」況中關於音響生動的思想，在後面各況中得到不同程度的表述和發揮，尤其在「圓」況中，這一思想的表達更為集中、突出。「圓」是音生動活潑的關鍵所在，它首先源於一些特殊技法的運用：「五音活潑之趣，半在吟猱；

而吟猱之妙處，全在圓滿。」（圓）音之圓首先在吟猱的運用，但又不止於吟猱，在幾乎所有技法運用之中都可以有「圓」：「不獨吟猱貴圓，而一彈一按一轉一折之間，亦自有圓音在焉。」關鍵看演奏者如何處理：「如一彈而獲中和之用，一按而湊妙合之機，一轉而函無痕之趣，一折而應起伏之微……」就都可以成就其「圓」。

「圓」的目的在於生「活」，「活」就是生動、活躍。《琴況》中沒有「活」況，但並不意味著沒有「活」的思想。恰恰相反，正因為沒有「活」況，才能夠使其他各況都導向「活」，都闡述著「活」的意趣。只不過比較而言，「圓」和「溜」與「活」的關係最近、聯繫最直接而已。「活」就是生機、生氣，就是生動、活潑，一種鮮活的生命狀態。琴樂中的「活」是通過演奏技法的力度和速度實現的，是建立在運指靈活的基礎之上的，所以他在「圓」之外又列有「溜」況。「溜」即「滑」，是指演奏中運指嫻熟、自如，使音與音的連接委婉、平滑，他說這是「左手治澀之法」：「惟是指節煉至堅實，極其靈活，動必神速，不但急中賴其滑機，而緩中亦欲藏其滑機也。」（溜）運指要靈活、迅速，其音才會滑溜、連貫。為了保障這一點，他又提出一個「健」字，作為「導滯之砭。」「健」就是「於從容閒雅中，剛健其指」，使琴「右則發清列之響，左則練活潑之音」。所以，「健處，即指之靈處」（健）。

「圓」與「活」雖為兩個不同的概念，但卻互相聯繫、互相支撐。有了圓，音才能活；同時，只有音活了，才能保證圓的真正實現。他說：「指法之欲溜，全在筋力運使。筋力既到，而用之吟猱則音圓；用之綽注上下則音應；用之遲速跌宕則音活。」（溜）圓與活，實為一個硬幣的兩面。

其次，是演奏應有鮮明的表現力。

音樂的表現有兩種，一是音響對某種情緒、節奏、律動、張力樣式等形式美的表現，也就是對音樂性內容的表現。前面所講音響的氣韻生動，實際上即屬此類，就是說，氣韻生動本身也是一種表現。這裡所講的是另一種表現，即「得之弦外者」，亦即非音樂性內容的表現，它在「和」況中就是「意」，就是「以音之精義，而應乎意之深微」。這個「意」是「得之弦外」，是來自生活中的內容，故其表現應能形象鮮明，有令人如在目前，如臨其境的效果，所謂「與山相映發，而巍巍影現；與水相涵濡，而洋洋徜恍」（和），即謂此。

徐上瀛在「和」況提出這個要求，雖文字簡短，但難度不低，要想在琴的演奏中貼切地呈現其情其景，不是一件容易的事。但儘管不易，他仍然堅持這

一目標，並貫穿全篇。例如「清」況在講「曲調之清」時，即描述其效果是：「試一聽之，則澄然秋潭，皎然寒月，湝然山濤，幽然谷應。」（清）「遠」況講演奏達到「神遊氣化，意之所之，玄之又玄」的效果是：「時為岑寂也，若遊峨嵋之雪；時為流逝也，若在洞庭之波……而中獨有悠悠不已之志。」（遠）雖然這裡的「秋潭」、「寒月」、「山濤」與「峨嵋之雪」、「洞庭之波」，不一定就是音樂表現的確定內容，但要求演奏者能夠以音響喚起聽者與此相類似的聯想，也屬於表現論的範疇，值得我們重視。

徐上瀛重視音樂的表現性，還可以從以下方面見出。在「圓」況中，他對「輕」與「所以輕」、「重」與「所以重」做了區分：「於是欲輕而得其所以輕，欲重而得其所以重。」（圓）演奏如果僅僅能夠處理好「輕」與「重」還不夠，還必須體現「所以輕」和「所以重」。這「所以輕」和「所以重」，就是音樂要表現的內容即「意」，音樂演奏中的「輕」、「重」都是由「所以輕」、「所以重」決定的。若演奏不能觸及「所以輕」和「所以重」，則其「輕」與「重」就是無根的，因而沒有生命力。

那麼，如何才能獲得「所以輕」和「所以重」？他在「速」況中以成連教伯牙「移情」的故事來作回答：「故成連之教伯牙於蓬萊山中，群峰互峙，海水崩折，林木窅冥，百鳥哀號。曰：『先生將移我情矣！』後子期聽其音，遂得其情於山水。」（速）成連能夠教其曲，但不能移其情；能夠移其情的只能是音樂表現的對象即大自然。只有自己親自接觸、體驗大自然，才能夠在自己的內心感覺深處與其同波共振，從而才能在其演奏中出神入化。子期之所以能夠成為伯牙的知音，首先得有伯牙出神入化的表現才行。

再次，是演奏應能產生強大的感染力。

音樂的表現性和表現力是基礎，是本體，它自然很重要，但更重要的是感染力，它才是演奏的關鍵、藝術的靈魂所在。我們知道，一般來說，藝術（包括音樂）沒有實用性，它不能吃，不能穿，不能解決日常生活之需，唯一的品質就是能夠吸引人，感染人，影響人，簡而言之，就是能夠打動人，產生審美效應。藝術的超功利性本身，就決定了它必須具有打動人的力量，否則，藝術的存在就失去理由。

徐上瀛深深懂得這個道理，所以他非常重視琴樂演奏的感染力，反覆強調琴樂演奏應有改變人的心情感受的力量。「和」況中，他在指出琴樂演奏必須產生「巍巍影現」、「洋洋徜恍」的表現力之後，隨即進入對其感染力的渲染：

「暑可變也，虛堂疑雪；寒可回也，草閣流春。」（和）音樂能夠使人在炎熱的夏季感受到冬天的寒冷，也能夠在嚴寒的冬季感受到春天的溫暖，其影響力不可謂不大。這個表述，形象而且簡潔，但十分重要，它是一個綱，貫穿在後面的各況之中。作者在論述琴樂演奏的某個環節或方面時，常常要聯繫到所產生的美感效果即感染力。例如：

> 試一聽之，則澄然秋潭，皎然寒月，渚然山濤，幽然谷應。始知弦上有此一種清況，真令人心骨俱冷，體氣欲仙矣。（清）

> 一室之中，宛在深山邃谷，老木寒泉，風聲簌簌，令人有遺世獨立之思。（古）

> 清泉白石，皓月疏風，翛翛自得，使聽之者遊思縹緲，娛樂之心不知何去。（淡）

> 惟練指養氣之士，則撫下當求重抵輕出之法，弦上自有高朗純粹之音，宣揚和暢，疏越神情，而後知用重之妙，非浮躁乖戾者之所比也。（重）

> 或章句舒徐，或緩急相間，或斷而復續，或幽而致遠，因候制宜，調古聲淡，漸入淵源，而心志悠然不已者，此希聲之引申也。（遲）

> 乃若山靜秋鳴，月高林表，松風遠沸，石澗流寒，而日不知晡，夕不覺曙者，此希聲之寓境也。（遲）

這裡既有思想意念上的作用，也有情緒感覺上的影響；既有現實中物我偕忘之境的生成，也有超越現實、遺世獨立之感的發生；既能夠使聽者的內心頓覺空明澄靜，又可以疏越神情，讓人欣享暢和之樂。琴樂演奏如果失去這種感染力，則其意義要喪失大半。徐上瀛之所以要在《琴況》中大談特談其非凡的感染力，原因就在這裡。

三、演奏者的心理特點

前面說過，「靜」況主要是講演奏者的狀態的，既是指指的狀態，更是指心的狀態，因為，手的狀態是由心來控制的，那就是：「靜」。這個思想在作為全篇總綱的「和」況中也有表述，那就是要「以性情中和相遇」。意思是：在琴樂演奏時，一定要保持寧靜、平和的心態。在這方面，我們可以用三個「超越」來表示：一是超越技巧，二是超越人為，三是超越理性。

1. 超越技巧

對「技」的超越出於「和」況中的一句話：「不以性情中和相遇，而以為是技也，斯愈久而愈失其傳矣。」（和）

其實，我們都知道，《溪山琴況》是很重視「技」的，前面我們專門分析過，二十四況中，後十況是專門談技的，其餘各況中，也常常涉及技的內容。即使在首況「和」中，也不乏論技的文字。例如在「弦與指合」中，就有「指下過弦，慎勿鬆起，弦上遞指，尤欲無跡，往來動宕，恰如膠漆」來對技術進行規範。在「指與音合」及「音與意合」中，仍然有相當篇幅大談特談技法問題。至於後面各況，談技的文字就更多。即以非技法論的「清」況為例，亦存在大段大段地論技文字，比如：「指求其勁，按求其實，則清音始出；手不下徽，彈不柔懦，則清音併發；而又挑必甲尖，弦必懸落，則清音益妙。兩手如鸞鳳和鳴，不染纖毫濁氣；厝指如敲金戞石，傍弦絕無客聲。」（清）在如此頻繁論技的情況下，這裡卻要超越「技」，是否矛盾？當然不。這裡提出對「技」的超越，正是為了後面能夠真正處理好「技」。由於現實中常常有人不從根本上把握琴樂演奏，而只是把它簡單地歸之於技的問題，以為只要把技術練好，琴就一定能夠彈好。

何謂從根本上把握琴樂演奏？就是要妥帖地處理好演奏中的音意關係，技術要為意的表現服務，要做好意的表現的工具，此即所謂「音從意轉」，「音隨乎意」，「皆以音之精義，而應乎意之深微」。有了意，技才會有歸宿，才能夠獲得意義。而對意的把握，又需要「性情中和相遇」，因為技的運用也必須在中和原則的指導下才能顯示其意義。徐上瀛在「輕」況中曾以「輕」和「重」為例來說明「中和」原則的重要，他說：「要知輕不浮，輕中之中和也；重不煞，重中之中和也。」（輕）「輕」和「重」本身無所謂好壞，它們必須在「中和」原則的支配下才會獲得意義和價值。正是在這個意義上，他才說：「輕重者，中和之變音；而所以輕重者，中和之正音也。」（輕）「輕」、「重」都只不過是「中和」之音的變化形態而已，「所以輕重」才是「輕」、「重」的真正本體。而「所以輕重者」，就是音樂所要表現的「意」。

在徐上瀛看來，在總綱中首先把這個問題提出來，並講清道理，後面關於技法的論述才不會跑偏，讀者也不易讀歪。

2. 超越人為

琴樂演奏本來就是人的創造性活動，它要求演奏者花費大量的時間和精

力用心琢磨、反覆練習才能成功，在《琴況》中也有大量文字要求人們要「究心於此」，要「細辨……」，要「務令……」，怎麼這裡又說它要超越「人為」呢？

原來這裡所謂超越「人為」並非絕對無為，而是說要尊重琴樂演奏本身的規律，不人為地違反它、改變它。「和」況中下面一席話即表述了這個意思，他說：「夫弦有性，欲順而忌逆，欲實而忌虛。若綽者注之，上者下之，則不順；按未重，動未堅，則不實。」（和）順隨自然而為，就是「非人為」的本意。這個自然，就是音樂自身的規律性。

這個問題，徐上瀛將其上升到藝術成敗的高度來認識。他說：「自古音淪沒，即有繼空谷之響，未免郢人寡和，則且苦思求售，去故謀新，遂以弦上作琵琶聲，此以雅音而翻為俗調也。」（雅）「古音淪沒」，「郢人寡和」，人們想改變這一狀況，採取了一些措施，動機自然是好的。但是為了迎合眾人的趣味，而將「雅音翻為俗調」，結果只會破壞古音的特質，得不償失。這個偏差即源於琴人的「苦思求售，去故謀新」，違背了琴樂的基本規定性和琴樂演奏的基本特性。比如講，《琴況》是十分推崇「淡」的，但對「淡」的態度卻傾向於從「無為」得之，即「不著意於淡，而淡之妙自臻」（淡）；對於演奏中的「滯氣」，也傾向於「自然」消失，即「不期去而自去」（健）。

瞭解這個道理，我們就能夠更好地理解他對「媚」的批評。他在「麗」況中說：「麗者，美也，於清靜中發為美音。麗從古淡出，非從妖冶出也。若音韻不雅，指法不雋，徒以繁聲促調，觸人之耳，而不能感人之心，此媚也，非麗也。」（麗）他把「麗」和「媚」加以區分，「麗」是一種「從古淡出」的「美音」，它根源於「清靜」，所以是純正的美。「媚」則是只能「觸人之耳，而不能感人之心」的「繁聲促調」，與「麗」很不相同。在「古」況中，他還進一步指出兩者在更深層次上的區別：「故媚耳之聲，不特為其疾速也，為其遠於大雅也；會心之音，非獨為其延緩也，為其淪 [註14] 於俗響也。」（古）「麗」和「媚」的區別不僅僅在快慢、疏密等形態上不同，更重要的是在精神品格上看其是高雅還是低俗。高雅體現的是一種大氣、自足、沉靜、平和，是「寬裕溫龐，不事小巧」（古）；而低俗則與之相反，是「從妖冶出」（麗），它總是要

〔註14〕「淪」在這裡與文意不合。「淪」有陷入、沉湎之義，此處所講「會心之音」乃雅音，應該是「離」於「俗響」，故意思正好反了。蔡仲德謂其當作「遠」或「不淪」，筆者覺得應為「離」，「離」與「淪」音相近，故而誤。

彰顯人為，顯示自己，炫耀技巧，迎合時俗。在麗與媚的對待中，也能清楚地體現出《琴況》「超越人為」的精神旨趣。

3. 超越理性

對「理性」的超越應該是徐上瀛特別強調的一個方面，僅在「和」況中，他就用了「不可思議」、「未可一二而為言」、「莫知其然而然」等話語，說明演奏的真諦不是通過知性思考可以獲得的，也不是語言能夠把握，不是理性能夠分析出緣由的。而在其他諸況中，他也時時提到這個特點。

如「重」況即說：「及其鼓宮叩角，輕重間出，則岱嶽江河，吾不知其變化也。」（重）自己的演奏到了出神入化的境地時，自己也說不清究竟是怎麼回事的。「速」況中也有：「精於其道者，自有神而明之之妙，不待縷悉，可以按節而求也。」（速）這種「神而明之之妙」，是無法一條條分析而得，也不是按照某種理論的描述可以求得的。

這裡，我們說徐上瀛強調超越理性，當然不是在所有層面否定理性，進入完全非理性的狀態；而只是為了說明，在演奏的高級階段，應該是自己的全副生命，全副感覺都融入演奏之中，那就是：「神閑氣靜，藹然醉心，太和鼓鬯，心手自知，未可一二而為言也。」（和）對音樂的把握不是靠知性的分解和理論的框框條條就能夠成就的。這樣的認識，乍看上去，好像違背科學，帶有神秘主義的色彩，實際上正是領悟了演奏之道後對其真諦的把握。「靜」況說：「蓋靜繇中出，聲自心生。苟心有雜擾，手有物撓，以之撫琴，安能得靜？惟涵養之士，淡泊寧靜，心無塵翳，指有餘閒，與論希聲之理，悠然可得矣。」（靜）說的就是這個意思。

上述的超越技巧、人為和理性，三個否定（超越即揚棄，揚棄中有否定），是為了一個肯定，即「性情中和」。彈琴的心理狀態必須是中正、平和，只有「性情中和」，才能沉下心來，體會音樂之意，並將它與演奏技法相接通，成就音樂的自然境界。

第三節 《溪山琴況》演奏論的主幹命題

演奏論的理論框架只是演奏所涉及的若干維度以及應遵循的總體原則，其中也包含著演奏論的總體價值取向。但是，作為一個系統性的理論，它還有待各個部分、各個環節具體內容來支撐。就《溪山琴況》而言，構成演奏論主

體內容的，主要有「中和論」「靜心論」「清音論」「意遠論」「圓活論」和「大雅論」，它們分別屬於本質論、主體論、聲音論、表現論、技法論、品味論等，構成演奏美學的主要部門。

一、「重而不虛，輕而不鄙」：中和論

「和」況是二十四況中特別重要的一況，它不僅內含著徐上瀛對琴樂演奏的基本理論框架的認識，同時還集中地表述了琴樂演奏應以「中和」為綱的思想，這一思想，我們稱之為「中和論」。

「中和論」的中心當然是「和」。對於「和」，我們早已不陌生。以其整體含義而言，「和」是中國哲學和美學中的一個十分重要的範疇，其內涵也具有不同的方面。主要有：一、是指對立統一與差異統一，如晏嬰的「濟五味，和五聲」、史伯的「和實生物，同則不繼」等。二、是指節制、適中、不過分，如「中和」、「和而不流」等。三、是指各得其位，恰如其分，如君臣、父子、夫婦之和等。四、是指音的前後協調相連，如劉勰的「異音相從謂之和」等。

「和」的這幾個方面的內涵，在《溪山琴況》中幾乎都得到運用和體現。第一種對立統一之「和」，在音樂與音的組合中得以見出，即所謂「眾音之窾會，而優柔平中之橐籥」（和），亦指在「圓」與「堅」、「宏」與「細」等對立關係中所體現出來的「和」。第三、四種「和」，則更多地體現在音樂進行時的「樂感」之中，是指旋律進行中的每一個音都處理得恰到好處，無過與不及。但是，所有這些「和」，都共同地體現著「中和」的原則，即：都是由「中」而致「和」。

中國古代關於「和」的思想，實際上是建立在「中」之上的，它是「中」的思想的一種表現形式。《中庸》說：「中也者，天下之大本也；和也者，天下之達道也。致中和，天地位焉，萬物育焉。」

那麼，何謂「中」？又何謂「和」？《中庸》是以舉例的方式來說明的。例如：「喜怒哀樂之未發，謂之中；發而皆中節，謂之和。」此「中」指的是「內」，是人的本性；而「和」則是「中」的外在表現，是「中」之用。在另一處又以舜為例：「舜其大知也與！舜好問而好察邇言，隱惡而揚善，執其兩端，用其中於民，其斯以為舜乎！」這是「中間」意義上的「中」，意謂在兩端之間用其「中」。

這兩種意義的「中」講的是兩件事，似乎互相沒有聯繫，實則不然。從語義上看，中間意義的「中」似乎是指兩極之間的某個中點，實則並非這樣簡單。

在兩極之間的「中」只是一個基本的原則，而非一個固定的量值或位置。在這兩極之間，是有著相當大的靈活性。這靈活性來自哪裏？就是人的內心感覺，建立在內心感覺上的判斷。孟子曾以楊、墨兩家的思想說明過這個道理：

> 楊子取為我，拔一毛而利天下，不為也。墨子兼愛，摩頂放踵利天下，為之。子莫執中。執中為近之。執中無權，猶執一也。所惡執一者，為其賊道也，舉一而廢百也。（《孟子·盡心上》）

楊子和墨子是兩個極端，一者「取為我」，一者「利天下」。我們應該如何對待？是否只要像子莫那樣折衷一下，取其中就可以了？他認為這是不夠的。「執中無權」，與通常的「執一」沒有本質的差別。這裡的關鍵詞是「權」，「權」就是權衡，就是因時因事而變，就是靈活性。如果沒有靈活性，只是固著於中間的某個點，那就與固執於一極沒什麼兩樣。為什麼？因為它以其「一」而廢棄了其他種種可能，沒有了豐富和變化。

儒家的這個中道思維運用到音樂上，就有了「中和」之美。同樣的道理，「中和」之美講究「中」，追求「和」，但並非只是將兩種極端的狀態加以統一，形成一個不偏不倚的中間狀態。而是仍然可以有清濁、抑揚、輕重、遲速等方面的表現，只不過要有所節制，不要過分而已。這個意識其實形成很早，在春秋時期，吳國大夫季札在魯觀樂時所作的評語即為典型的例子。他在評論至善至美的《頌》時所用的詞是：「至矣哉！直而不倨，曲而不屈；邇而不偪，遠而不攜；遷而不淫，復而不厭；哀而不愁，樂而不荒；用而不匱，廣而不宣；施而不費，取而不貪；處而不底，行而不流。」〔註15〕從這段話可以見出，最美妙的音樂表現是可以直也可以曲，可以邇也可以遠，可以遷也可以復，可以哀也可樂的，並不要求在兩極之間妥協，找到一個不直不曲、不邇不遠、不遷不復、不哀不樂的中間狀態。「中和」所要求的只是在作一極表現的時候，不要走向極端，使「直」而變成「倨」，「曲」而變成「屈」，「邇」而變成「偪」，「遠」而變成「攜」，「遷」而變成「淫」，「復」而變成「厭」，「哀」而變成「愁」，「樂」而變成「荒」，如此等等。這就需要有所節制，有所蘊藉，有所含蓄。「中和論」的思想核心，其實就是控制和節制。

〔註15〕引自《左傳·襄公二十九年》。倨：傲慢。屈：過分屈從，卑下。偪：即逼，太近。攜：指攜貳，原本親近的人漸生二心。遷：變化。淫：放縱。荒：荒淫。用：俞樾《群經平議》疑為「困」之誤，與後文「廣」相對。即作「用」解，亦通，表示使用而不至其匱乏，即要節儉。廣而不宣：富足而不揮霍。處而不底：寧靜而不凝滯、僵化。

　　儒家的「中和」思想也被徐上瀛接受過來，在《琴況》中屢加闡發。例如他講到右手彈弦，是：「弦欲重而不虐，輕而不鄙，疾而不促，緩而不弛。」（和）「虐」、「鄙」、「促」、「弛」就分別是「重」、「輕」、「疾」、「緩」的過度，是演奏時缺乏節制的結果，所以應該竭力避免。而左手的按弦，也應該「若吟若猱，圓而無礙（吟猱欲恰好，而中無阻滯）；以綽以注，定而可伸（言綽注甫定，而或再引申）。紆回曲折，疏而實密；抑揚起伏，斷而復聯。」（和）這是講演奏中要注意利用對立因素（如疏與密、抑與揚、起與伏、斷與聯）的互相配合。既是互相配合，就仍然保持著兩端的存在，因而也就保持著對立運動所具的張力。

　　相比之下，「中和」思想在技法論中的體現更為集中和突出。技法論共有五對範疇，兩對是輔助關係，三對是對立關係。但無論是哪種關係，《琴況》對它們的處理體現的都是「和」，即由中致和、取中用和的原則。

　　「圓」強調的是適中：「不足則音虧缺，大過則音支離」，而應該「不少不多」，「獲中和之用」。但這「不多不少」不是一個常數，而是隨著音樂的需要而不斷變化的「變數」。

　　「堅」則是對「圓」的補充，以避免「撫弦柔懦，聲出委靡」；「堅以勁合」，才能「既得體勢之美，不爽文質之宜」，體現的也是中和之道。但這個「中和」乃「堅」之中和，而非不堅不柔之調和。

　　「溜」和「健」亦如此，前者是「治澀之法」，後者是「導滯之砭」。「溜」是為了治其滯澀不靈活之病，但又要能夠「筋力運使」。「健」講指法要堅實有力，但又強調要「於從容閒雅中」實現。所以，「溜」和「健」的差異始終存在，但都不能一味放縱，而必須在節制中進行。

　　技法論中的另三對範疇均是由兩個互相對立的概念組成的，直接體現了對立統一、取中求和的原則，但所做的也都不是調和的工作。

　　「宏」與「細」，是強調兩者之間要互相配合，交替進行。「宏大而遺細小，則其情未至；細小而失宏大，則其意不舒。」因而應該「宏細互用」，方得中和之美。

　　在「輕」與「重」中，雖然也有「不輕不重，中和之音」之語，但這只是一個原則性的表述，且多適用於開頭，即所謂「起調當以中和為主」，但接著就說：「而輕重特損益之，其趣自生也」。對輕重的真正完整而精當的表述是：「要知輕不浮，輕中之中和也；重不煞，重中之中和也。故輕重者，中和之變

音；而所以輕重者，中和之正音也。」（輕）可見，輕有輕之中和，重亦有重之中和，輕、重都自有其中和。輕、重都只是中和之「變音」，「所以輕重者」才是「中和」本身。

　　同樣，「遲」與「速」也是兩種對立的速度狀態，但又是相反相成，是自然的規律。「指法有重則有輕，如天地之有陰陽也；有遲則有速，如四時之有寒暑也。遲為速之綱，速為遲之紀，嘗相間錯而不離。」（速）兩者雖有差異，但只要符合中和原則，「則遲速俱得，不遲不速亦得」。例如「琴操之大體，固貴乎遲。疏疏淡淡，其音得中正和平者，是為正音。」「忽然變急，其音又係最精最妙者，是為奇音。」「所謂正音備而奇音不可偏廢，此之為速。」正音為遲，奇音為速，兩者不可偏廢，正是中和的思想。即在「速」之中，也強調有所節制，如「小速」而「不傷速中之雅度」，「大速」而又有「依然安閒之氣象」，體現的也同樣是「中和」思想。

　　「中和」是琴樂演奏的基本原則，它貫穿在整個演奏論之中。因此，「中和論」屬於琴樂演奏的本質論範疇。

二、「靜由中出，聲自心生」：靜心論

　　「靜心」是對演奏者的身心狀態的要求，是演奏之前所應具備的主體條件和心理準備。因此，「靜心論」屬於演奏論中的主體論範疇。

　　琴樂是聲音運動的藝術，其聲音的運動，又是由演奏者的演奏活動才得以產生的，但徐上瀛卻強調「靜」的重要，並專列「靜」為一況，理由何在？這個問題，徐上瀛自己也覺察到了，所以在該況的開頭，他就寫道：「撫琴卜靜處亦何難，獨難於運指之靜。然指動而求聲，惡乎得靜？余則曰：政在聲中求靜耳。」（靜）他的回答很簡單而且乾脆：正因為是動，所以才要靜。

　　但是，既然「指動而求聲」，為什麼又一定要在「聲中求靜」？這個問題，《琴況》並未作直接解答。這是因為，這個問題背後的道理在道家哲學之中，而在徐上瀛的時代，道家的思想對於琴人來說是基本的常識，故無需特別說明。我們知道，道家以自然無為為本，自然無為就是虛，就是靜，而「坐忘」、「心齋」就是靜的極致狀態。道家講「靜」，指的都是精神狀態，就是「心靜」或「靜心」。

　　那麼，道家為什麼要主「靜」？我們來看看老子是怎麼說的。首先，在老子看來，靜是「本」之所在，現實的一切事物現象均由此而出：「致虛極，守

靜篤。萬物並作，吾以觀復。」（《老子》16 章）既是根本所在，自然要守護它，回歸它。所以，便有「夫物芸芸，各復歸其根」之語。而之所以必須歸根，是因為只有歸根，才能有大作為，大境界，這就是——「歸根曰靜，靜曰復命。復命曰常，知常曰明。不知常，妄作，凶。」（《老子》16 章）可見，老子強調靜，正是為了動，為了更好的動。而這正是他一貫的「無為而無不為」思想的體現。例如他說：「重為輕根，靜為躁君。」（《老子》26 章）「靜勝躁，寒勝熱〔註16〕，清靜為天下正。」（《老子》45 章）「躁」即「動」。「動」欲成功，必須以靜待之；欲成大事，亦須以靜制之。

　　老子主要從本體論的角度談靜的意義，到莊子，則轉而從更為具體的生存論角度討論靜的意義。在他看來，靜之所以容易取得積極的事功，是因為只有在心靜的情況下，才能集中全部精力和智慧，調動全身心的能量去做眼前之事。例如他說：「善遊者數能，忘水也。若乃夫沒人之未嘗見舟而便操之也，彼視淵若陵，視舟之覆猶其車卻也。」（《莊子·達生》）會游泳的人學操舟之術，幾次練習即能掌握，就因其會游泳，不怕落水（「忘水」）。而會潛水之人（「沒人」），則不用學習即可操舟，因為他視深水為平地。其中的道理是，「善泳者」和「沒人」因為不怕落水，所以操舟時能夠「靜心」；而「靜心」，便意味著能夠最大程度地發揮自己的精力和能量，快速掌握操舟之術。他的另一比喻說明的也是這個道理：「以瓦注者巧，以鉤注者憚，以黃金注者殙。」（《莊子·達生》）這是以賭注為例，以瓦礫為賭注，因其賤，無須擔心失去，故能充分發揮自己的水平；而以黃金為賭注，則一定頭腦昏亂，就因其太貴重，難以釋慮。莊子評論說：「其巧一也，而有所矜，則重外也。凡外重者內拙。」（《莊子·達生》）他是以重外與重內來解釋的，重外，即受到外界因素影響太多；而重內，你才是自主的，定靜的，完全的。

　　這個道理講得更為透徹的，還是那個「承蜩」（即捕蟬）的「佝僂者」。這個駝背老人的捕蟬技藝非常高超，他捕捉樹上的蟬，輕鬆到「猶掇之」。他述說自己承蜩的狀態是：「吾處身也，若蹶株拘；吾執臂也，若槁木之枝。雖天

〔註16〕 「靜勝躁，寒勝熱」，原為「躁勝寒，靜勝熱」，馬敘倫疑有誤，蔣錫昌疑其應為「靜勝躁，寒勝熱」，陳鼓應《老子注譯及評介》（中華書局 1984 年）據改。《老子》二十六章有「靜為躁君」之說，此後亦有「清靜為天下正」之語。「若作『躁勝寒』，不僅文例不符，而且有背於老子思想。作『靜勝躁，寒勝熱』，則正合老子思想，這二句話是比喻清靜無為勝於擾亂有為的，和下句『清靜為天下正』，文義相連。」（《老子今注今譯》，商務印書館 2016 年，第 367 頁）

地之大，萬物之多，而唯蜩翼之知。吾不反不側，不以萬物易蜩之翼，何為而不得！」(《莊子‧達生》)這是一個身心並靜、「不以萬物易」的境界。正因為不以外物為要，故而內心靜定；內心靜定，才能發揮出自己最大的精力和能量，做好眼前之事。這個道理，莊子借孔子之口作了表述：「用志不分，乃凝於神。」(《莊子‧達生》)可見，靜心並非內心一片空白，而是排除了雜慮，專心致志於欲完成的正事。在另一則「梓慶削木為鐻」的寓言中，莊子借梓慶之口說出的也是同樣的道理：「臣將為鐻，未嘗敢以耗氣也，必齋以靜心。齋三日，而不敢懷慶賞爵祿；齋五日，不敢懷非譽巧拙；齋七日，輒然忘吾有四枝形體也。當是時也，無公朝，其巧專而外滑消。然後入山林，觀天性，形軀至矣，然後成見鐻，然後加手焉；不然則已。」(《莊子‧達生》)「齋以靜心」就是「心齋」，就是摒除一切雜慮，而將精神全部灌注在「削木為鐻」這件事上，才能產生「見者驚猶鬼神」的效果。

徐上瀛深刻理解道家的這個思想，並且在自己的演奏中真切地體會到靜心的重要，才專門列有「靜」況，來集中闡述其在演奏中的意義。他論及演奏者的精神修養，強調的就是「靜」：「惟涵養之士，淡泊寧靜，心無塵翳，指有餘閒，與論希聲之理，悠然可得矣。」

在演奏的境界中，「靜」有三個層級：心靜、手靜和音靜。其中心靜是根本，有心靜，才有手靜；有手靜，才有音靜。「蓋靜繇中出，聲自心生。苟心有雜擾，手有物撓，以之撫琴，安能得靜？」(靜)只有「雪其躁氣，釋其競心，指下掃盡炎囂，弦上恰存貞潔」，才能「急而不亂，多而不繁，淵深在中，清光發外。」(靜)「音靜」當然不是寂無聲響，而是其聲響和諧純淨，絕無喧囂；不是沒有生氣與活力，而是有著更為內在、更為成熟的氣象。所以，在徐上瀛看來，當音靜臻於極致時，則又會出現「希聲」之趣：「所謂希者，至靜之極，通乎杳渺，出有入無，而遊神於羲皇之上者也。」(靜)這就是由「靜」又通向「遠」和「逸」，有了超越之義了。

其實，「靜」況中的這種主靜的思想，在其餘諸況中亦同樣存在。在「清」況中：「故欲得其清調者，必以貞、靜、宏、遠為度，然後按以氣候，從容宛轉。」「淡」況中：「獨琴之為器，焚香靜對，不入歌舞場中；琴之為音，孤高岑寂，不雜絲竹伴內。」在「逸」況中：「以無纍之神，合有道之器，非有逸致者則不能也。」「宏」況中：「其始作也，當拓其沖和閒雅之度。」「遲」況亦有：「未按弦時，當先肅其氣，澄其心，緩其度，遠其神，從萬籟俱寂中，

冷然音生。」這裡的「無纍之神」、「沖和閒雅之度」、「肅其氣，澄其心」等等，都屬於沒有雜慮的「靜心」狀態。

總之，《琴況》之強調「靜心」，就其直接的意義上說，是為了所奏之聲具有靜美的品格；而就其深層義理上說，則是為了更有效地集中全部精力，調動全部能量，以真切的生命感覺去演奏音樂。

三、「清以生亮，亮以生采」：清音論

「清音」之「清」，是指古琴演奏所出聲音的品質。「清音論」屬於演奏論中的音色論或音質論。

《琴況》的清音思想在「清」況中表現得最為集中。首先，《琴況》確立了「清」在琴樂中的特別地位：「清者，大雅之原本，而為聲音之主宰。」（清）清主要是指音，音要清，就必須具備一定的條件，即所謂「地不僻則不清，琴不實則不清，弦不潔則不清，心不靜則不清，氣不肅則不清」，涉及到環境、樂器和人諸多方面。

「清」況的主體部分是講演奏中的「清」。它分為兩類：一是「指上之清」，即技法運用上的「清」，又分為「清音」和「清骨」兩個階段。「清音」階段是：「指求其勁，按求其實，則清音始出；手不下徵，彈不柔懦，則清音併發；而又挑必甲尖，弦必懸落，則清音益妙。」這是練指之法，前者是左手按弦之法，後兩者則是右手彈弦之法，總體上是要求出音清晰、清亮、清脆、清潤。練指而至於極致時，則臻於「清骨」階段，即「兩手如鸞鳳和鳴，不染纖毫濁氣；唇指如敲金戛石，傍弦絕無客聲」的境地。這是超乎技法而進入化境的標誌，是不思清音而清音自發的圓熟狀態。

二是「曲調之清」，即「清調」。「指上之清」是從音響而言，「曲調之清」則是就音樂而言，是指音樂進行的清晰、連貫，有內在張力。「清調」「最忌連連彈去，亟亟求完，但欲熱鬧娛耳，不知意趣何在」，就是說，所彈奏的音樂要起伏有致，從容而有節奏，樂思清晰、完整。從實質上講，「清調」根源於人的胸次和對樂曲的深入、準確的領會，所以，彈奏時「必以貞、靜、宏、遠為度，然後按以氣候，從容宛轉」，即應隨著樂情的變化而緩急有度，做到章句分明，音調疏越。只有這樣，「清調」才會顯示出獨特的美感效應，一如「澄然秋潭，皎然寒月，渚然山濤，幽然谷應」，以至於「令人心骨俱冷，體氣欲仙」，讓人體味到一種冷豔脫俗之美。

「清」不僅集中體現在「清」況中，在其他各況也有體現，如「和」況中有「淵深在中，清光發外」；「淡」況中有「清泉白石，皓月疏風」，「清風入弦，絕去炎囂」；「逸」況中有「道人彈琴，琴不清亦清」；「雅」況有「修其清靜貞正」；「堅」況有中「清響如擊金石」，「右指亦必欲清勁」；「健」況中有「右則發清冽之響」，「藏健於清也」；「輕」況中也有「惟清之中，不爽清實」，「種種意趣，皆貴清實中得之」，如此等等。

但是，表述「清」的思想最為集中的還是在音色論中，因為「清」本身就是針對「音」而提出的。例如「麗」是：「於清靜中發為美音」，「具有冰雪之姿」；「亮」是：「左右手指既造就清實」，是「清後取亮，亮發清中」；「采」是：「清以生亮，亮以生采」，不能「越清亮而即欲求采」。「潔」也以「清」為本，強調修指要「嚴淨」，彈琴應「以清虛為體，素質為用」，做到「一塵不染，一滓不留」。「潤」也體現著「清」，因為「潤」正生於「清」，而去其「浮躁」、「繁響」、「雜」，正是為了音「清」。

崇尚「清音」是中國古代音樂美學的一個深遠傳統。就琴樂而言，尚「清」亦淵源久遠。荀子《樂論》：「清明象天，其廣大象地。……樂行而志清，禮修而行成。」桓譚《琴道》：「禹乃援琴作操，其聲清以益，潺潺湲湲，志在深河。」「舜操其聲清以微，微子操其聲清以淳。」蔡邕《琴賦》：「清聲發兮五音舉。」嵇康《琴賦》：「激清響以赴會，何絃歌之綢繆。」「若乃閒舒都雅，洪纖有宜，清和條昶。」「器和故響逸，張急故聲清。」常建《江上琴興》：「江上調玉琴，一弦一清心。」李勉《琴記》：「夫用指又須甲肉相兼，則其聲清利。」白居易《夜琴》：「蜀桐木性實，楚絲音韻清。」《清夜琴興》：「清泠由木性，恬淡隨人心。」《彈秋思》：「信意閒彈《秋思》時，調清聲直韻疏遲。」陳拙《琴說》：「夫彈琴以和暢為事，清雅為本。」沈括：「予曾見唐初路氏琴，木皆枯朽，殆不勝指，而其聲愈清。」范仲淹《與唐處士書》：「公曰：『清厲而靜，和潤而遠。』」蘇軾《聽賢師琴》：「大絃春溫和且平，小絃廉折亮以清。」劉籍《琴議篇》：「神思幽深，聲韻清越。」田芝翁《彈琴有七要》：「琴有九德：奇、古、透、潤、靜、勻、圓、清、芳。」如此等等，不一而足。

彈琴尚「清」有其深刻的文化原因，因為「清」代表著一種獨特的人格。《說文》云：「清，朖也，澂水之貌。」段玉裁注云：「朖者，明也。澂而後明，故云澂水之貌。引申之，凡潔曰清，凡人潔之亦曰清。」可見，在很古的時代，「清」就已成為人的某種品格的標誌，如高潔、清純、真誠、沉靜、清雅等。

因而，琴樂之「清」，就既是特定人格的象徵，也是塑造這一人格、陶冶人的性情的重要工具。徐上瀛承續這一傳統，亦體現出以「琴之清」而陶冶「人之清」的思想。「琴能涵養情性，為其有太和之氣也。」（遲）要想成為「涵養之士」，就必須「先肅其氣，澄其心，緩其度，遠其神」（遲），「焚香靜對」，「孤高岑寂」，「絕去炎囂」，「不綠不競」，「如雪如冰」（淡），使彈琴者「雪其躁氣，釋其競心」（靜），做到「興到而不自縱，氣到而不自豪，情到而不自擾，意到而不自濃」（恬），「有一種安閒自如之景象，盡是瀟灑不群之天趣」（逸）。琴的真正美學功能，就是「藉琴以明心見性」，「修其清靜貞正」，做一個「真雅者」（雅）。

四、「音之於遠，境入希夷」：意遠論

「意遠」是對音樂的立意和所要表現之內容的要求，強調立意要「遠」，內容應有超越性。所以，「意遠論」屬於演奏論中的表現論範疇。

徐上瀛十分強調古琴演奏應該有其表現的內容，這在《琴況》中常用「弦外」來表示。這方面的內容在「和」況中即已闡述：「其有得之弦外者，與山相映發，而巍巍影現；與水相涵濡，而洋洋徜恍。」（和）「弦外」就是音外，也就是音樂所表現的現實內容。在徐上瀛看來，音樂所表現的內容不僅僅是琴樂演奏的一個組成部分，而且還是十分重要的部分。一方面，它對演奏起著支配和導向的作用，即所謂「音從意轉，意先乎音，音隨乎意」。沒有特定的內容，技法的運用就失去根據，演奏中「重而不虐，輕而不鄙，疾而不促，緩而不弛」的分寸感亦無法判斷。另一方面，有了內容的表現，才能夠帶給人們意境的享受。在中國音樂美學概念中，音樂的真正價值並不在聲音本身，而在聲音的背後，即由聲音所表現的思想情感內容。聲音的目的，就在於引導人們進入聲音背後，去領略音樂深處的思想情感文化意蘊。孔子說：「禮云禮云，玉帛云乎哉！樂云樂云，鍾鼓云乎哉！」（《論語·陽貨》）老子說：「大音希聲。」（《老子》第41章）文子說：「聖人制禮樂者，而不制於禮樂。」（《文子·上禮》）莊子說：「天樂，無言而心說，……聽之而無接。」（《莊子·天運》）如此等等，都是要求聽樂能夠透過聲音而進入支配聲音的「意」。這個思想也被徐上瀛繼承下來，他在「遠」況的最後寫道：「求之弦中如不足，得之弦外則有餘也。」這個「弦外」，就是「意」，就是表現在音樂音響中的思想情感內容，那個支配著聲音，但隱藏在聲音背後的東西。

對琴樂表現的內容,《琴況》有一個重要指標,就是「遠」。音樂的內容是「意」,對「意」的要求是「遠」,此即「意遠論」。他的意思是,琴人彈琴,必先有意存於胸中。這胸中之意的內涵姑且不論,但其「立意」,亦即「意」的指向必是悠遠而至於玄遠,即所謂「遲以氣用,遠以神行。」(遠)「至於神遊氣化,而意之所之,玄之又玄。」(遠)由於「遠」是神行意使所致,故在琴樂中無時無處不在,靜時「若遊峨嵋之雪」,動時「若在洞庭之波」,無論緩速,「莫不有遠之微致」。

有了「意遠」,才會有「音遠」;「音至於遠,境入希夷」,是一種精神、意念、感覺的遊行(神遊)。這種遊行或者趨向於靜謐,或者趨向於幽微。通過它,我們能從中體會出「悠悠不已之志」,一種無限而又深邃的意念。這樣一種品格,需要相當的心志水平和思想境界才能領略和感悟,「非知音未易知」。「遠」況字數不多,但內容十分重要,從某種意義上說,它突出地體現了琴所獨有的一種精神和品格。

「遠」在其他各況中亦有體現。如在「靜」況中有:「故欲得其清調者,必以貞、靜、宏、遠為度……」(靜)「遠」也是產生「清調」的必要條件。在「雅」況中有:「但能體認得靜、遠、淡、逸四字,有正始風,斯俗情悉去,臻於大雅矣……」(雅)「雅」也是需要「遠」來支撐的。在「宏」況中有:「琴為清廟明堂之器,聲調寧不欲廓然曠遠哉?」(宏)「遠」也是雅樂的一個重要特徵。在「細」況中有:「運指之細在慮周,全篇之細在神遠……」(細)是說技法處理的精妙不在技法本身,而在思想、胸襟、精神、意念之「遠」。在「遲」況中亦有:「未按弦時,當先肅其氣,澄其心,緩其度,遠其神,從萬籟俱寂中,冷然音生。」(遲)「或章句舒徐,或緩急相間,或斷而復續,或幽而致遠……」(遲)如此等等,都顯示出對「遠」的推崇。

對「意遠」的推崇當然不是自徐上瀛始,也是有著悠久的傳統。在古代琴論中,心遠、神遠、志遠、意遠早已經受到琴人的重視,並視其為古琴藝術的一個重要品格。早在漢初,司馬遷《史記》在記述孔子向師襄學琴時,就感歎於文王那種「有所穆然深思焉,有所怡然高望而遠志焉」(《孔子世家》)的品格,將「遠志」視為聖人和君子所必備的要素。魏晉時嵇康在其《琴賦》中曰:「情舒放而遠覽,接軒轅之遺音」;「理重華之遺操,慨遠慕而常思」;「然非夫曠遠者,不能與之嬉遊」;「愔愔琴德,不可測兮,體清心遠,邈難極兮」,亦是以心、志之「遠」來標舉琴的品格。後來以「遠」論琴者益多,如北宋崔遵

度謂琴是「清厲而靜，和潤而遠。」范仲淹還對其作進一步的解釋：「清厲而弗靜，其失也躁；和潤而弗遠，其失也佞。弗躁弗佞，然後君子。」琴和君子因「遠」而相通。朱長文也說：「夫琴之為制，高至於玉霄之上，遠至於金仙之國，皆以此為樂」（《琴史·廣制》），將琴的氣象引向超越世俗的高遠之境。另如劉籍《琴議篇》：「幽情遠興，緬想常存」；「故憑言以求意，在得意以求言，言窮而意遠也」。朱熹《定律》：「世之言琴者，徒務布爪取聲之巧，其韻勝者乃能以蕭散閒遠為高耳」，更是舉起「遠」的大旗，以為琴之標識。這樣一個悠久強大的意遠、志遠、心遠、神遠的傳統，自然會對徐上瀛的《溪山琴況》產生直接的影響。但也只是在徐的《琴況》中，「意遠」之論才被闡發得最為集中，最為豐滿，最為透徹，最為幽深，也最為靈動。

不僅如此。「意遠論」之所以源遠流長且不斷生長，是因為它有著深刻的哲學背景和思想內涵，這主要和道家的「道」及其超越精神有關。道家最核心的概念是「道」，「道」的含義十分豐富，涵蓋又極廣，有時候是極為切己、極為現實的，如「道無處不在」；有時候又具有超昇、脫俗之義。總體而言，道具有整體性、循環性、普遍性、超越性等特點。《老子》對道的解釋有多種，有「無為」、「無名」、「無象」等，其中第 25 章的解釋值得我們特別重視：「有物混成，先天地生。寂兮寥兮，獨立而不改，周行而不殆，可以為天地母。吾不知其名，強字之曰道，強為之名曰大。大曰逝，逝曰遠，遠曰反。」（《老子》25 章）這裡突出的就是「周行而不殆」，因為道就是大，大就是逝，逝就是遠，而遠也就是反（返）。從動態方面說，「遠」是其「周行」（循環）中的一個環節，而且是十分重要的環節。遠而不反（返），其遠就無意義，因而不符合道的精神；但沒有「遠」就沒有「反」，沒有超越精神，也就不可能有真正的務實精神，不可能處理好現實的人生。正是因為這一點，人們才特別重視超越精神的培養，視超越精神為人生鏈條中的重要一環，重視在現實的場域之外再行精神境界的經營；表現在藝術，特別是琴樂上，就有了對「遠」的追求，亦即對有「遠」意的藝術（包括音樂）的追求。這個「遠」就是「意遠」。「意遠」的一個突出品格就是「玄」，亦即《琴況》所說「意之所至，玄之又玄。」道家的「道」，就意義上說，是「玄」，而就感覺上說，則是「遠」。所以，琴樂中的「遠」就是「道」的一種體現，「意遠」所表示的既是中國文人對「道」的無限嚮往與追求，也是對它的具體入微的一種實踐——這兩者是一回事。

正是基於對「意遠」的追求，才提供了琴樂所特有的含蓄之美，才能夠產

生「求之弦中如不足，得之弦外則有餘」的美感效果；而古琴所特有的漸虛漸
微的走手音，又為這種「遠」的意念提供了極好的音響載體。

五、「極其靈活，動必神速」：圓活論

　　徐上瀛關於琴樂演奏的總體原則是「中和」，演奏者的主體心理條件是
「靜」，演奏出的聲音品質是「清」，音樂表現的內容和立意要求是「遠」，而
演奏中對技法運用的要求則是「圓活」。「圓活」指的是演奏中技法運用靈活敏
捷，使彈出的樂聲氣暢韻足，宛轉生動。因此，「圓活論」屬於演奏論中的技
法論範疇。

　　琴樂形態之「圓」，首先源於技法的運用：「五音活潑之趣，半在吟猱；而
吟猱之妙處，全在圓滿」（圓）。「左之按弦也，若吟若猱，圓而無礙」（和）。
音之圓首先在吟猱的運用，但又不止於吟猱，而是體現在幾乎所有技法之中。
所以他說：「不獨吟猱貴圓，而一彈一按一轉一折之間，亦自有圓音在焉。」
關鍵在於你是如何處理，「如一彈而獲中和之用，一按而湊妙合之機，一轉而
函無痕之趣，一折而應起伏之微」，就可以成就其「圓」。

　　表面上看，「圓」只是形態層面的特點，實則不然，它也有著深刻的自然
之理。在他看來，「圓」就是在形態中體現其本質，在「然」中體現其「所以
然」。例如，「欲輕而得其所以輕，欲重而得其所以重」。「然」而得其「所以然」，
就是一種「天然之妙，猶若水滴荷心，不能定擬。」（圓）這才是「圓」的真
諦，是「圓」的深層義理。所以，琴音之圓就是指琴樂進行之中每一個環節都
十分自然、連貫、流暢，有委婉、連綿之趣，在轉折衷體現其所以轉折的規律
和必然。若「其趣如水之興瀾，其體如珠之走盤，其聲如哦詠之有韻，斯可以
名其圓矣。」而且，琴音之圓還遵循著「中和」的原則，任何技法運用都可以
產生圓，但只有在符合「中和」原則的情況下，才能夠真正做到音圓：「吟猱
之鉅細緩急，俱有圓音。不足則音虧缺，大過則音支離，皆為不美」（圓）；而
「宛轉動盪，無滯無礙，不少不多，以至恰好，謂之圓。」（圓）

　　關於「活」，前面說過，雖然《琴況》未列此為「況」，但並不意味它沒有
「活」的思想。其實，沒有「活」況，才更有利於在其他各況中體現「活」的
思想、「活」的意趣。但比較而言，各況中體現「活」的思想並不平衡，其中
「圓」和「溜」與「活」的關係最近，聯繫最直接。「活」的本質是生機、生
氣，是生動、活潑，它表示著一種鮮活的生命狀態。在琴樂演奏中，這種「活」

主要是通過技法運用中的力度和速度實現的。

首先，琴樂之活必須建立在運指靈活上面，所以有「溜」況。「溜」也就是「滑」，是指演奏中運指的嫻熟、自如，使音與音的連接委婉、平滑，此為「左手治澀之法」：「惟是指節煉至堅實，極其靈活，動必神速，不但急中賴其滑機，而緩中亦欲藏其滑機也。」（溜）這是說，運指要靈活、迅速，其音才會滑溜、連貫。

其次，運指靈活必須有「堅」、「健」相支撐。何謂「堅」？從技術上講，堅一方面是指左手按弦的力度：「堅之本全憑筋力，必一指卓然立於弦中，重如山嶽，動如風發，清響如擊金石，而始至音出焉。」另一方面，堅也指右手彈弦的勁道：「然左指用堅，右指亦必欲清勁，乃能得金石之聲。」（堅）「堅以勁合，而後成其妙也。」（堅）為了強調這一點，他又提出一個「健」字，作為「導滯之砭」。「健」就是「於從容閒雅中，剛健其指」，使琴「右則發清冽之響，左則練活潑之音」。所以，「健處，即指之靈處」（健）。

「圓」與「活」雖為兩個不同的概念，但卻互相聯繫、互相支撐。有了圓，音才能活；同時，只有音活了，才能保證圓的真正實現。他說：「指法之欲溜，全在筋力運使。筋力既到，而用之吟猱則音圓；用之綽注上下則音應；用之遲速跌宕則音活。」（溜）圓與活，實為一個硬幣的兩面。

「圓活」還體現在技法運用的對立因素的互相配合，特別是通過對比、轉換所形成的聲音張力，產生出生動活潑的效果。這主要體現在「宏」與「細」、「輕」與「重」、「遲」與「速」三個相反相成的概念之中。它們的一個共同特點是，都不將對立的因素互相調和，而是充分利用其差異與對立，在演奏中適時地進行輪流交替，其種種起落緩急增加了音樂的生動性。

「宏」與「細」指的是左手走弦的幅度有大小之別，效果亦有不同。「蓋宏大則音老，音老則入古也。至使指下寬裕純樸，鼓蕩弦中，縱指自如，而音意欣暢疏越，皆自宏大中流出。」（宏）可見，「宏」有自己特殊的功用。但光有「宏」也不行，還需有「細」與之配合。「宏大而遺細小，則性未至；細小而失宏大，則其意不舒。理固相因，不可偏廢。」（細）「宏」「細」互用，方得周全。

「輕」與「重」則指右手彈弦的力量有大小之分。雖然它也講「不輕不重者，中和之音也」，但這往往在樂曲開始（「起調」）的部分。由於輕與重有著不同的生命內涵：「諸音之輕者，業屬乎情。而諸音之重者，乃由乎氣。情至

而輕，氣至而重，性固然也。」（重）因此，在音樂的發展過程中，應該充分運用輕重變化所帶來的效果。只不過，在運用輕、重時也要遵循中和原則而已。

「遲」與「速」是速度、節奏的變化，在音樂演奏中最有表現效果。「蓋遲為速之綱，速為遲之紀，嘗相間錯而不離。故句中有遲速之節，段中有遲速之分，則皆藉一速以接其遲之候也。」（速）音樂進行時，遲與速總是在交替變化的，但就其對「圓活」的影響而言，「速」的作用更明顯。為了更清晰地理解「速」的意趣，徐上瀛將其分為小速、大速兩種：「小速微快，要以緊緊，使指不傷速中之雅度，而恰有行雲流水之趣。大速貴急，務令急而不亂，依然安詳之氣象，而能寫出崩崖飛瀑之聲。」（速）小速與大速意趣不同，但都是使音樂有生氣的因素。當然，決定「速」之大小的，仍然是「意」，即音樂表現的內容。「是故速以意用，更以意神。小速之意趣，大速之意奇。若遲而無速，則以何聲為結構？速無大小，則亦不見其靈機。」（速）琴樂演奏中的「圓活」，「遲」與「速」的運用起了很關鍵的作用。

《琴況》重視「圓活」，是因為中國藝術，包括古琴，都是以生命為本體的藝術，都是著力展現生命精神的藝術。中國藝術沒有著眼於對事物形體的模仿，而是專注於事物內在精神和生命力狀態的捕捉和表現。

早在先秦時期，莊子就區分出形與神的概念，提出重神而輕形的觀點，他的「解衣盤礡裸」的繪畫狀態，體現的就是立足生命感覺的藝術創作原則。後來顧愷之提出「傳神」說、謝赫提出「氣韻生動」說，成為中國藝術本體論的經典理論表述。「神」、「氣韻」、「生動」，講的都是生命狀態，說明中國藝術所要表達的都是與生命直接相關的東西。而生命狀態，一個最為本質的特點就是，它是活的，有張力的，其形態趨於「圓」的。美國小說家歐‧亨利說過，「圓」是生命體的常態，有生命的東西都是圓的。所以，在音樂上，圓活之音能夠最妥帖地展示生命的韻律：「故琴之妙在取音，取音宛轉則情聯，圓滿則意吐。」（圓）

音樂中的「氣韻」是什麼？它又是如何「生動」的？靠的就是音樂進行中的語氣，是對句逗、輕重、節奏的妥帖處理。「是以節奏有遲速之辨，吟猱有緩急之別，章句必欲分明，聲調愈欲疏越，皆是一度一候，以全其終曲之雅趣。」（清）生命的狀態變化多樣，音樂自然也就隨之而變：「或章句舒徐，或緩急相間，或斷而復續，或幽而致遠，因候制宜，調古聲淡，漸入淵源，而心志悠然不已者，此希聲之引申也。」（遲）只要做到「圓活」，無論緩急、輕重，都

可引發人們精神的共鳴，感受心靈的震盪，進入美感的體驗。

六、「俗響不入，淵乎大雅」：大雅論

「大雅」是對琴樂演奏中所呈現出的風格趣味的認定，它標示著一種品格和情調。因此，「大雅論」屬於琴樂演奏中的風格論或品味論範疇。

雅俗問題是《琴況》的一個重要主題。《琴況》全文中，「雅」字計出現 23 次，「俗」字出現 16 次。在二十四況中，涉及雅俗問題的就有十二況，有的一況中就出現兩三處之多（如「古」況），說明雅俗問題確實是徐上瀛極其關心的一個主題。其實中國古代美學本身就很重視雅俗之分，不同只是，在論詩時通常用「風雅」，論樂時則常用「大雅」。

關於「雅」的內涵與特點，《琴況》從兩個方面做過界定。一是從音響特點方面，指出雅一定是建立在清音的基礎之上。他說：「故清者，大雅之原本，而為聲音之主宰。」（清）這應該是雅所必備的，但又是很基礎的條件或要素。另一定義是從主體方面下的，他說：「但能體認得「靜」、「遠」、「淡」、「逸」四字，有正始風，斯俗情悉去，臻於大雅矣。」（雅）這裡包含了幾個方面的內容。

首先是主體品格，認為「雅」應該是恬靜、淡泊，不張揚，也不自餒：「興到而不自縱，氣到而不自豪，情到而不自擾，意到而不自濃。」（淡）這是說，是心要定靜。心靜則手靜，手靜才會有「希聲」出現：「所謂希者，至靜之極，通乎杳渺，出有入無，而遊神於羲皇之上者也。」（靜）其次是音樂內容或立意，要做到「遠」，其意趣具有超逸、脫俗、卓爾不群的品格，要有向上超昇的引力。再次是音響形態，「章句必欲分明，聲調愈欲疏越」，從容宛轉，以「速中之雅度」而成「行雲流水之趣」。而且，這裡的「淡」和「逸」均非人為追求的產物，而是「祛邪而存正，點俗而還雅，捨媚而還淳」的結果，是「不著意於淡，而淡之妙自臻。」（淡）此外，在風格特點上，雅往往與古樸相關，因而尤其重視「時古之辨」，強調大雅之音雖主清亮，但卻不是鮮豔耀眼，而是「如古玩之有寶色。商彝、周鼎自有闇然之光」（采）。歷史感在這裡是佔有相當份量的。

對「雅」的把握，《琴況》往往是在同「俗」的對比中進行的。因此，瞭解《琴況》對「俗」的論述，亦可反過來更清晰地領會「雅」。在「雅」況中有一段文字，集中地表述了「俗」的種種形態：「喜工柔媚則俗，落指重濁則

俗，性好炎鬧則俗，指拘局促則俗，取音粗厲則俗，入弦倉卒則俗，指法不式則俗，氣質浮躁則俗，種種俗態，未易枚舉。」（雅）這裡有趣味上的，有態度上的，有素質上的，有技法上的，技法上還涉及力度、指法、取音、速度以及規範程度等多種表現。在其他部分也時有對「俗」的評論。「麗」況中批評「俗」的聲音形態是「繁聲促調」：「若音韻不雅，指法不雋，徒以繁聲促調，觸人之耳，而不能感人之心，此媚也，非麗也。」（麗）「古」況則引《樂志》之語以多用「間聲」為「俗」的特點：「琴有正聲，有間聲。其聲正直和雅，合於律呂，謂之正聲，此雅、頌之音，古樂之作也；其聲間雜繁促，不協律呂，謂之間聲，此鄭衛之音，俗樂之作也。」（古）此外，還有「媚耳之聲」：「大都聲爭而媚耳者，吾知其時也。音淡而會心者，吾知其古也。」（古）「媚耳」即取悅於耳，也是「俗」的一大特點。琴樂演奏中的「俗態」是《琴況》關注的一個重點，這既說明「俗態」現象的普遍存在，也反映了徐上瀛對「雅」的重視程度。

　　那麼，琴樂演奏中的「俗態」為什麼會出現，而且如此普遍？徐上瀛在《琴況》中也有自己的分析。在他看來，造成這個現象的原因是多方面的，有的是演奏的工夫未到，技法不合要求，如「指法不式」，「指拘局促」，就是練習尚未到家，手指生疏滯澀。有的是功底不足，修養不深，欣賞不了真雅之曲，如「曠遠之音，落落難聽，遂流為江湖習派，因致古調漸違，琴風愈澆矣。」（宏）還有的是觀念問題，即認知有誤，主觀上是在追求「雅」，但由於沒有能力辨別，實際上往往是認俗為雅。如「粗率疑於古樸，疏慵疑於沖淡，似超於時，而實病於古」（古），如此等等。

　　在「俗」的諸多原因中，有一種在《琴況》中被特別關注，並多次提及，那就是「苦思求售」，就是以「媚」為主要特點的表現。他在「雅」況中就提到這樣一種現象：「自古音淪沒，即有繼空谷之響，未免郢人寡和，則且苦思求售，去故謀新，遂以弦上作琵琶聲，此以雅音而翻為俗調也。」（雅）這個現象中，演奏者並非不知「雅」，但因「雅」在時下已不為人們所重，故也只好迎合時俗，「以雅音而翻為俗調」。這個現象，徐上瀛以一「媚」字來標示。在《琴況》中，「媚」字出現多次，且都是以負面的形象出現：

> 大都聲爭而媚耳者，吾知其時也。（古）
>
> 故媚耳之聲，不特為其疾速也，為其遠於大雅也。（古）
>
> 袪邪而存正，黜俗而還雅，捨媚而還淳。（淡）

及睨其下指也，具見君子之質，沖然有德之養，絕無雄競柔媚態。（恬）

喜工柔媚則俗，落指重濁則俗。（雅）

若音韻不雅，指法不雋，徒以繁聲促調，觸人之耳，而不能感人之心，此媚也，非麗也。（麗）

美與媚判若秦越，而辨在深微，審音者當自知之。（麗）

徐上瀛為什麼如此反感「媚」，否定「媚」？這只要考察一下他對「媚」與「麗」的比較即可明白。關於「麗」，他說：「麗者，美也，於清靜中發為美音。麗從古淡出，非從妖冶出也。」（麗）「麗」的基質是「清靜」，是「古淡」，而非「妖冶」。前者是自信、自足、自重、自主、自為，而後者則是刻意以一種過分醒目的、「討好」的方式來引誘別人，所著意的全在外部。而這，就是「媚」。「媚耳之聲」，就是討好別人耳朵的聲音，亦即「徒以繁聲促調，觸人之耳，而不能感人之心。」（麗）「媚耳」，「以繁聲促調，觸人之耳」，就是前面所說的「苦思求售，去故謀新」，是演奏者在缺乏自足、自信的情況下努力「推銷」自己的行為。

但是，琴樂演奏不就是要感染人、打動人嗎？「媚」也就是讓人動容、動心呀，為什麼不可以呢？

其實，這裡包含著一個非常深刻而又微妙的話題，即：音樂（乃至其他藝術）當然應該能夠打動人，但不宜將打動人作為自己的目的。打動別人是琴樂演奏達到高妙境地所產生的副產品，是演奏的終端效應。彈琴如果以打動別人為目的，其用力處便會出現偏離，其所執著的目標（打動別人）不僅不會實現，反而會成為某種障蔽，導致演奏無法打動別人。琴樂演奏的真諦，在於以純熟的技法，恰如其分地表現自己對樂曲意趣的領會和體驗。如果真正做到這樣，打動別人也就在其中。

這個話題如果再延伸出去一點，換成藝術美的問題，道理亦相同。在藝術創造過程中，美既不是創作的目的，也不是作品要表現的內容，而是藝術在其表現中達到完滿境地後自然出現的心理效應，是藝術創造的副產品。明白於此，則《琴況》中下面的話就不難理解了：「惟真雅者不然，修其清靜貞正，而藉琴以明心見性，遇不遇，聽之也，而在我足以自況。斯真大雅之歸也。」（雅）不是以「遇不遇」為中心，而是「修其清靜貞正」，立足於「明心見性」，以「自況」為原則，才是琴樂演奏的「雅正」之道。

第四節　《溪山琴況》演奏論的深層義旨

深層義旨，就是在字面意思中沒有顯露或沒有充分顯露的動機和思想。一篇樂論總會涉及許多問題，闡述許多觀點，這些問題和觀點往往是有層次差別的，有些是在語句中得到明確而又完整的闡述，有些則在字裏行間得到隱性的、甚至是不自覺的表述。前面六個命題屬於前者，而這裡的三個話題屬於後者。如果僅僅停留在顯性表述，則對文本的把握還較為淺顯，也會顯得較為零碎；只有深入到隱性話題，把捉到語句背後的、起決定作用的思想意圖，才算真正完整地把握了這個文本。顯性思想容易發現，隱性思想需要細心省察才能發現其蹤跡和脈絡。《溪山琴況》是以二十四況分別闡述的方法行文的，其主導的、貫穿性的思想往往隱含在各況之中，故而更需要這樣的工作。

一、「聲音張力」的營構

琴樂屬於音樂，是聲音的藝術，因此，它最直接地作用於人的就是聲音。聲音在這個世界中，在我們的生活中並不稀缺，但是真正能夠打動我們的卻不多。即使在音樂的演奏當中，情況也是如此。日常生活中的聲音要麼是自然的，要麼是表意的，一般沒有打動別人的要求，姑且不論。音樂的目的就是要「動人」的，但也常常發現不能「動人」的音樂。因此，如何使音樂「動人」，就成為音樂家們最關心的問題，也是音樂美學所要著力探討的課題。徐上瀛既是傑出的古琴演奏家，也是對古琴音樂美學有深入思考的理論家，所以這也就自然成為他要解決的一個重要問題。正是因為此，他在琴樂演奏四大要素中即列有「清」況，以此來闡述琴樂演奏對聲音的基本要求。

琴樂演奏對聲音的基本要求，其集中表述自然在「清」況中，這在前一節的「音清論」中已有論述。不過，我們在討論「清音」時，往往止於音色方面。雖然音色確是作者要表達的一個重要內容，但僅此還不夠，「清音」的更深層次的內涵我們尚未觸及，那就是演奏中所形成的「聲音張力」，亦即聲音在產生過程中所形成的「壓強」狀態和「堅挺」程度，屬於聲音本身的質的範疇。〔註17〕

實際上，對聲音張力的關注在「清」況中已有表現，雖然他沒有使用「張力」二字，但其思想卻是存在的。例如：「指求其勁，按求其實，則清音始出；手不下徽，彈不柔懦，則清音併發；而又挑必甲尖，弦必懸落，則清音益妙。

〔註17〕關於「聲音張力」的詳細論述，參閱拙文《中國傳統音樂表演中的聲音張力及其營構》，《中國音樂》2023 年第 2 期。

兩手如鸞鳳和鳴，不染纖毫濁氣；厝指如敲金戛石，傍弦絕無客聲：此則練其清骨，以超乎諸音之上矣。」（清）從表層來看，這裡主要是講音色，但再一細看，則音色中又時時體現一種力量，追求一種力度。如「指求其勁，按求其實」、「手不下徽，彈不柔懦」、「厝指如敲金戛石」等即是。這個問題我們將其分解為以下三個方面來談：

1. 演奏中聲音張力的構成

琴樂演奏中聲音張力的構成，主要有以下幾個要素。一是「力」本身，即所謂「指求其勁，按求其實」（清），「堅之本全憑筋力」（堅），「勁」、「實」、「堅」均要求有一定的力度才能實現，是為張力的基礎。二是「圓」，即通過吟猱綽注等手法使音「宛轉動盪，無滯無礙」，是為張力的形態。三是「溜」，即運指「靈活」，無論緩急，都要有其「滑機」，是為張力的機制。四是「勢」，即由「圓」的形跡和「溜」的運轉所建構起來的一種動力樣式，是為張力的本體，前述「力」、「圓」、「溜」等要素，都得凝結為這一樣式，形成這個「勢」，才能構成張力。否則，「力」、「圓」、「溜」也就僅僅是力、圓、溜而已，無所謂張力可言。

《琴況》中涉及聲音張力的主要有「圓」、「堅」、「溜」、「健」、「細」、「輕」等況。我們先從「圓」說起。所謂「圓」，就是宛轉，就是完滿。它的妙處即在能夠形成張力的軌跡即形式，徐上瀛稱之為「五音活潑之趣」。活潑就是有生氣，有活力，它就是張力的表現形態。

首先，從一個一個的音來講，其內在張力即是由圓而生的，其方法，就是吟猱綽注等左手技法。「五音活潑之趣，半在吟猱；而吟猱之妙處，全在圓滿。宛轉動盪，無滯無礙，不少不多，以至恰好，謂之圓。」其轉折變化處要宛轉，產生的效果要完滿。所以，取音宛轉是最基本的要求。「故琴之妙在取音，取音宛轉則情聯，圓滿則意吐。」「意吐」是指彈者把樂曲內容完美地表現出來，從而能夠引發聽者對音樂內容的感受與領會。這種「圓」的特點是：「其趣如水之興瀾，其體如珠之走盤，其聲如哦詠之有韻，斯可以名其圓矣。」

其次，在音與音的連接，亦即樂句來講，也是有圓才能形成張力。「不獨吟猱貴圓，而一彈一按一轉一折之間，亦自有圓音在焉。」「一彈一按一轉一折之間」就是指音與音的相連接，也是要「圓」的。「如一彈而獲中和之用，一按而湊妙合之機，一轉而函無痕之趣，一折而應起伏之微」。「中和」是講其度，無過與不及；「妙合」是講時機把握恰到好處，分寸得當；「無痕」是說不

留接口，光滑圓潤；「起伏」則是講音樂進行中的前後、高低、顯隱的互相呼應。這些都是音樂具有內在張力的基本元素。有了這些元素，才能「欲輕而得其所以輕，欲重而得其所以重，天然之妙，猶若水滴荷心，不能定擬。」也因為此，徐上瀛才在最後感歎道：「神哉，圓乎！」（圓）

與「圓」相近的是「溜」。只有溜了才能最後成就其圓。「苟非握其滑機，則不能成其妙」；反過來，只有圓了也才溜得起來，兩者相輔相成。因為「溜者，滑也，左指治澀之法也。」它要求演奏者做到指法動作十分敏活，能夠「音在緩急，指欲隨應」，做到「吟猱綽注之間，當若泉之滾滾，而往來上下之際，更如風之發發。」但是，如何才能做到指法敏活？一個重要前提，就是運指要有力度。「然指法之欲溜，全在筋力運使。」「惟是指節煉至堅實，極其靈活，動必神速，不但急中賴其滑機，而緩中亦欲藏其滑機也。」「筋力既到，而用之吟猱則音圓；用之綽注上下則音應；用之遲速跌宕則音活。」相反，「若按弦虛浮，指必柔懦，勢難於滑。或著重滯，指復阻礙，尤難於滑」（溜），其張力就無從產生。

為了突出力度的重要，他還在「圓」況之外另列「堅」況，在「溜」況之外又列「健」況，進一步申論「圓」、「溜」之中所暗含的力的原則。「堅」況開頭即引用古語「按弦如入木」，說明左指之「堅」的涵義所在。「必一指卓然立於弦中，重如山嶽，動如風發，清響如擊金石，而始至音出焉。」而「右指亦必欲清勁，乃能得金石之聲。」這裡的「堅」首先就源於力量，是力度的物理表現形式，徐上瀛稱其為「勁」。「故知堅以勁合，而後成其妙也。」（堅）比較而言，「健」則主要針對慢曲：「操慢音者，得其似而未真。愚故提一健字，為導滯之砭。」速度慢，其音便易疲軟、萎靡，缺乏精神，失去張力。解決之法便是「健」：「乃於從容閒雅中，剛健其指。而右則發清冽之響，左則練活潑之音，斯為善也。」在這裡，左指是「運健於堅」，即「響如金石，動如風發」；不然，「則音膠而格」。右指是「藏健於清」，即「指必甲尖，弦必懸落」；不然，「則音鈍而木」。總之，「健處，即指之靈處，而沖和之調，無疏慵之病矣。」（健）他在「古」況中說的「必融其粗率，振其疏慵」，「令人有遺世獨立之思」，也是這個意思。

2. 輕微中的張力樣式

在張力問題上，人們最容易產生誤解的是，它只存在於音量大、音感強的樂曲之中，那些音響比較纖細、微弱的地方好像談不上張力。古琴又是講究清、

微、淡、遠的，似乎與張力就更無關係了，實際上當然不是。所以，徐上瀛才又在「細」、「輕」等況中對此進行專門論述。在論述中，作者突出了「思」、「慮」、「意」、「神」所起的作用，指出輕微中的張力正是有待它們來支撐的。「細」況中說：「音有細眇處，乃在節奏間。始而起調，先應和緩，轉而游衍，漸欲入微，妙在絲毫之際，意存幽邃之中。指既縝密，音若繭抽，令人可會而不可即，此指下之細也。」「指下之細」是指樂曲進行之中對細處的處理，音是細微的，但意卻不能中斷，而應該以「幽邃」的形式貫穿其間。此時，聽者雖然不能清晰地捕捉到它，但卻能夠真切地感知到它。「至章句轉折時，尤不可草草放過，定將一段情緒，緩緩拈出，字字摹神。方知琴音中有無限滋味，玩之不竭，此終曲之細也。」這裡是要求演奏者能夠將自己對曲情的理解妥帖地實現在指上，「緩緩擬出」，「字字摹神」，使人「玩之不竭」，產生意蘊深永、餘味綿長的美感效果。這裡的力度主要在於演奏者的精神意念，所以說，「運指之細在慮周，全篇之細在神遠。」（細）對於細微處的張力而言，「運指」和「神遠」同樣重要，不可或缺。而一些「初入手者，一理琴弦，便忙忙不定。如一聲中，欲其少停一息而不可得；一句中，欲其委宛一音而亦不能。」沒有神、意於其中，音樂的張力也就無從談起。

　　與「細」相關的是「輕」，前者是就形態而言，後者是就質量而言。與「細」相似，「輕」中的力度也是依憑演奏者的精神狀態而存在的。「蓋音之取輕，屬於幽情，歸乎玄理，而體曲之意，悉曲之情，有不期輕而自輕者。」就是說，這裡的音樂張力，是以對樂曲的意和情的體察而存在的。因為在音量上較微弱，所以演奏起來難度較大。「第音之輕處最難，工夫未到，則浮而不實，晦而不明，雖輕亦未合。」此處之「輕」不是一個音量的問題，如果情、意未到，則光有音的微弱是不行的。「惟輕之中，不爽清實，而一絲一忽，指到音綻，更飄飄鮮朗，如落花流水，幽趣無限。」「輕」中一定要有「實」，否則就是「浮」，就是「晦」。「輕」雖有各種形態，「有一節一句之輕，有間雜高下之輕」，但道理只有一個：凡此「種種意趣，皆貴清實中得之耳。」（輕）「輕」是以「實」為根底、為依據的，而「實」又是建立在「意」和「神」的基礎之上的。這一點最容易被人們所忽略。

　　「細」和「輕」中的張力思想，在「遲」況也得到很好的表述。「細」和「輕」均為聲音之形和質在靜態方面的範疇，「遲」則為聲音動態方面的速度範疇。在速度上面，也是存在著張力問題的。首先，他將這種張力的本體歸之

於「氣」，一種特殊的「太和之氣」：「古人以琴能涵養情性，為其有太和之氣也，故名其聲曰『希聲』。」他在「遠」況中就說過：「遲以氣用，遠以神行」。音樂在慢速進行中仍然能夠保持張力，就是靠「氣」的支撐。這裡的「氣」就是演奏時人的氣息，一種生命感覺。生命的「氣」在「神」的支配下，便構成了慢行之音的張力基礎。他對這一過程和機制的描述是：「未按弦時，當先肅其氣，澄其心，緩其度，遠其神，從萬籟俱寂中，冷然音生；疏如寥廓，窅若太古，優游弦上，節其氣候，候至而下，以叶厥律者，此希聲之始作也。」是說彈奏遲音之時，氣要莊肅，心要明淨，氣度要從容，精神要玄遠，要能夠體會到「寂寥」、「疏曠」，然後抓住「氣候」，順候而作，才能夠在遲音中形成「希聲」之趣。這裡的「希聲」不是無聲，也不是僅僅表現為微弱的聲音。這個「希聲」就是老子所說的「大音」，是最美妙、最具感染力的聲音。如果僅僅是微弱之音，就不可能有「大音」的品質，所以它一定有一般微弱之音所沒有的東西。這個東西就是「張力」，就是由生命感覺和玄遠精神所主導的「張力」。有了這樣的東西在主導，那麼，「或章句舒徐，或緩急相間，或斷而復續，或幽而致遠」（遲），無不體現出一種脈動，它使這種幽深意遠、有著內在張力、聽後令人「心志悠然不已」的音樂得到完滿的呈現。

3. 張力生成的中和原則

張力只有在兩種力的對峙中才能產生，所以，《琴況》的技法論十況是兩兩相對，一對一對地推出。有「圓」就得有「堅」，有「溜」就得有「健」，有「宏」就得有「細」，有「輕」就得有「重」，有「遲」就得有「速」。因為張力就是兩種不同甚至相反的力互相作用的結果。但如何作用，可能會有不同的方式，呈現不同的形態，經歷不同的過程，但基本原則是不變的，那就是中和，也就是首況中闡述的、作為全文總綱的「和」的原則。換一種說法，就是在平衡基礎上進行對比，在對比基礎上實現平衡。

在「圓」況中，圓是靠吟猱等技法實現的，但在運用這些技法時，則必須遵循中和的原則：「吟猱之鉅細緩急，俱有圓音，不足則音虧缺，太過則音支離，皆為不美。」（圓）強調要在「不足」和「太過」之間尋找適中的幅度。「堅」況主要講力度的，也是強調不能「膠而不靈」，而應該既「重如山嶽」，又能「動如風發」，在兩種力之間達成平衡。在「溜」與「健」的關係中，也是兩者兼顧，才能相得益彰。「溜者，滑也，左指治澀之法也。」其「滑」也要遵循中和原則：「若按弦虛浮，指必柔懦，勢難於滑；或著重滯，指復阻礙，

尤難於滑。」按指過虛過重，都不利於「滑」的形成，正確的做法，也是在對立中達成平衡。這個平衡就在用力「堅實」，只有將「指節煉至堅實」，才能做到「極其靈活，動必神速」的「溜」的境地，即所謂「指法之欲溜，全在筋力運使」。而「筋力運使」，也就是「健」的內涵：「運健于堅」，「健處，即指之靈處」，即謂此。與「圓」、「堅」、「溜」、「健」相似，「輕」與「重」的關係亦如此。「輕」況說：「不輕不重者，中和之音也。起調當以中和為主，而輕重特損益之，其趣自生也。」「中和」為主，變化為用：「要知輕不浮，輕中之中和也；重不煞，重中之中和也。故輕重者，中和之變音。而所以輕重者，中和之正音也。」（輕）「中和」即為平衡，即在用力的過程當中，「指下雖重如擊石，而毫無剛暴殺伐之疚」（重），此即中和原則。而中和之音的變化即輕、重本身，則在音樂的進行中形成對比，這是營構張力之「用」。

如果說，前面三對範疇側重於在平衡的基礎上通過對比產生張力，那麼，下面要講的兩對範疇則側重於在對比的基礎上尋求平衡來產生張力。這兩對範疇就是「宏」與「細」、「遲」與「速」。在「宏」與「細」的關係中，也是要宏、細互用，才能有張力。「調無大度則不得古，故宏音先之。」要使琴樂有古意，就必須用「宏」，即左手走弦的幅度要宏大，即「其始作也，當拓其沖和閒雅之度，而猱、綽之用必極其宏大。」因為「宏大則音老，音老則入古也。」宏大還能形成特殊的音樂風格，大氣磅礴，酣暢淋漓：「至使指下寬裕純樸，鼓蕩弦中，縱指自如，而音意欣暢疏越，皆自宏大中流出。」但一首琴曲不能只有宏大而沒有細小，因為沒有相對的力與之對峙，反而形不成張力。所以他接著說：「宏大而遺細小，則其情未至；細小而失宏大，則其意不舒。理固相因，不可偏廢。」（宏）這裡，宏、細的對峙主要即是通過對比產生張力的。「遲」與「速」亦如此，所謂「緩急相間」，「斷而復續」（遲），就是交替對比達成平衡而產生張力的。「速」況說得更清楚：「指法有重則有輕，如天地之有陰陽也；有遲則有速，如四時之有寒暑也。蓋遲為速之綱，速為遲之紀，嘗相間錯而不離。故句中有遲速之節，段中有遲速之分」；「若遲而無速，則以何聲為結構？速無大小，則亦不見其靈機」（速）。「綱紀」關係以平衡為主，「間錯」關係則以對比為主。「遲」、「速」關係主要是以互相交替而形成的對比性使音樂獲得張力的。

不過，「中和」並不是一種簡單的調和，不是僅僅將對立的雙方揉在一起，「平衡」也不是張力的消失，不是兩種力的抵消。「中和」本來的意思也不是

在兩極之間尋找一個固定的中點，從而達成絕對平衡，而是要在雙方的對立中尋求某種動態的平衡。如果完全揉到一起，成為一個東西，則對立就會消失；對立消失，張力也就無從產生。蘇軾《聽僧昭素琴》詩云：「至和無攫醳，至平無按抑。不知微妙聲，究竟從何出。散我不平氣，洗我不和心。此心知有在，尚復此微吟。」琴樂是講究平和，但至平至和就缺少張力，只能暫時緩解一下心頭的壓力亦即「不平氣」、「不和心」，但未真正消除，這就是他說的「此心知有在，尚復此微吟」的涵義。至和至平缺少張力及其變化，因而表現力也就十分有限，聽者也就難以從中獲取更多的精神內涵和人生體驗。也正因為此，《琴況》才沒有將「圓」和「堅」、「宏」和「細」、「溜」和「健」、「輕」和「重」、「遲」和「速」組合為一個詞，凝結為一個概念，而是分別加以論述。我想，其用意應該就包含為了保持這種差異和對立所形成的張力，避免直觀上給人合而為一的錯覺。

　　音的張力與演奏時的用力狀態關係最為密切，也最為直接。所以，演奏中的用力狀態值得特別注意。這方面，《溪山琴況》還有兩點值得我們注意。

　　其一是，張力生成的「中和」原則還有另一層意思，就是做一事時要同時保持著相反方面的「意」：彈重音時要有「輕」意相伴，彈輕音時要有「重」意相隨。他在「重」況中說：「惟練指養氣之士，則撫下當求重抵輕出之法，弦上自有高朗純粹之音」。「重抵輕出」，就是在欲重彈之時，又以輕意出之。以「輕」意出「重」音，才能做到「指下雖重如擊石，而毫無剛暴殺伐之疚」。同樣，欲彈「輕」音時，也應以重意出之，這樣才能避免所出之音飄而不穩，虛而不實。

　　其二是，演奏中的用力應該是「用力不覺」。這在《琴況》中多有提到，如「堅」況說：「參差其指，行合古式，既得體勢之美，不爽文質之宜，是當循循練之，以至用力不覺，則其堅亦不可窺也。」「重」況亦說：「故古人撫琴，則曰：『彈欲斷弦，按如入木』，此專言其用力也，但妙在用力不覺耳。夫彈琴至於力，又至於不覺，則指下雖重如擊石，而毫無剛暴殺伐之疚，所以為重歟！」「用力不覺」所體現的無疑也是「中和」原則。

二、重視「樂感」的生成

　　古琴演奏中「聲音張力」確實重要，是其不可或缺的聲音基質，但演奏的聲音中僅有張力還不夠，還必須具備另一樣東西，那就是「樂感」，也就是「音

樂性」。這方面的內容，徐上瀛是通過他的「氣候說」表達出來的。

1.「候」的提出及其內涵

「氣候」是徐上瀛提出的新概念，反映了他在琴樂演奏方面極為圓熟的成就和極其微妙的境地，是從他本人琴樂演奏經驗中總結出來的深刻理論表述。在「氣候」一詞中，「候」是最為關鍵、也最能顯示徐上瀛的特色的詞。從《琴況》文本來看，徐上瀛十分重視這一概念，全文 6300 多字，「候」字共出現 15 次，集中在「和」、「清」、「遠」、「遲」、「速」五況中，其中「氣」「候」連稱的有 4 次。具體如下：

> 篇中有度，句中有候，字中有肯，音理甚微。（和）

> 故欲得其清調者，必以貞、靜、宏、遠為度，然後按以氣候，從容宛轉。候宜逗留，則將少息以俟之；候宜緊促，則用疾急以迎之。是以節奏有遲速之辨，吟猱有緩急之別，章句必欲分明，聲調愈欲疏越，皆是一度一候，以全其終曲之雅趣。（清）

> 遠與遲似，而實與遲異。遲以氣用，遠以神行。故氣有候，而神無候。會遠於候之中，則氣為之使。達遠於候之外，則神為之君。（遠）

> 疏如寥廓，窅若太古，優游弦上，節其氣候，候至而下，以叶厥律者，此希聲之始作也。或章句舒徐，或緩急相間，或斷而復續，或幽而致遠，因候制宜，調古聲淡，漸入淵源，而心志悠然不已者，此希聲之引申也。（遲）

> 若不知氣候兩字，指一入弦，惟知忙忙連下，迫欲放慢，則竟索然無味矣。深於氣候，則遲速俱得，不遲不速亦得，豈獨一遲盡其妙耶！（遲）

> 故句中有遲速之節，段中有遲速之分，則皆藉一速以接其遲之候也。（速）

《琴況》中的「候」，其內涵究竟是什麼？我們想首先從這個字的語義考察入手。「候」，《說文》的解釋是：「司望也。」望，有觀察、等候之義。《周禮》「候人」注云：「候，候迎賓客之來者。」段玉裁注云：「凡覷伺皆曰候，因之謂時為候。」可見，候最初是等候之義，等候是一個時間過程，故又與時間相關，有了「時候」之詞。如氣候，就是特定時間裏的氣象狀態和變化。但候所代表的時間不只是一個過程，而且指過程中的某個點。候人，即等待著那

個人的到來，「到來」就是一個節點。由此，又常常引申為時機，如「火候」。但這和琴樂演奏中的「候」有什麼關係？似乎還不很明白。

這樣，我們再從《琴況》所描述的反例，即不講「氣候」的行為來看，情況就會明朗得多。明確標示與「氣候」相關的反例出現在「遲」況，即：「若不知氣候兩字，指一入弦，惟知忙忙連下，迨欲放慢，則竟索然無味矣。」這裡有幾個關鍵詞，一是「指一入弦」，則「忙忙連下」，說明對所彈之曲沒有做必要的準備，對其音樂性沒有作必要的體察。二是「放慢」之後，便「索然無味」，說明不知氣候的行為，最怕慢曲，在慢的處理中缺少底蘊，所以其結果必然失卻審美品格。可見，作為「候」本身的內涵，應該是對樂曲的音樂性和表現性的充分把握。《琴況》中講到演奏的反例有十多處，與上例相似的還有兩處：一在「清」況：「究夫曲調之清，則最忌連連彈去，亟亟求完，但欲熱鬧娛耳，不知意趣何在，斯則流於濁矣。」一在「細」況：「往往見初入手者，一理琴弦，便忙忙不定。如一聲中，欲其少停一息而不可得；一句中，欲其委宛一音而亦不能。」這裡的表現也是「一理琴弦，便忙忙不定」，「連連彈去，亟亟求完」，只求「熱鬧娛耳」，毫無「委宛」之音。這裡講到造成這個現象的原因或實質，是「不知意趣何在」。「意趣」便是樂曲本身的規定性，包括音樂表現的內容、形式自身的規律、演奏所要產生的效果等等。這樣，再結合前面對「候」的詞義的梳理，即「時機」、「火候」，我們大體能夠明白徐上瀛所用之「候」的意思了，那就是對音樂進行中所具有的規律的把握和體現，即對節奏、起伏、強弱、快慢的處理要及時，要恰到好處，有分寸感。這一點在「和」況中是以綱領性的語言陳述的，即所謂「篇中有度，句中有候，字中有肯，音理甚微。若紊而無序，和又何生？」這裡的「度」、「肯」，與「候」意思相同，是為互文，都表示在音樂進行中存在著一些關節點，需要妥帖處理，只不過「度」在全篇之中，是宏觀的，「肯」在單音之中，屬於微觀，「候」則用於中觀，指一個樂句之中。但都是指音樂進行中的轉折關節之處，且都需通過吟猱綽注等技法的準確處理來實現它，即所謂「細辨其吟猱以叶之，綽注以適之，輕重緩急以節之，務令宛轉成韻，曲得其情」。整篇（段）有整篇的結構和節奏，有其自身運行的規律，需要精心把握其關節點，注意處理的分寸感。同樣，每一句、每一音也有自己的關節點和分寸感，也同樣需要演奏者精心對待。所謂關節點和分寸感，就是古人所謂「抑揚頓挫，輕重疾徐」，亦即對音樂進行中力度和速度處理的及時和適當。而這樣做的目的，就是要使音樂能夠「宛轉

成韻，曲得其情」，也就通常所說的「樂感」。有了「樂感」，才算有了「音樂性」，才能感染別人，獲得審美價值。

2.「候」的演奏論思想

《琴況》的這個思想體現在對「候」的全部論述之中，只是在不同的地方有不同的側重而已。在「清」況中，主要強調「候」作為規律、節奏的客觀存在，強調在體現這些規律、節奏時應及時而且有分寸：「故欲得其清調者，必以貞、靜、宏、遠為度，然後按以氣候，從容宛轉。候宜逗留，則將少息以俟之；候宜緊促，則用疾急以迎之。是以節奏有遲速之辨，吟猱有緩急之別，章句必欲分明，聲調愈欲疏越，皆是一度一候，以全其終曲之雅趣。」主張一切要遵循「氣候」所需（「按以氣候」），強調「候宜」如何，即如何應之，其節奏、吟猱、章句、聲調等等皆應隨之而有變化。「一度一候」，是說一種要求就作一種變化，呈現一種樣態，產生一種效果。其終極效果，就是「得其清調」，「全其終曲之雅趣」。

在「細」況中也涉及這個問題：「音有細眇處，乃在節奏間。始而起調，先應和緩，轉而游衍，漸欲入微，妙在絲毫之際，意存幽邃之中。指既縝密，音若繭抽，令人可會而不可即」。這裡雖然沒有提到「候」，但講的就是「候」的問題。「節奏」中即有「候」在，起始、緩急、轉折、游衍中亦皆有「候」在，均需細心處理。特別在「章句轉折時，尤不可草草放過，定將一段情緒，緩緩拈出，字字摹神。方知琴音中有無限滋味，玩之不竭」。「章句轉折」時的關節點，就是「候」之所在，必得細心體察，才能處理妥帖。所謂「運指之細在慮周，全篇之細在神遠」（細），其中「慮周」指的就是這個工作。此外，應該注意的是，對關節點的處理和分寸感的把握雖然是通過技術實現的，但卻並不是單純的技術問題，而是立足於對整個樂曲的理解和體驗；而對樂曲的理解和體驗，又依賴於演奏者的文化修養、知識儲備和心理準備。首先應「以貞、靜、宏、遠為度」，然後再「按以氣候，從容宛轉」。沒有「貞、靜、宏、遠」之「度」，而想妥帖地「按以氣候」，也是十分困難的。

「遠」況中的「候」，則主要起到區別「氣」與「神」的不同功用。「遠與遲似，而實與遲異。遲以氣用，遠以神行。」「遲」與「遠」是兩種不同的狀態，「遲」是由「氣」支配的，「遠」則是由「神」所支配。這是「氣」與「神」的不同。但更重要的不同，還在它們與「候」的關係上，即「氣有候，而神無候」。「氣有候」，是說氣的運用是既受著氣本身的存在方式影響，也受著其他

一些方面因素的影響，故而有節奏，有規律。而「神」則是人的心理上的活動，如意念、想像等，是純粹精神的，並不直接受物質材料的影響，故而是自由的。但是，它們都和「遠」有密切的關聯。「會遠於候之中，則氣為之使。達遠於候之外，則神為之君。」這「遠」如果體現在「候」（即節奏形式）之中，則一定是「氣」之所為；而如果是在「候」之外（亦即「弦外」、「音外」）得以呈現，就只能是「神」（神思、意念）的產物。如果「神」與「氣」互相配合，就能夠使這種作用發揮到極致，出現妙不可言、回味無窮、幽遠深邃的效果，此即所謂「神遊氣化，而意之所之，玄之又玄。」所以說，儘管「候」與「遠」本體有異，但它們又是互相配合、共同達成琴樂意境的。因為「神」是君，是「氣」的主宰，所以「氣」中之「候」也就與「神」、「意」相關，「氣」中之「候」的處理也就能夠通向「遠」的意趣。

　　「遲」況中講「候」，是側重於「候」在演奏中三個階段的不同表現。第一個階段是「始作」階段：「未按弦時，當先肅其氣，澄其心，緩其度，遠其神，從萬籟俱寂中，冷然音生；疏如寥廓，窅若太古，優游弦上，節其氣候，候至而下，以叶厥律者，此希聲之始作也。」「始作」階段實即準備並進入演奏的階段。要想在演奏中很好地把握「候」，體現「候」，必須在氣息、心理、態度、意念以及身體各個方面做好充分準備，然後才能清晰地體會其「氣候」，做到「候至而下」，準確地體現樂曲的音律節奏。第二個階段是「引申」階段：「或章句舒徐，或緩急相間，或斷而復續，或幽而致遠，因候制宜，調古聲淡，漸入淵源，而心志悠然不已者，此希聲之引申也。」「引申」階段實即真正的演奏階段，在這裡才涉及對樂曲進行過程中各個環節的具體處理，如「章句」的展開、「緩」「急」的交替、「斷」「續」的連接、「幽遠」之意的呈現等等，均要「因候制宜」，按照音樂本身的規律與節奏妥帖處理。這個階段是音樂演奏中處理「氣候」的主體階段，其核心便是「因候制宜」。最後是「寓境」階段，實際上就是演奏所創造出的音樂意境，以及由此而來的感染力和影響力。「復探其遲之趣，乃若山靜秋鳴，月高林表，松風遠沸，石澗流寒，而日不知晡，夕不覺曙者，此希聲之寓境也。」「引申」階段對「候」的遵循，在這裡得到充分的體現；其至高的審美境界，同時也是對「候」之經營的一種回報。

　　3.「候」的本體：「氣」

　　「候」是音樂進行中客觀存在的節奏和規律，但是，演奏者如何才能感知到它，並準確地把握它、實現它？這就不能不涉及「氣」的問題。因為「候」

只是現象，「氣」才是本體，要把握「候」，必得先有「氣」。「候」又加上「氣」，意思的表達才更加完整。因為「氣」就是生命的感覺和力的結構，是「候」的本體，「候」只是「氣」的樣態。但沒有「候」的準確把握，「氣」的生命感覺也就無從彰顯。

在《琴況》中，「氣」字使用十分頻繁，出現達 30 次之多。其涵義也較為豐富多樣，有的是指精神氣質、心理狀態，如「雪其躁氣」、「氣不肅則不清」、「體氣欲仙」、「不染纖毫濁氣」、「氣到而不自豪」、「氣質浮躁則俗」、「滯氣之在弦」等；有的是指氣息、感覺，如「神閒氣靜」、「調氣」、「肅其氣」、「遲以氣用」、「神遊氣化」、「味從氣出」、「逸氣漸來」、「氣至而重」、「養氣之士」等；還有的指氣氛、氣象，即音樂所呈現出的樣態，如「太和之氣」、「指下之有神氣」、「發純粹光澤之氣」、「生氣氤氳」、「安詳之氣象」等。這三種不同內涵的「氣」又可按其在演奏過程中的位置而分為兩類：一是作為演奏背景或條件亦即準備階段的「氣」，一是在演奏中得到運用和在音樂中得到體現的「氣」。前者強調其寧靜、安閒，做到心無旁鶩，如「神閒氣靜」、「雪其躁氣」、「肅其氣」等即是；後者則注重其充足、飽滿，強調精神的活躍，如「氣至而重」、「指下之有神氣」、「生氣氤氳」等即是。兩者雖然有明顯不同，甚至有截然相反之處，但它們的關係卻十分緊密：正是由於心態的寧靜安閒，才能夠集中全副精力去體察、感受、把握音樂中的生命律動，並在技法上恰如其分地實現出來。這個恰如其分的實現，就是《琴況》所謂的「按以氣候，從容宛轉」。值得注意的是，當「氣」單獨出現時，它可能表現出不同的意思，但當它與「候」組成一個完整的詞——「氣候」時，其意思便頓然明晰、固定下來，就是指音樂中的節奏、規律及其關節點。例如：「必以貞、靜、宏、遠為度，然後按以氣候，從容宛轉」（清）；「疏如寥廓，窅若太古，優游弦上，節其氣候，候至而下」（遲）；「若不知氣候兩字，指一入弦，惟知忙忙連下，迫欲放慢，則竟索然無味矣」（遲）。這裡的「氣候」，就都是指音樂中的節奏和規律。

但是，以上各種類型的「氣」，不管是按照何種方式所分，它們都有一個共同之處，就是最後都得表現為一種生命狀態和感覺，也就是說，最後都必須在演奏中將其轉化為自己真切的生命體驗和音樂感覺，亦即「樂感」。因為表面看來，音樂本身的節奏、規律好像是作品的客觀存在，演奏者只要將其實現出來即可。實則不然，音樂中的這種節奏和規律實際上是由演奏者的感覺與作品的音樂形式共同建構的，所以它的每一次呈現都得有演奏者的參與才行。這

「參與」的重要一環，就是將音樂中的「氣」轉化為自己的生命感覺。只有將「氣」轉化為自己的生命感覺，這個「氣」才是「活」的，才是「生動」的。只有「氣」「生動」起來，我們才能知其「候」之所在，從而也才能夠將這個「候」準確地實現出來。

那麼，如何才能將「氣」轉化為自己的生命感覺？這個問題在《琴況》中是有較為充分的論述的。這裡的一個總原則是：「必以貞、靜、宏、遠為度，然後按以氣候，從容宛轉」（清）。「度」即標準、原則，其意思是，在演奏中要做到品質純正、心態寧靜、胸襟寬闊、意念幽遠，然後找準音樂的節奏和規律，妥帖地將其實現出來。其具體方法應該是多種多樣的，在不同的況中，根據不同的要求，便有著不同的處理。在「靜」況中重在「下指工夫」，即「一在調氣，一在練指。調氣則神自靜，練指則音自靜。」「逸」況中則強調通過指的「潔」來實現：「當先養其琴度，而次養其手指，則形神並潔，逸氣漸來」。「遲」況則細緻地述說了從演奏者自身著手的方法，指出其「未按弦時，當先肅其氣，澄其心，緩其度，遠其神，從萬籟俱寂中，冷然音生」；然後再「節其氣候，候至而下」。「重」況則強調通過「練指」、「養氣」來實現這個轉化：「惟練指養氣之士，則撫下當求重抵輕出之法，弦上自有高朗純粹之音，宣揚和暢，疏越神情」。「練指」是在技法上接通生命感覺，「養氣」是在精神上激活生命感覺，兩者相輔相成，缺一不可。「倘指勢太猛，則露殺伐之響；氣盈胸膛，則出剛暴之聲。」這也就是「靜」況中所謂「雪其躁氣，釋其競心，指下掃盡炎囂，弦上恰存貞潔」的意思所在。沒有這兩樣工夫，演奏中的生命感覺便無從產生。此外，《琴況》還特別指出「中和」原則的重要，強調要「興到而不自縱，氣到而不自豪，情到而不自擾，意到而不自濃」（恬）。無論是「練指」還是「養氣」，都要有所節制，要使這種「內化」過程不留痕跡，這樣才能使演奏中的表現具有含蓄之美。

「氣候說」是徐上瀛的獨特命題，他是在古琴演奏達到極高境界時對其經驗的體悟，故既有鮮活的實踐基礎，又有深邃精微的理論品格。它超越了形式與內容的二分思維，是對音樂作整體把握的結果，因而更接近藝術本身的真實狀態。所以，掌握「氣候」在琴樂演奏中有著極為重要的意義，「若不知氣候兩字，指一入弦，惟知忙忙連下，迫欲放慢，則竟索然無味矣。深於氣候，則遲速俱得，不遲不速亦得，豈獨一遲盡其妙耶！」（遲）抑揚頓挫、輕重遲速等音樂的形態變化，都只是現象，是末技；「深於氣候」，才能抓住本質，得其

所以抑揚頓挫，所以輕重遲速。所以，「深於氣候」是「樂感」生成的奧秘所在，自然也就是演奏的根本要務。

《琴況》對「氣候」的論述，同其對「張力」的論述一樣，都顯示出徐上瀛對古琴演奏之音樂性、藝術性及其美學意義的高度重視。

三、「希聲」之境的呈現

那麼，琴樂演奏的終極目標是什麼？是意境，琴樂演奏的終點在營造出一種特別品格的意境。強調弦、指、音、意相和的原則、著眼於聲音張力的營構、重視對音樂節候的處理，都是為了營造出最後的音樂意境。

1. 演奏中的「希聲」之境

《琴況》之重視意境，在文中隨處都能見出。《琴況》的首況「和」，我們說過，這是對古琴演奏的總原則的闡述，其中「弦與指和」、「指與音和」、「音與意和」，就是琴樂演奏不斷向意境接近的三個階梯，而在其最後階梯即「音與意和」的論述中，即有對意境的描述，那就是：「其有得之弦外者，與山相映發，而巍巍影現；與水相涵濡，而洋洋徜恍。暑可變也，虛堂疑雪；寒可回也，草閣流春。」（和）這段文字，前面分析時曾經指出過它實際上包含兩個部分，一是表現力，一是感染力。而這兩者的綜合，便正是我們這裡所要討論的意境。在「和」況中，它是作為演奏中「三和」的終極效應被描述的，就是說，前面所述演奏中的三種「和」，其最終目標便是這個意境。

其實，《琴況》不僅在闡述琴樂演奏的總原則時講到意境，即在後面對演奏要素、風格、音色以及技法等各個層次的論述中，也都常常聯繫到意境，顯示出對意境的特別重視。例如，「清」況對意境的描述是：「試一聽之，則澄然秋潭，皎然寒月，渚然山濤，幽然谷應。始知弦上有此一種清況，真令人心骨俱冷，體氣欲仙矣。」（清）是說琴樂演奏中「清」的品格會帶給人清冷幽寂的意境。「遠」況側重於精神意念方面，故其意境的描述是：「至於神遊氣化，而意之所之，玄之又玄。時為岑寂也，若遊峨嵋之雪；時為流逝也，若在洞庭之波。」（遠）其意境的特點是玄遠、超逸，有「悠悠不已之志」。「古」況中的描述體現的則是古老寒荒的意趣：「一室之中，宛在深山邃谷，老木寒泉，風聲簌簌，令人有遺世獨立之思，此能進於古者矣。」（古）「淡」況是要體現琴的「焚香靜對」、「孤高岑寂」的情懷，故描述其意境是：「清泉白石，皓月疏風，翛翛自得，使聽之者遊思縹緲，娛樂之心不知何去」（淡）。「遲」況是

講演奏時對慢奏的處理，強調這是在「蕭其氣，澄其心，緩其度，遠其神」的基礎上「冷然音生」，「調古聲淡」，故其意境「乃若山靜秋鳴，月高林表，松風遠沸，石澗流寒，而日不知晡，夕不覺曙者」（遲）。從上述對琴樂意境的描述看，有兩點值得我們注意：一是徐上瀛確實是把意境作為琴樂演奏的終極目標；二是幾乎所有對意境的描述都包含了表現力和感染力這兩個方面。

意境在以上各況中各有不同的側重，有其不同的內涵，但有一點則是共同的，那就是「希聲」。「希聲」是琴樂意境的共同品質，是核心，也就是本質所在。在《琴況》中，「希」字共出現 11 次，其中與「聲」結合為「希聲」者 6 次。

> 太音希聲，古道難復。（和）
>
> 聲厲則知指躁，聲粗則知指濁，聲希則知指靜……（靜）
>
> 惟涵養之士，淡泊寧靜，心無塵翳，指有餘閒，與論希聲之理，悠然可得矣。（靜）
>
> 所謂希者，至靜之極，通乎杳渺，出有入無，而遊神於羲皇之上者也。（靜）
>
> 蓋音至於遠，境入希夷……（遠）
>
> 指既修潔，則取音愈希。音愈希，則意趣愈永。（潔）
>
> 古人以琴能涵養情性，為其有太和之氣也，故名其聲曰「希聲」。……此希聲之始作也……此希聲之引申也……此希聲之寓境也。（遲）

這裡的「希」可分為兩類，一是指聲音形態，有微弱、微妙、幽微、精微之義，如「聲希則知指靜」、「取音愈希」即是。其餘則屬另一類，即指意境，如「太音希聲」、「境入希夷」等。這兩類可以相通，但不在一個層面，故並不等同。我們這裡所要討論的是後者，有時也會包含前者。

2.「希聲」的內涵

「希聲」的思想無疑源於老子的「大音希聲」。對於老子的「大音希聲」，學術界有不同的理解，有的認為「希聲」就是「無聲」，就是沒有聲音；有的認為「希聲」通「稀聲」，即極其微弱、蕭疏的聲音；有的則認為是與現實音聲不同的「道聲」，等等。究竟應該如何理解老子的「大音希聲」？《琴況》中的「希聲」其內涵又如何？

首先，「希聲」不是「稀聲」。「稀」即稀少，指量微質輕。在古代樂論特

別是琴論中，確實存在這樣的理解，即將「希聲」理解為稀少、微弱的聲音。徐上瀛《琴況》中的「聲希則知指靜」，「取音愈希」，用的就是這個意義上的「希」。但這意義只是「希」的引申義或轉換義，並非它的原始義。由於古琴的聲音恰好音量較小，其走手形成的音又總是趨於弱化以至於到無聲的地步，在形態上似乎與「大音希聲」較為吻合，故而有此引申和轉換。但它不是老子的本義，也不是《琴況》美學中的深層涵義。

其次，「希聲」不是「無聲」。將「希聲」解為「無聲」，由來已久。有人因為《老子》十四章中有「聽之不聞名曰希」，便將「希聲」解作「無聲」。如《老子》河上公注云「無聲曰希」；王弼注亦云「聽之不聞名曰希。……有聲則有分，有分則不宮而商矣。分則不能統眾，故有聲音非大音也」，也認為是「無聲」。如果將「無聲」直接理解為「沒有聲音」，是空無聲響，這肯定不是老子本義。因為沒有聲音、空無聲響就是什麼也沒有，即字面意義上的「無」，這並不符合老子關於「道」即「無」的思想。老子關於「道」意義上的「無」是「無」中有「有」，絕不是單純的空無。所以，在《琴況》中，徐上瀛是把這兩者區別使用的。他在表達琴樂所要營造的意境時，只用「希聲」，不用「無聲」。如「希聲」之「始作」、「引申」、「寓境」，也只能用「希聲」，不能用「無聲」。而在使用「無聲」時，則就是指沒有聲音的那個時段。「亮」況是《琴況》唯一使用了「無聲」一詞的地方〔註18〕，他說：「唯在沉細之際，而更發其光明，即遊神於無聲之表，其音亦悠悠而自存也，故曰亮。至於弦聲斷而意不斷，此政無聲之妙，亮又不足以盡之。」（亮）這兩個「無聲」都是形態意義上的「無聲」，前者是指走手音的逐漸弱化進入無聲境地而持續著「亮」的感覺，後者則是指音樂進行中音的「中斷」所蘊含的豐富意味。可見，徐上瀛沒有把「希聲」等同於「無聲」。

再次，「希聲」也不是非現實的「道聲」。這裡的「道聲」需要加個限定，即「非現實的」。這是從有人將「道」理解為類似於在現實世界之外存在的「精神實體」方面考慮的。將「道」理解為現實世界之外的精神實體，那麼，「道聲」也就是在現實聲音之外的「道」的聲音。抽象地說「希聲」即「道聲」是正確的，因為毫無疑問，「道聲」就是體現「道」的原則的聲音。但若說這是現實世界的聲音之外的聲音，則就不對了。這涉及對「道」本身的理解。將「道」

〔註18〕「潔」況中的「無聲不滌，無彈不磨」，不是此處所論意義上的「無聲」，故不計。

看成一個物，一個東西，一個對象，在老子那裏確實存在。但到莊子時，這個認識得到扭轉，開始強調道的「無所不在」了，甚至不惜以「在螻蟻」、「在稊稗」、「在瓦甓」、「在屎溺」來強調這「無所不在」(《莊子·知北遊》)。〔註19〕既然「道」就在我們身邊，就在事物之中，那麼，「道聲」也應該就在現實的音聲之中，只不過是遵循道的規律、符合道的原則的音聲而已。

那麼，作為「道聲」的「希聲」，遵循的是道的什麼規律，體現了道的什麼原則？也就是說，這個「希聲」究竟指的是什麼？我們還是從《老子》自己的解釋談起。「大音希聲」的「希」，老子是做過解釋的，那就是在十四章中的「視之不見名曰夷，聽之不聞名曰希」。「希」就是「聽之不聞」。在「聽」，就說明不是「無聲」；應該是有「聲」，但是沒有「聽見」，即在意識上沒有形成聽覺上的聲音概念。這裡，我們要排除兩種情況，一是人的聽覺能夠感知的範圍之外的聲音，即超聲波和次聲波，因為它已超出人的聽覺範圍；二是沒有主觀去「聽」的那些背景聲音，因為它的「不聞」不屬於「聽之不聞」，而是「未聽」而「不聞」的。所以，作為「希聲」的「聽之不聞」，就是在「聽」，卻又感覺不到聲音的存在。這裡，我們又要追問：在什麼情況下，人們在「聽」，而又感覺不到聲音存在呢？就是當所聽的聲音與聽者的聽覺心理完全一致，互相適合，並且完全融而為一的時候。莊子曾經以比喻說明過這個道理：「忘足，履之適也；忘要，帶之適也；忘是非，心之適也；不內變，不外從，事會之適也；始乎適而未嘗不適者，忘適之適也。」(《莊子·達生》)當鞋子合腳時，我們是感覺不到腳的存在；當腰帶合適時，我們也是感覺不到腰的存在。同樣，當外在的樂聲完全適合於我的聽覺時，我也感覺不到我的聽覺存在。感覺不到聽覺的存在，也就感覺不到聽覺對象的存在，因為此時我的聽覺同聽覺的對象已經融而為一。我們想一想，這樣的狀態其實每個人都經歷過。當我們聽到最美妙的音樂時，我們便會「沉浸」其中，這時我們感受到的不是音樂音響，而是一種情緒，一種境界，一種自由完美的生命狀態，這也就是文子所說的由「聲」進入到「所以聲」，亦即莊子所謂「得意忘言」的境地。而這種「聲」「心」合一、物我交融，不正是道家所說的「道」的狀態麼？不正是「墮肢體，黜聰明，離形去知，同於大通」的「坐忘」、「心齋」麼？這樣一來，這個「大音」就不必到現實之外去尋求（現實之外根本沒有），而就在現實之中，就在我們能夠聽到的現實的音樂（例如琴樂）之中。能夠令人「聽之不聞」的音樂，

〔註19〕這方面的詳細論述，參見本書第二章第六節中相關部分的內容。

就是「大音」，就是「希聲」。〔註20〕

有了這樣的認識，我們再回過頭來看《琴況》，就會發現，徐上瀛所講的「希聲」，就正是指那種能夠令人沉浸其中，達到物我完全交融為一，也就是進入「道」的境界的音樂。所謂「試一聽之……真令人心骨俱冷，體氣欲仙」（清）；所謂「令人有遺世獨立之思」（古）；所謂「使聽之者遊思縹緲，娛樂之心不知何去」（淡）；所謂「日不知晡，夕不覺曙」（遲）等等，所描述的都是人們進入「希聲」境界後的各種感受和表現形態。

3.「希聲之境」的經營

那麼，「希聲」之境是如何營構出來的？是否有什麼特殊的方法？其營構的過程如何？這也是理解《琴況》所不可迴避的內容。幸運的是，徐上瀛在《琴況》中已經做了較為集中、系統的說明。他在「遲」況中說：

> 未按弦時，當先肅其氣，澄其心，緩其度，遠其神，從萬籟俱寂中，冷然音生；疏如寥廓，宮若太古，優游弦上，節其氣候，候至而下，以叶厥律者，此希聲之始作也。
>
> 或章句舒徐，或緩急相間，或斷而復續，或幽而致遠，因候制宜，調古聲淡，漸入淵源，而心志悠然不已者，此希聲之引申也。
>
> 復探其遲之趣，乃若山靜秋鳴，月高林表，松風遠沸，石澗流寒，而日不知晡，夕不覺曙者，此希聲之寓境也。（遲）

這裡，徐上瀛將演奏中對「希聲」之境的創造分為三個階段，首先是「始作」階段，實際上就是演奏前的準備以及如何介入演奏的過程，強調演奏前必須有精神意態上的調適，使心靜、氣肅、神遠，先在精神上營造蕭疏寥廓的意境。然後根據音樂的「氣候」，「候至而下」，進入琴樂的演奏。這是一個從準備到開始的階段，但重在準備，因為對音樂「氣候」的把握，也是事前在反復的準備階段完成的。然後進入第二階段，這是正式的演奏階段，也是創造「希聲」之境的主體階段。這個階段的主要工作就是演奏中對音樂的具體處理，包括結構的安排、速度的交替變化、斷續頓挫的運用等，也就是彈琴人常講的「抑揚頓挫、輕重疾徐」。這方面的處理仍然是按照「氣候」而動，「因候制宜」，這樣才能做到「調古聲淡，漸入淵源」，使「希聲」逐漸呈現。最後進入第三階段，即意境呈現的階段，也就是演奏產生美感效果的階段。它以山月、空靜、

〔註20〕關於「大音希聲」的詳細論述，可參閱拙文《老子「大音希聲」的深層義理》，《中國音樂學》2021 年第 4 期。

松濤、流水、清冷等形象性的描述，襯托出音樂中物我交融之境的實現。

　　從這三個階段的文字表述來看，「希聲」之境的營構，其根本還在演奏者自身，在於演奏者自身的人格修養、精神氣質、思想境界、審美趣味。「靜」況云：「惟涵養之士，淡泊寧靜，心無塵翳，指有餘閒」，才能夠「與論希聲之理」。只有「雪其躁氣，釋其競心」，成為一個「有道者」，才能夠做到「指下掃盡炎囂，弦上恰存貞潔」。「清」況也強調，「必以貞、靜、宏、遠為度」，然後才能「按以氣候，從容宛轉」，「得其清調」，「全其終曲之雅趣」。在這裡，前者均為演奏者之思想、人格、性情、氣質、風度等精神性品格，有了它，才會有後面音樂上的表現。在這些精神性品格中，《琴況》還特別推崇一種具有「中和」之美的人格，它能夠做到「興到而不自縱，氣到而不自豪，情到而不自擾，意到而不自濃」。以這樣的人演奏琴樂，「其下指」便能「具見君子之質，沖然有德之養，絕無雄競柔媚態。」（恬）所以，他在「逸」況中說：「故當先養其琴度，而次養其手指，則形神並潔，逸氣漸來，臨緩則將舒緩而多韻，處急則猶運急而不乖，有一種安閒自如之景象，盡是瀟灑不群之天趣。」「琴度」即彈琴者的精神品格、內在修養，「手指」則是技術上的修養，兩者非為一域，但卻自然相通。有什麼樣的「琴度」，也就有什麼樣的「手指」：「所為得之心而應之手，聽其音而得其人」（逸）是也。所以才說：「第其人必具超逸之品，故自發超逸之音。本從性天流出，而亦陶冶可到。如道人彈琴，琴不清亦清。」（逸）

　　值得注意的是，演奏者和琴樂意境的創造是雙向互動、協同作用的。演奏者的演奏創造了意境，同時也養成了自身。這首先是因為，琴本身就具有「君子」品格，其精神與人相通。「獨琴之為器，焚香靜對，不入歌舞場中；琴之為音，孤高岑寂，不雜絲竹伴內。」（淡）琴之裝飾，素雅而不華麗；琴之聲音，平靜而不喧鬧，溫和而不急躁；琴之風格，獨立而不流俗，沉穩而不炫耀。所有這些，與君子人格的特點正相吻合。正因為琴中有此種品格，故而才具有強大的修身功能。「遲」況說：「古人以琴能涵養情性，為其有太和之氣也，故名其聲曰『希聲』。」「太和之氣」正是古之「君子」人格的內在品質，也是上述琴的品格的一個概括性的表述，是人們修身時的重要資源。真雅者往往即以此來「修其清靜貞正，而藉琴以明心見性，遇不遇，聽之也，而在我足以自況。」（雅）以琴「自況」，就是以琴來修己的一種方法。徐上瀛曾經以「淡」為例描述過人們是如何以琴修身，如何以琴音之「淡」來塑造人的精神趣味的。他說：

　　夫琴之元音本自淡也，制之為操，其文情沖乎淡也。吾調之以
　　淡，合乎古人，不必諧於眾也。每山居深靜，林木扶蘇，清風入弦，
　　絕去炎囂，虛徐其韻，所出皆至音，所得皆真趣，不禁怡然吟賞，
　　喟然云：「吾愛此情，不緣不競。吾愛此味，如雪如冰。吾愛此響，
　　松之風而竹之雨，硐之滴而波之濤也。有窅寐於淡之中而已矣。（淡）

　　在徐上瀛看來，演奏者對琴樂意境的營造，實際上是一個人—琴「雙修」
的過程：要想在演奏中體現琴的品格和旨趣，就必須加強自身與其一致的修
養；而自己演奏出有意境的琴樂，又可以反過來鞏固和提升其已得的修養。

　　總之，對聲音張力的營構、音樂「氣候」的把握以及「希聲之境」的經營，
是徐上瀛用以處理技法的指導思想和目的，因而也就成為《溪山琴況》演奏論
的深層義旨所在。不過，在徐上瀛的論述中，這三個方面並非呈並列或平行的
關係，而是各以其獨特的身份和功能介入他者，形成緊密的內在聯繫。如果說，
張力是演奏中琴樂音響的「筋骨」，那麼，「氣候」就是「血肉」，而「希聲之
境」就是「靈魂」。三者有機結合，便是琴樂演奏的生命所在，活力所在，也
就是古琴音樂表現力與感染力的直接源泉。

第八章 聲樂演唱的技術邏輯
——聲樂演唱美學命題的歷時展開

　　中國古代的聲樂美學有著十分豐富的內容，其生命力至今不衰。這種傳統聲樂美學理論的較為完整而又充分的表述，是在明清。明清時期的音樂美學主要有兩大板塊，一是古琴美學，即「琴論」；一是聲樂美學，即「唱論」。過去，我們對古琴美學比較重視，而對聲樂美學，往往因為它的思想文化內涵較為單薄而重視不夠。實際上，明清的聲樂美學自有其獨特的使命，它承擔著對聲樂演唱音響的張力、風格、審美品格等方面進行打磨、塑造的功能，是音樂美感中極為重要的一環。這個理論雖然到明清時期才真正成熟，但它的淵源卻直通先秦，不僅在當時的事蹟和文獻中顯示了它的萌芽，而且通過《樂記·師乙篇》開始了對聲樂演唱諸多問題的理論思考。這些思考雖然極為簡略，但內涵十分豐富、深刻，成為中國聲樂演唱美學理論的極富生命力的「種子」或「胚胎」。這些「種子」或「胚胎」在後來的演唱實踐和理論思維的滋養下不斷生長，終於在明清時期結出累累碩果，其影響直至今天。

第一節　先秦聲樂演唱美學觀念的萌芽

　　中國古代聲樂美學觀念發端於先秦，主要體現在兩個方面，一是文獻中對一些聲樂演唱事蹟的記錄，一是《樂記·師乙篇》中對聲樂演唱的理論探討。

一、文獻所載事蹟中的聲樂觀念

在現存的一些文獻中，記載了先秦時期一些歌手的演唱事蹟，展示了他們高超的演唱藝術，如癸、射稽、韓娥、秦青、薛譚等。由於文獻缺乏，這些人物和事蹟是否真實，現在已無從查考。但這個問題在我們這裡並不重要，因為音樂美學主要研究的是歷史上的音樂觀念及其歷史演變，即使文獻中的這些人和事都是虛構，也不妨礙我們的研究，因為它們同樣反映了那個時代人的聲樂美學觀念和思想。

《韓非子》中記載了這樣一個故事：「宋王與齊仇也，築武宮。謳癸倡，行者止觀，築者不倦。王聞召而賜之。對曰：『臣師射稽之謳又賢於癸。』王召射稽使之謳，行者不止，築者知倦。王曰：『行者不止，築者知倦，其謳不勝如癸美，何也？』對曰：『王試度其功。』癸四板，射稽八板；擿其堅，癸五寸，射稽二寸。」（《外儲說左上》）謳癸之唱，能使行人駐足，築者不倦，自然不錯的。射稽之唱，表面上看，行者疾走，築者知倦，是不成功的。但是檢驗築牆的功效告訴我們，射稽唱歌時工人勞動的工效更高，質量更好。這個故事揭示了聲樂的審美功能有表層和深層之別，表層的審美只是令人欣賞、陶醉，深層的審美才會沁入骨髓，發揮更大的作用。

與此相似的還有管子的一則故事，載於《呂氏春秋》：「管子得於魯，魯束縛而送之。使役人載而送之齊，皆謳歌而行。管子恐魯之止而殺己也，欲速至齊，因謂役人曰：『我為汝唱，汝為我和。』其所唱，適宜走。役人不倦，而取道甚速。」（《慎大覽·順說》）這裡也是有兩種歌唱進行對比，一是役人自己唱的歌，一是管子教他們唱的歌。前者可能節奏舒展較為自由輕鬆，不利於疾步行走；後者應該是節奏較快，又較輕盈，因而「適宜走」、「甚速」而又「不倦」的。

這兩個例子中的歌，能夠促進事功的，應該主要在其形式，其中最重要的應該是節奏和力度：管子所唱和的歌應該是節奏較快而又較為輕盈；射稽與癸的差別可能是一者較堅實有力，一者較舒展柔美。這說明，當時人們已經認識到，不同的歌曲有不同的功能效應，而只要運用得當，歌唱也是可以促進事功，發揮意想不到的作用的。

《列子》為戰國列禦寇所作，原 20 篇，後散佚，東晉時經張湛將散存 8 篇輯為一書。故雖係東晉時所編，但內文多為先秦之作，故反映的仍是那個時代的思想觀念。該書記有韓娥和秦青兩則歌唱的故事，也具有重要的美學意義。

韓娥的故事是：「昔韓娥東之齊，匱糧，過雍門，鬻歌假食，既去而餘音繞梁欐，三日不絕，左右以其人弗去。過逆旅，逆旅人辱之，韓娥因曼聲哀哭，一里老幼悲愁，垂涙相對，三日不食。遽而追之，娥還復為曼聲長歌，一里長幼喜樂抃舞，弗能自禁，忘向之悲也，乃厚賂發之。故雍門之人至今善歌哭，效娥之遺聲。」（《湯問》）這裡涉及兩個方面的問題，一是歌唱中的情感表現，必須有真情實感，才能形成對聽者的強烈影響。韓娥的情感加上卓越的歌唱藝術，使其歌有非凡的感染力。聲樂藝術占首位的，是演唱者對特定情感的深刻體驗和準確把握。這是聲樂的情本體在審美上的體現。二是提出「餘音繞梁欐，三日不絕」的概念，說明聲樂的感染力非常持久。荀子曾經指出過聲樂感染力的「深」和「速」，這裡又提出一個新的特點──「久」。這個「久」當然不是物理音響的「久」而「不絕」，而是歌中情感意緒的「不絕」，是歌唱聲對人的心理的影響力的「不絕」。直到現在，「餘音繞梁，三日不絕」仍然是我們形容美妙音樂的常用短語。

秦青的故事是：「薛譚學謳於秦青，未窮青之技，自謂盡之，遂辭歸。秦青弗止，餞於郊衢，撫節悲歌，聲振林木，響遏行雲。薛譚乃謝，求反，終身不敢言歸。」（《湯問》）這個故事展示出來的是對聲樂演唱中的聲音張力和技術訓練問題。秦青的歌聲一出口便「聲振林木，響遏行雲」，將本要離開的薛譚又吸引回來，這本身就體現出其歌唱聲音的非凡，其「振」其「響」所展現的正是聲音的極富魅力的質感和張力。而且，薛譚的「求反」也說明，這種有震撼力的聲音並非完全出於天賦，它也有一定的規律，完全可以通過特定的技巧和方法習而得之。這個故事為聲樂美學中的形態研究提供了有益的啟示。

從上面幾則歌唱故事，可以發現，先秦時我們已經有了很好的聲樂演唱觀念，也體現出一定程度的聲樂美學思想，只不過還沒有理論化而已。

二、《師乙篇》：古代唱論的源頭

對聲樂演唱美學的理論化工作，是由《樂記》中的《師乙篇》開始的。這是一篇專門論述聲樂演唱問題的論文，篇幅不長，但內容豐富而且精粹。全篇以子貢向師乙請教問題開始，以師乙的回答構成主要文本。全文如下：

　　　子贛（貢）見師乙而問焉，曰：「賜聞聲歌各有宜也，如賜者，宜何歌也？」

　　　師乙曰：「乙，賤工也，何足以問所宜？請誦其所聞，而吾子自

執焉。寬而靜、柔而正者，宜歌《頌》；廣大而靜、疏達而信者，宜歌《大雅》；恭儉而好禮者，宜歌《小雅》；正直清廉而謙者宜歌《風》；肆直而慈愛者，宜歌《商》；溫良而能斷者，宜歌《齊》。

「夫歌者，直己而陳德也，動己而天地應焉，四時和焉，星辰理焉，萬物育焉。

「故《商》者，五帝之遺聲也，商人識之，故謂之『商』；《齊》者，三代之遺聲也，齊人識之，故謂之『齊』。明乎《商》之音者，臨事而屢斷；明乎《齊》之音者，見利而讓〔註1〕。臨事而屢斷，勇也；見利而讓，義也。有勇有義，非歌孰能保此？

「故歌者，上如抗，下如隊，曲如折，止如槁木，倨中矩，句中鈎，累累乎端如貫珠。

「故歌之為言也，長言之也。說之，故言之；言之不足，故長言之；長言之不足，故嗟歎之；嗟歎之不足，故不知手之舞之足之蹈之也。」

這裡涉及的聲樂演唱理論問題主要有：

（1）歌者和所唱歌曲的適宜性問題。但這裡主要不是講歌者的聲音和技術特點，而是指其人格、性格、品格等精神內涵，對歌者提出歌唱時要選擇適合自己（「直己」）的歌曲的要求。適合自己，才能充分表現出歌曲所內含的思想內容，即「德」。這主要涉及聲樂演唱的條件問題以及人與曲的統一性問題。

（2）每首歌曲都有自己獨特的精神品格，這是歌曲對人的影響的重要方面。不僅《頌》《大雅》《小雅》等具有各自的精神內涵和藝術特點，更為古老的《商》和《齊》也有自己獨特的品格，如「勇」和「義」。接觸並領略這些品格特點的人，也就會受到它的影響，獲得相應的品格特點。但是，只有歌才能使人長久地保持這種品格（「非歌孰能保此」）。這涉及聲樂的修身乃至社會功能。

（3）聲樂演唱的形態特點。對聲樂演唱的技術形態進行分析，是《師乙篇》的最重要的理論貢獻。這方面內容文字不多，但內容豐富，把握準確，論述精到。既討論了歌唱的氣息、潤腔等演唱技術和環節，也涉及演唱中聲字關係的處理等問題。這方面的內容受到後人的重視，並作不斷的發展，成為古代

〔註1〕根據上文「肆直而慈愛者，宜歌《商》；溫良而能斷者，宜歌《齊》」，此處「見利而讓」應該與「臨事而屢斷」對調。

唱論的主體內容。

（4）聲樂感染力的根源問題。指出聲樂歌唱具有強大的影響力量，不僅能使聽者受到強烈的感染，還能夠影響到自然萬物，使「天地應」、「四時和」、「星辰理」、「萬物育」。這種強大感染力源於歌者在演唱時能夠充分調動自己的情感（「動己」），是在歌者對歌曲有了準確的把握並全情投入時才能實現的。這裡所涉及的歌唱中的聲情關係，後來也成為古代唱論的重要內容。

（5）聲樂本身的特殊性和不可替代性。通過與「言」的比較，指出歌是在「言」所不能表達情感思想時所形成的新的藝術形式（「長言」）。在先秦時，詩樂舞還是合為一體的一個完整藝術形式，但古人已經開始思考音樂的特殊性，把音樂從詩和舞中區分開來，這也是難能可貴的。

很顯然，《師乙篇》對聲樂演唱的理論探討僅僅是開了個頭，僅僅是提出一些概念和命題，而尚未對這些命題展開論證和分析。但也正因它開了頭，才引發後人對其不斷地發展、豐富、深化，最終完成其理論的建構。

第二節　演唱美學命題的歷時展開

《師乙篇》中最具有理論生發力、對後來唱論起奠基作用、啟發後人不斷探討的，主要是下面兩小段文字：其一是：「故歌者，上如抗，下如隊（墜），曲如折，止如槁木，倨中矩，句中鉤，累累乎端如貫珠。」其二是：「夫歌者，直己而陳德也，動己而天地應焉，四時和焉，星辰理焉，萬物育焉。」這短短的兩句話，被後人逐漸發展出四個重要的聲樂美學理論。

一、由「抗墜說」發展出氣本體論

「抗墜說」源自該篇中「上如抗，下如隊（墜）」。大意是：歌聲向上時要昂揚挺拔，向下進行時要沉穩結實。言的是力度問題，而力度問題又是通過歌唱中的運氣實現的。上抗：即「上抗其喉」，在肺部底端，氣柱上升時，喉頭對其產生一種抗力，此時喉頭向下用力抵抗氣息的衝擊，可取得良好共鳴。下墜：即「下墜丹田」，指「氣沉丹田」。深呼吸，腰圍擴張，對腸肌造成一種強力，產生下墜之感。上抗與下墜必須氣息飽滿充足，才能獲得「遏雲響谷」之效。前述《列子·湯問》所記秦青的歌聲能夠「聲振林木，響遏行雲」，就是這唱中運氣的結果。

「上抗下墜」是我國古代歌唱實踐的理論概括，對後世唱論的完善與發展

產生了深遠影響。南朝《文心雕龍》中即提到「抗喉」之法：「古之教歌，先揆以法，使疾呼中宮，徐呼中徵。夫商徵響高，宮羽聲下；抗喉矯舌之差，攢唇激齒之異，廉肉相準，皎然可分。」（《聲律》）對「抗墜」之法作了更細緻、生動的描述。

到唐代段安節《樂府雜錄》，即開始轉以「氣」來解釋「抗墜」：「善歌者必先調其氣，氤氳自臍間出，至喉乃噫其詞，即分抗墜之音。既得其術，即可得遏雲響谷之妙也。」（《歌》）並以唐代女歌手許和子的歌唱技藝為例，指出其高妙的演唱效果主要即在其充分運用了抗墜之法，而抗墜之法的關鍵又在善用氣息，故而才能夠「喉囀一聲，響傳九陌」。有一次唐玄宗賜宴於勤政樓，觀者上萬，人聲鼎沸，大臣們想盡辦法也無法使人群安靜下來。有人提議找來許和子，許和子「撩鬢舉袂，直奏曼聲，至是廣場寂寂，若無一人；喜者聞之氣勇，愁者聞之腸絕。」〔註2〕這裡，許和子的歌唱所具的震撼力，主要即來自「抗墜」之法，而「抗墜」的實質就是善於「調其氣」，做到下自「臍間出」，上則「噫其詞」。

北宋王灼《碧雞漫志》在聲樂演唱上也秉持《師乙篇》的思想，他在引錄了「上如抗」一節文字後說：「歌之妙不越此矣」。但在對其進行分析時，則也是轉而從氣入手。他認為歌唱應符合「中正」原則：「何謂中正？凡陰陽之氣，有中有正，故音樂有正聲，有中聲。」將歌唱與陰陽之氣聯繫起來，明確提出氣為聲的本體，認為要得中正之聲，就必須先得中正之氣。「中正之聲，正聲得正氣，中聲得中氣，則可用。中正用，則平氣應。」（卷一）如果說，《樂府雜錄》中的「抗墜」之氣還屬於歌唱形態的範疇，那麼，《碧雞漫志》中的氣則已經有本體論的意味，歌唱理論中的氣形態論此時開始向氣本體論拓展。

此後的唱論中，「氣」或「氣息」便逐漸取代「抗墜」，直接以氣來解釋歌唱中的聲音狀態。如元燕南芝庵《唱論》即說：「凡一曲中，各有其聲：變聲，敦聲，杌聲，喤聲，困聲，三過聲。」而聲的變化都來自氣的運用：「有偷氣，取氣，換氣，歇氣，就氣，愛者有一口氣。」所謂「高不揭，低不咽」，即為

〔註2〕本章中所引段安節《樂府雜錄》、王灼《碧雞漫志》、燕南芝庵《唱論》、朱權《太和正音譜》、何良俊《曲論》、王驥德《曲律》、魏良輔《曲律》、沈寵綏《絃索辨訛》、《度曲須知》、李漁《閒情偶寄》、黃周星《制曲枝語》、黃圖珌《看山閣集閒筆》、徐大椿《樂府傳聲》、黃旛綽《梨園原》、王德暉、徐沅澂《顧誤錄》等文字，均出自《中國古典戲曲論著集成》（共十冊），中國戲劇出版社1982年版。統此說明，以下不再注出。

「抗墜」之意，但此時已經轉用氣息來描述和解釋了。

到明清時，抗墜之說被氣息之說完全取代。這時的氣息之說已經奠定在氣本體論的基礎上，也就是說，對氣息的運用是在對氣之於歌唱的本體意義上進行的。徐大椿《樂府傳聲》：「凡物有氣必有形，惟聲無形。然聲亦必有氣以出之，故聲亦有聲之形。」（《聲各有形》）正因為歌唱以氣為本體，所以演唱時運氣的充足飽滿、遒勁有力才成為聲樂演唱的首要條件。「蓋方聲之放時，氣足而聲縱，尚可把定。至收末之時，則本字之聲將盡，而他字之音將發，勢必再換口訣，略一放鬆，而咿啞嗚臆之聲隨之，不知收入何宮矣。故收聲之時，尤必加意扣住，如寫字之法，每筆必有結束。越到結束之處，越有精神，越有頓挫，則不但本字清真，即下字之頭，亦得另起峰巒，益覺分明透露，此古法之所極重」（《收聲》）。清代戲曲老藝人黃旛綽在其《梨園原》總結自己的演唱經驗，也提出「唱曲、說白，凡必須口齒用力，一字重千斤，方能達到聽者之耳。」（《口齒浮》）清末民初的著名京劇琴師陳彥衡在《說譚》中亦有此論：「夫氣，音之帥也，氣粗則音浮，氣弱則音薄，氣濁則音滯，氣散則音竭，鑫培神明於養氣之訣，故其承接收放，頓挫抑揚，圓轉自如，出神入化。晚年歌聲清朗，如出金石，足徵頤養功深，蓋藝也，而近於道矣。」

歌者必須善於運氣和用氣，使氣充足飽滿，富有內在的張力，才能使歌唱有精神，有活力。此一思想，即源於「抗墜」之說。

二、由「貫珠說」生發出聲音形態論

「貫珠」說源自《師乙篇》的「累累乎端如貫珠」一句。「貫珠」是一個比喻，其特點是，它由一粒粒珍珠穿連而成，但珠與珠之間仍界線分明；儘管界線分明，卻又是一個連續的整體。這用到歌唱，意義就是：歌是由字組成的，但這些字必須串連起來成一連續的整體。不過，這裡只是蘊含，作為理論，尚未被正面論述。雖只是蘊含，卻已受到後人的重視。南朝劉勰《文心雕龍》即有「聲轉於吻，玲玲如振玉；辭靡於耳，累累如貫珠」（《聲律》）之語。北宋王灼《碧雞漫志》中即提到「字如貫珠」；元燕南芝庵《唱論》也說「聲要圓熟，腔要徹滿」，指出唱曲中「有字多聲少，有聲多字少，所謂一串驪珠也。」但從理論上加以展開的，主要有兩條線索較為重要：

第一條線索是對此說的學理分析。其代表為北宋時的「聲中無字，字中有聲」說，見於沈括《夢溪筆談》：「古之善歌者有語，謂『當使聲中無字，字中

有聲。』」接著便加以解釋說：

> 凡曲，止是一聲清濁高下如縈縷耳，字則有喉唇齒舌等音不同。當使字字舉本皆輕圓，悉融入聲中，令轉換處無磊塊，此謂「聲中無字」，古人謂之「如貫珠」，今謂之「善過度」是也。如宮聲字而曲合用商聲，則能轉宮為商歌之，此「字中有聲」也，善歌者謂之「內裏聲」。不善歌者，聲無抑揚，謂之「念曲」；聲無含韞，謂之「叫曲」。（《樂律一》）

「聲中無字」，亦即「善過度」，是指字被組織、融解到曲調之中；「字中有聲」，亦即「內裏聲」，則是通過其聲的變化形成「韻」的形態，使字獲得一定的聲腔性。兩者都是努力將字轉化為音調，使之音樂化。這裡，提出「聲中無字，字中有聲」的「古之善歌者」是何人，生活於何時代？現已無從查考。但這個思想前承《師乙篇》，後啟明清唱論，不僅沈括記述並做了學理性分析，也為後人廣泛接受並加以發展。如明王驥德《曲律·論腔調》中即載有類似的文字；明魏良輔《曲律》提出以「四聲」來輔「五音」也屬於這一工作。把歌唱奠定在「聲」的基礎之上，是對歌唱藝術的認識的一次深化。

第二條線索是對此說的技術分析。這一路徑是由崑腔創始人明魏良輔開其端，他在其《曲律》中提出「腔純」概念，並致力於尋找腔純的方法。他首先提出用四聲（平上去入）輔五音，來解決聲字關係：「五音以四聲為主，四聲不得其宜，則五音廢矣。」「至如過腔接字，乃關鎖之地」。主張通過對每個字的聲調處理，使字音融入曲調之中，做到「聲中無字，字中有聲」。他還親自實踐，據清初余懷《寄暢園聞歌記》所載，「良輔轉喉押調，度為新聲，疾徐、高下、清濁之數，一依本宮取字，齒唇間跌換巧掇，恒以深邈助其淒淚」〔註3〕。他不僅因此在理論上，而且在實踐上成為聲樂歌唱的一代宗師。

其後在技術上加以發展的是沈寵綏。他先從字音的開口、閉口、撮口、鼻音等發音方法入手來解決聲字關係。他說：「閉口、撮口、鼻音，向來曲譜固於文旁點圈記認。然更有開口張唇字面，如『花』字、『把』字、『話』字，初學俱作滿口唱；又有穿牙縮舌字面，如『追』字、『楚』字、『愁』字，初學俱照土音唱；又有陰出陽收字面，如『和』字、『回』字、『弦』字，俱作吳、圍、言之純陽實唱：聽之恕可噴飯。」（《絃索辨訛·凡例》）他的做法是，在歌詞

〔註3〕轉引自《曲律提要》，載《中國古典戲劇論著集成》第五冊，第3頁，中國戲劇出版社1959年版。

的左右兩邊分別用符號將不同的發音標出，便於學習者注意。繼而在《度曲須知》中又作探索，先是將一個字音分成上半字面和下半字面兩個部分，上半字面已由詞家做定，而下半字面則「須唱家收拾得好」，其收拾的工夫又「全在收音」。(《中秋品曲》)同時，他還進一步將一個字音分為頭、腹、尾三個部分，分析各部分在發音中的作用。「予嘗刻算磨腔時候，尾音十居五六，腹音十有二三，若字頭之音，則十且不能及一。」所以，唱腔的悠揚轉折，全在尾音；而顯示字面，則在腹音。字頭因時間短，「見乎隱，顯乎微」，「出聲細圓」，更要注意把握，不可使之成為「字疣」。(《字頭辨解》)

　　至明末清初，李漁在魏、沈的基礎上又加發展，提出「出口」、「收音」、「餘音」論，是對「字中有聲」更細緻的論述。他在《閒情偶寄》中說：「世間有一字，即有一字之頭，所謂『出口』者是也；有一字，即有一字之尾，所謂『收音』者是也。尾後又有餘音收煞此字，方能了局。」(《調熟字音》)他舉「簫」字為例，其字頭為「西」，字尾為「夭」，尾後餘音為「烏」。這一思想後來成為唱論的一個主要話題，論述者很多，論述也越來越細緻。有時候說法似乎不同，但實質上是一回事。例如，清代徐大椿《樂府傳聲》提出「口法」論，即「每唱一字，則必有出聲、轉聲、收聲，及承上接下諸法」，其精妙處「全在發聲吐字之際，理融神悟，口到音隨。」(《序》)為此，他還提出「五音」(喉、舌、齒、牙、唇)、「四呼」(開、齊、撮、合)說，作為練習的途徑，並詳細分析其技法運用。晚清王德暉、徐沅澂《顧誤錄》也分析了「出字」之法：「每字到口，須用力從其字母發音，然後收到本韻，字面自無不准。如『天』字則從『梯』字出，收到『焉』字；『巡』字則從『徐』字出，收到『云』字……。若出口即是此字，一泄而盡，如何接得以下工尺？」(《度曲八法‧出字》)這裡關鍵是出字要「真」，歸韻要「清」，收音要「準」，否則即會成為「包音」，曲調把字完全淹沒，聽眾也就聽不清所唱為何。當然，在做到「字字分明」時，又能夠「隱而不現」，自然渾成，如若過於裸露、突兀，又不符合「出字」之法了。

　　這個命題，後來在現代聲樂理論中被概括為「字正腔圓」。例如粵劇演員紅線女在談到「字正腔圓」時說：「所謂『字正』，我以為不是指把一個個字像石子一般打出來，而是要用曲調的聲音把字烘托著，使之能清晰圓潤地發出來，但又不能只看重聲音一面而把字忘記了。『腔圓』就是字與字之間的過渡和轉換要沒有棱角，不露痕跡，使人聽起來如貫珠般一直接連下去，古人說善

歌者，要『字中有聲，聲中無字』大概就是這個意思吧。」〔註4〕可見，在現代歌唱家那裏，「字正腔圓」也是一直接通著「貫珠說」的。

三、由「矩鉤」〔註5〕說催化出聲音張力論

「矩鉤」說源自「曲如折，止如槁木，倨中矩，句中鉤」，是對「抗墜」說的延伸，它是在氣本體基礎上對聲音張力的追求。「抗墜」說側重氣的力度的形態把握，「矩鉤」說則側重氣的力度的保持與美化。「矩鉤」說後來便發展為「潤腔」說。

在中國古代，「腔」字出現較晚，許慎《說文解字》中無此字，後被補收，其釋義為：「腔，內空也。從肉，從空，空亦聲。」據《辭海》，「腔」的現代語義主要有三：（1）動物體內的空隙或室，如腹腔、胸腔；（2）曲調，唱腔，如崑腔，聲腔；（3）說話的腔調，亦指人的行為或作風，如洋腔、官腔。〔註6〕其中（1）是原始涵義；（3）是引申義，因不同的空隙發出的聲音不同，故有聲腔之義；（2）又是（3）的引申義，指聲樂中的曲調變化。《辭海》「腔調」條：「樂律的變動為調，歌聲的運轉為腔，合指所唱的曲調。」可見，腔就是歌唱中音的運行與轉折。在聲樂理論中較早使用此字的，是元代燕南芝庵的《唱論》，即「聲要圓熟，腔要徹滿」。到明代魏良輔，腔的概念便大量而且頻繁地使用，在僅千餘字的文中，「腔」字就出現 16 次，如「腔調」、「做腔」、「過腔」、「長腔」、「短腔」（《曲律》）等。「腔」概念的出現，標誌著中國聲樂理論對自身聲樂特殊性的自覺。而「潤」，即潤飾，有潤滑使圓、裝飾使美的意思，用來修飾「腔」，意指對聲腔加以藝術處理，使之美化。「潤腔」一詞雖然晚出（在 20 世紀），但「潤腔」的工作則早已開始，應該說，是從「腔」的自覺時即已開始。

燕南芝庵《唱論》可以整體上看作是對「矩鉤」說的發展，其「聲要圓熟，腔要徹滿」，可以看作《唱論》的主旨，全篇《唱論》都是圍繞這個話題展開，所強調的也是歌唱聲音的質感和張力。例如他論「歌之格調」是「抑揚頓挫，

〔註4〕紅線女：《怎樣才能唱得好》，《南國紅豆》，2014 年第 5 期。
〔註5〕「矩鉤」最初在《中國社會科學報》摘要發表時所用，後來在全文發表及本書初版時改用「折槁」，兩者意思相通，都是針對聲音張力的。若一定要細加分析，則「折槁說」偏重於張力生成的過程和機制，「矩鉤說」偏重於聲音張力的形態和結構。經過再斟酌，覺得還是「矩鉤」更貼切一些，故此版改回。
〔註6〕辭海編輯委員會：《辭海》（縮印本）：「腔」條，上海辭書出版社 1980 年版，第 1518 頁。

頂疊垛換，縈紆牽結，敦拖嗚咽，推題丸轉，捶欠遏透。」論「歌之節奏」是「停聲待拍，偷吹拽棒，字真句篤，依腔貼調。」雖然由於時代和地方口語方言的緣故，《唱論》中有些字詞還難以確解，但旨在塑造聲音的質感和張力卻是十分清楚的，如「頓挫」、「頂疊」、「牽結」、「敦拖」、「丸轉」、「捶欠」等即是。對歌唱的聲音效果，特別著力於一種富有彈性的形式，指出「凡人聲音不等，各有所長。……有唱得雄壯的，失之村沙；唱得蘊拭的，失之乜斜；唱得輕巧的，失之閒賤；唱得本分的，失之老實；唱得用意的，失之穿鑿；唱得打揹的，失之本調。」歌唱的正道，正是要避免這些偏失。

　　到明代以後，「潤腔」便成為一個十分重要的工程。魏良輔《曲律》率先討論潤腔問題，提出「腔純」的概念，並將其與「字清」、「板正」並列為曲之「三絕」。所謂「腔純」，就是腔要圓活、遒勁、乾淨，「但得沙喉響潤，發於丹田者，自能耐久。若發口拗劣，尖巂沉鬱，自非質料，勿枉費力。」腔有各種形態，要求也各不相同。「長腔要圓活流動，不可太長；短腔要簡徑找絕，不可太短。至如過腔接字，乃關鎖之地，有遲速不同，要穩重嚴肅，如見大賓之狀。」「迎頭板隨字而下，轍（徹）板隨腔而下，句下板即絕板，腔盡而下。」至於如何做到「腔純」，他指出的步驟是：「先從〔註7〕引發其聲響，次辨別其字面，又次理正其腔調。」這些都是他從自己的實踐中提煉出來的潤腔方法。

　　對「潤腔」論述較豐的是清代徐大椿。他在《樂府傳聲》中涉及斷音潤腔、力度變化潤腔、速度變化潤腔等諸多方面。他論「斷腔」時說：「北曲之唱，以斷為主，不特句斷字斷，即一字之中，亦有斷腔，且一腔之中又有幾斷者。惟能斷，則神情方顯。」斷的形態也多種多樣，「有另起之斷，有連上之斷，有一輕一重之斷，有一收一放之斷，有一陰一陽之斷，有一口氣而忽然一斷，有一連幾斷，有斷而換聲吐字，有斷而寂然頓住。……一應神情，皆在斷中頓出。」（《斷腔》）這「斷腔」之說，即源於《師乙篇》的「曲如折，止如槁木」。與斷腔異曲同工的是頓挫，「然斷與頓挫不同。頓挫者，曲中之起倒節奏；斷者，聲音之轉折機關也。」但兩者所起的作用卻是一致的，除能將表現的對象「形神畢出」外，還能夠營造唱腔的力度。「唱曲之妙，全在頓挫，必一唱而形神畢出」；「頓挫得款，則其中神理自出」。此之「神」，就是人物的精神、性格之生動、唱腔之活力。因為「一人之聲，連唱數字，雖氣足者，亦不能接續。頓挫之時，正唱者因以歇氣取氣，亦於唱曲之聲，大有補益。」（《頓挫》）此

〔註7〕此處「從」字疑係衍文，《詞林逸響》本無「從」字，可從。

外，他還通過對輕重、疾徐等音樂要素的處理進行潤腔，都是源於自身的演唱實踐，也很重要。

徐大椿之後，王德暉、徐沅澂《顧誤錄》基本繼承了魏、徐的思想，他的《度曲十病》中所說的「爛腔」一病，即為「潤腔」不夠。「字到口中，須要留頓，落腔須要簡淨。曲之剛勁處，要有棱角；柔軟處，要能圓湛。」他論「撒聲」，其功能實際上也是潤腔，如果撒聲「起得有氣勢，做得圓轉，收得飄逸，自然入聽。」這可稱之為「撒聲潤腔」。此外還提出「做腔」概念：「出字之後，再有工尺則做腔。」具體要求有：「闊口曲腔須簡淨，字要留頓，轉彎處要有棱角，收放處要有安排……。小口腔要細膩，字要清真。南曲腔多調緩，須於靜處見長；北曲字多調促，須於巧處討好。最忌方板，更忌乜斜。大都字為主，腔為賓；字宜重，腔宜輕；字宜剛，腔宜柔；反之則喧客奪主矣。」又進一步區分了不同曲調中的用腔和南北曲中的不同用腔，以及腔與字的關係等問題。

後來，一輩一輩的歌唱家們，尤其是戲曲演唱藝術家們循著這一道路，在實踐中總結出多種潤腔的方法，如裝飾音潤腔、音色變化潤腔、聲音造型潤腔、力度變化潤腔、節拍節奏潤腔等，極大地豐富了民族聲樂的表現力和魅力。

四、由「動己」說孕育出聲情美感論

「動己」說源自《師乙篇》中的這樣一句話：「夫歌者，直己而陳德也，動己而天地應焉，四時和焉，星辰理焉，萬物育焉。」這裡有兩層意思：一是「直己而陳德」，說的是唱歌要選擇適合自己的歌，這樣才能夠充分、妥帖地表達自己的思想情感。二是「動己而天地應……」，是說歌唱時唱者要充分地「發動」自己，先使自己感情活躍起來，唱出的歌才會有感天動地之力，這實際上是歌唱時的「投情」問題。這兩層意思不是孤立的，而是有機相聯的，「直己」是「動己」的基礎和條件，「動己」才是話題的核心所在。

歌唱具有強大的感染力和影響力，在很早就引起人們的注意。從孔子聞《韶》而三月不知肉味，到韓娥、秦青的「繞梁三日」、「遏雲響谷」，即可看出。與此同時，也有人開始從理論上做出解釋，如荀子的「入人也深，化人也速」（《樂論》）、劉勰的「樂本心術，故響浹肌髓」（《文心雕龍·樂府》）等即是。《淮南子》還專門對這一現象做過分析，認為「韓娥、秦青、薛談之謳，侯同、曼聲之歌」，都是因其「憤於志，積於內，盈而發音，則莫不比於律，而和於人心」，因為「中有本主，以定清濁，不受於外，而自為儀表也。」（《氾論訓》）

　　但是，總體上說，《師乙篇》的「動己」說，由於受到儒家音樂思想的影響，在很長一段時間內沒有得到應有的響應。儒家主張「樂而不淫，哀而不傷」，推崇中和之美，提倡平和之調，對情感強烈的音樂持排斥、規避的態度，故而影響了對「動己」說的闡發。唯獨在《淮南子》中，才看到對它的回應，那就是對「悲美」的肯定。他說：「不得已而歌者，不事為悲；不得已而舞者，不矜為麗。」（《詮言訓》）這裡的「不得已」，是指歌唱要在真實情感的驅動下進行，是不得不如此；「不事為悲」，是說不人為地追求悲，而是要自然地、真情實感地表現出悲。而悲，在古代就是「感動」的代名詞，就是肯定歌唱應該能夠強烈而深刻地感染聽眾，如同韓娥、秦青那樣。

　　直到宋元特別是明清時期，這一狀況才有了根本的改變。其直接的原因，便是戲曲對歌唱的運用。戲曲是一種典型的娛人的藝術，其中主體是人物，人物有活動，活動有情節，情節有起伏，情感於是乎生。演員要能夠吸引觀眾，就必須以此情感打動他們。明初朱權《太和正音譜》就說：「凡唱最要穩當，不可做作。……優伶以之，唱若遊雲之飛太空，上下無礙，悠悠揚揚，出其自然，使人聽之，可以頓釋煩悶，通暢血氣。此皆天生正音，是以能合人之性情，得者以之。故曰：『一聲唱到融神處，毛骨蕭然六月寒。』」（《善歌之士》）突出地表述了歌唱所應具有的感染力。其後何良俊則強調歌唱立足於情，才會有聽眾的共鳴。其《曲論》說：「大抵情辭易工。蓋人生於情，所謂『愚夫愚婦可以與知者』。……是以作者既易工，聞者亦易動聽。」歌唱要以情為本，這在明清戲曲理論中已成為共識。李漁《閒情偶寄》說：「唱曲宜有曲情。」徐大椿《樂府傳聲》也說：「唱曲之法，不但聲之宜講，而得曲之情為尤重。」

　　歌唱以情為本，其目的就是「能感人」。在這個方面，清人黃周星說得較為清楚，他在《制曲枝語》中說：「曲之體無他，不過八字盡之，曰：『少引聖籍，多發天然』而已。」「天然」就是要有真情實感。「制曲之訣無他，不過四字盡之，曰：『雅俗共賞』而已。」強調要能夠抓住聽眾，使人「共賞」。「論曲之妙無他，不過三字盡之，曰：『能感人』而已。」如何才能感人？他將其歸結到一個「趣」字上：「一切語言文字，未有無趣而可以感人者。……凡屬有情，如聖賢、豪傑之人，無非趣人；忠、孝、廉、節之事，無非趣事。」至於歌唱聲停息之後仍能感人不絕的「餘音」，實際上也是情之所然。清人黃圖珌《看山閣集閒筆》說：「情不斷者，尾聲之別名也，又曰『餘音』，曰『餘文』，似文字之大結束也。須包括全套，有廣大清明之氣象，出其淵衷靜旨，欲吞而

又吐者。誠所謂言有盡而意無窮也。」（《情不斷》）歌唱後的持續不斷的影響力，實來自歌唱中情境、情意、情味的營造，營造得濃鬱而又蘊藉，就會有「三日不絕」的效果。

《師乙篇》中的「動己」說，經過明清戲曲的醞釀發酵，其內涵逐漸被剔髮出來，形成戲曲演唱中的聲情美感論。到了現代，又被廣大聲樂藝術家和理論家所吸收創造，形成「聲情並茂」的理論。韓娥一歌能使「一里老幼悲愁，垂淚相對，三日不食」，唐代李龜年一唱而令「座中聞之，莫不掩泣罷酒」等，就都是「聲情並茂」的體現。

第三節　聲樂美學理論軸心的歷史轉換

聲樂演唱美學從早期到晚期，經歷了很多方面的變化，例如在論域方面經歷了由「曲本位」到「唱本位」的轉換；在研究對象上經歷了由宏觀向微觀、由「總體」向「細節」的轉換；在思維方法上經歷了由「形象描述」到「學理表述」的轉換；在研究手法上經歷了由「原理性」到「技術性」、由「抽象性」到「具體性」的轉換，等等。但是，最重要的還是在理論軸心上的轉換，即在音樂本體（或內容）和音樂功能上由「情志」到「情節」的轉換。

一、從「志」到「情」

中國古代聲樂演唱理論是建立在音樂理論基礎之上的，在總體上受著音樂美學基本原理的制約。前面講過，中國古代音樂美學的本體論是「心」本體，它的最完備的表述是《樂記》中的「物感心動說」，即「凡音之起，由人心生也。人心之動，物使之然也。」這個「心」本體論產生後，幾乎貫穿著中國古代音樂美學的始終，因而也是聲樂演唱美學的本體論。

但是，作為音樂本體的「心」，是一個較為寬泛的概念，就現代語義而言，它就包含著思想、情感、意志、性格、欲望等多個方面，而在古代，它也常常含有志、情、意、欲等不同方面的內容。作為聲樂本體而言，古代主要著眼於「志」與「情」的方面。而且，聲樂演唱本體和內容隨著歷史的演變也有一個明顯的轉換。

最早對歌唱本體與內容進行表述的是《尚書‧堯典》：「詩言志，歌永言，聲依永，律和聲。」這裡，志是指思想感情，永即長，聲即曲調，由宮、商、角、徵、羽五聲構成；律指十二律呂，是五聲形成的規律。這句話的意思是：

詩是用來表達人的志意的，歌是以加長語音（吟詠）來突出詩的內容的，曲調是使隨著加長了的語音（詩意）而起伏波動的，而音律則是用來使歌聲和諧動聽的。

這裡，志、詩（言）、歌、聲、律五者成為一個連鎖性的表現與被表現、決定與被決定的關係，其中「歌」是「永言」，即對詩進行吟詠性的變化，而詩的內容又是「志」，所以，歌的內容自然也是「志」。這樣的定義涉及到歌的形態和特殊性，但只是一般的敘述，沒有加以突出和強調。

到《樂記·師乙篇》，對歌的定義便轉向其特殊性的強調：「故歌之為言也，長言之也。說（悅）之，故言之；言之不足，故長言之；長言之不足，故嗟歎之；嗟歎之不足，故不知手之舞之足之蹈之也。」這裡不僅說歌是「長言」，而且指出其「長言」的原因是「言之不足」，也就是說，歌的獨特之處，就是詩所無法表現的東西；歌之所以會出現，是因為詩顯示出了它的局限性，歌正可以彌補這一局限。但是，作為表現的內容來說，歌與言（詩）一樣，還是「志」。它既表現著「言」的內容（志），又獲得「言之不足」的品格和魅力。這裡對歌的特殊性的凸顯，是聲樂認識上的一個重要發展。

再到《毛詩序》，對歌的定義又引入「情」的概念：「詩者，志之所之也，在心為志，發言為詩。情動於中，而形於言；言之不足，故嗟歎之；嗟歎之不足，故詠歌之，詠歌之不足，不知手之舞之、足之蹈之也。情發於聲，聲成文，謂之音。」相對來說，這是一個十分完整的定義，既涉及到詩、歌、聲、音、舞等藝術形態，又涉及志和情等內容的範疇。特別值得注意的便是「情」的提出。情與志既相通，又有一定的區別。因為從詩來說，志為內容是合適的，但就歌（聲）而言，則「情」更為合適。所以才說：「情發於聲，聲成文，謂之音。」到這裡，以「情」為主要內容的「心」本體論的出現，標誌著中國前期聲樂本體論的正式完成。

二、從「情志」到「情節」

這樣的聲樂本體論持續了很久，到北宋時仍然沒有改變。例如王灼《碧雞漫志》中說：「人莫不有心，此歌曲所以起也。」又說：「故有心則有詩，有詩則有歌，有歌則有聲律，有聲律則有樂歌。」（《卷一》）還是傳統的「心」本體。直到明清時期，由於聲樂廣泛運用到戲曲之中，聲樂理論也不能不依附於戲曲理論而再次生長。戲曲中的歌同單純的歌不同，它是伴隨著戲劇的故事情

節而出現，並為情節和情節中的人物服務的。所以，此時的聲樂演唱，其基礎便逐漸由「情志」轉到「情節」上來。

這個轉換，較早體現在明末清初李漁的《閒情偶寄》中，他說：「唱曲宜有曲情。曲情者，曲中之情節也。」提出「情節」作為唱曲的根據，其原因就是在戲曲中的演唱是服務於劇情的。所以，「解明情節，知其意之所在，則唱出口時，儼然此種神情。」若「口唱而心不唱，口中有曲而面上、身上無曲，此所謂無情之曲，與蒙童背書，同一勉強而非自然者也。雖板腔極正，喉、舌、齒、牙極清，終是第二、第三等詞曲，非登峰造極之技也。」正確的做法是：「得其義而後唱，唱時以精神貫串其中，務求酷肖。」這樣，才能「變死音為活曲，化歌者為文人。」並認為這裡的工夫全「在『能解』二字。」（《演習部》）「能解」，就是能夠理解唱曲的情節。

李漁的「情節」論後來被戲曲論者普遍接受。例如徐大椿就十分強調唱曲時「情節」的重要，他在《樂府傳聲》中說：「唱曲之法，不但聲之宜講，而得曲之情為尤重。」這個「情」，就是指「情節」。把握曲情，就是把握曲中情節的發展和人物的心情意態。所以，「必唱者先設身處地，摹仿其人之性情氣象，宛若其人之自述其語，然後其形容逼真，使聽者心會神怡，若親對其人，而忘其為度曲矣。」他認為，一劇的唱腔可能與別劇相同，但所表現的曲情則是獨一無二的，所以「必先明曲中之意義曲折，則啟口之時，自不求似而自合。」而那些「止能尋腔依調者，雖極工亦不過樂工之末技，而不足語以感人動神之微義也。」（《曲情》）此外如清末黃旛綽、王德暉、徐沅澂等也是在情節的意義上講情的。黃旛綽主張「按情行腔」，強調的也是「當時情理如何，身段如何，與曲合之為一，斯得之矣。」這「曲」便是戲曲之「情節」。（《梨園原》）王、徐則直接表明：「曲有曲情，即曲中之情節也。解明情節，知其中為何如人，其詞為何等語，設身處地，體會神情而發於聲，自然悲者暗然魂銷，歡者怡然自得，口吻齒頰之間，自有分別矣。」（《顧誤錄·審題》）

三、「情節」與「情志」之關係

從「情志」到「情節」，似乎是一個大的轉換，有著質的不同：情志只是人的內心的一種狀態，而情節則是人的行為的一個連續性的過程。一為內在，一為外在；一為精神，一為事件；一為主觀，一為客觀。實際上，它們有著緊密的聯繫：情節包含著情志，決定著情志，生成著情志；而情志又總是以特定

的情節為依據，並以其為動力的。之所以要用「情節」取代「情志」，主要是因為：

（1）此時的聲樂是在戲曲的框架內被討論的，而戲曲的生命是情節即人物和故事的發展。

（2）在戲曲中，情志是需要特定的情節來限定的，情志的特定表達必須符合特定人物和情節的發展需要，沒有情節，就會失去演唱的分寸感。

（3）使用情節更能夠體現戲曲表演中的整體意識，有利於從戲劇的矛盾衝突及其解決這一整體需要中處理情志及其音樂表現。

（4）情節較為具體，它包含著豐富的細節，適宜於戲曲演唱時表演；而情志較為抽象，不足以滿足戲曲表演的需要。

不過，雖然在戲曲演唱理論中，「情志」已經轉換為「情節」，但在唱中所直接要把握和處理的，還是蘊藏在情節中的情感。

從本質上說，情節說並未改變情志說的內涵，在戲曲中仍然體現著「永言」說和「言之不足」說。因為，在戲曲中，正是在「言」（賓白）不足以表達思想情感的時候，才需要「詠歌」（唱）的出場。

儘管如此，從情志到情節的這樣一個變化，也是我們不能忽視的。

附錄　老子「大音希聲」的深層義理

　　老子的「大音希聲」是先秦道家的一個重要命題，在哲學、美學和音樂美學等領域都有過相當深入的探討，發表了百餘篇文章，形成多種觀點。首先，關於「大音」，多數研究者認為就是「道音」，在《老子》一書中，「道」就是「大」，兩者常常互用。但具體而言又有兩個不同層面的理解，一是指「道」之音，即「道」本身所有的「音」。「道」即無，所以「大音」之「希聲」就是「無聲」。二是指「合道」之音，即符合「道」的原則的「音」，這類「音」是可以有聲的，但其聲有自己的特點，故而有人即將「希」解釋為「稀」，認為合道之音其聲比較細小微弱，平淡含蓄。此外還有一些觀點，如認為「希聲」即「無聲」，但這個無聲與「道」無關，它就是音樂進行中由停頓所致的無聲，類似於白居易的「此時無聲勝有聲」。另一種則將「大音希聲」同儒家的「無聲之樂」相聯繫，這「無聲之樂」其實不是音樂，也非聲音，而是指某種治政使人心達到「和」的境地，是一種精神氛圍。還有一種則更為特別，認為老子之「大音」根本不是指人類的音樂，而是宇宙的音樂，是宇宙天體在其運行中所呈現出的合規律性。總之，此前的研究是觀點紛呈，莫衷一是。

　　那麼，在《老子》文本中，「大音希聲」的內涵究竟如何？我們又如何能夠從音樂美學對它做出有意義的解讀？

一、「希聲」如何是「無聲」？

　　要想準確地解釋老子「大音希聲」的內涵，首先必須正確地理解其字義；而要準確地理解字義，就必須回到原文的語境。

「大音希聲」出自《老子》﹝註1﹞第41章：

上士聞道，勤而行之；中士聞道，若存若亡；下士聞道，大笑
之。不笑不足以為道。故建言有之：明道若昧，進道若退，夷道若
纇。上德若谷，廣德若不足，建德若偷，質德﹝註2﹞若渝。大白若辱，
大方無隅，大器晚﹝註3﹞成，大音希聲，大象無形。道隱無名。夫唯
道，善貸且成﹝註4﹞。

這一章文字主要講道的特點。先講不同層次的人對道的態度各不相同，
其中對比最為鮮明的是上士與下士，尤其是下士的「大笑之」，通過下士的
「不笑不足以為道」，來突出對「道」認知的不易。接著便正面描述「道」的
特點，共有三個系列的句子：「道」字系列、「德」字系列和「大」字系列，
每個系列的分句各是一個判斷，其判斷主詞與謂詞正好相反，其中主詞是道
的真實樣態，謂詞則為我們普通人（下士）所認為的樣態。「大音希聲」屬「大」
字句，它與「大白」「大方」「大器」「大象」構成一個系列。在這個系列中，
如果將「大器」句中的「晚」依帛書乙本換作「免」，其義為「無」﹝註5﹞；
或依郭店楚簡本換作「曼」，其義亦為「無」。揚雄《法言·五百》云：「周之
人多行，秦之人多病。行，有之也；病，曼之也。」《音義》注云：「曼，無也。」
﹝註6﹞這樣的話，則上述五個排比句的謂詞與主詞詞義便與全章完全符合，即
均為相反的關係。從反義詞的表述看，亦都可以表述為「無×」的句式，如「若
辱」為「無白」，「免成」為「無成」，這樣就和「無隅」、「無形」完全相同。

﹝註1﹞ 本文所引《老子》，均出自陳鼓應《老子今注今譯》，商務印書館2016年版；
個別字句參考了湖南長沙馬王堆帛書本和湖北荊門郭店竹簡本。
﹝註2﹞ 德：原文為「真」，劉師培謂其當作「德」，因古「惪」與「真」形似而誤，故
從改。且前三句均為「德」，此句不應換字；「真」字於句義也不如「德」貼切。
質：實。渝：空。
﹝註3﹞ 晚：長沙馬王堆漢墓帛書乙本作「免」，郭店楚簡本作「曼」。
﹝註4﹞ 善貸且成：貸：借，給，予。意為能夠給出，才能夠有大得，即「成」。帛書
乙本作「善始且善成」，孤立地看意亦順，但與上文文意不很吻合。
﹝註5﹞ 有人根據清人錢大昕「古漢語無輕唇音和舌上音」的觀點，認為《老子》「大
器免成」的「免」應讀作「晚」，但作「免」解（吳鐵夫），可參考。但也有可
能「晚」是「免」之誤。「免」，《說文》解為：「兔逸也，從兔不見足（兔下一
點為足）會意。」段注云：「兔不見獲於人則謂之免。」故其義為逃脫、隱遁，
無影無蹤，即有「無」義。
﹝註6﹞ 揚雄《法言·五百》：「周之人多行，秦之人多病。行，有之也；病，曼之也。」
行：品德、操行。病：隨意，錯亂。之：往，引申為有目標，有原則，有規矩。
曼：無。

這樣的話,「希聲」自然也應該是「無聲」。也就是說,老子「大音希聲」的語義就是「大音無聲」,《老子》第14章就曾以「聽之不聞」來解釋「希」。「聽之不聞」就包含了「無聲」的意思。所以,就老子文本的語義來看,「希聲」就是「無聲」,其他各種與此不同的說法都難以成立。

但是,為什麼說「大音」「無聲」?這個問題,老子在這裡沒有說明,需要我們從老子乃至道家的思想去獲得解釋。對這個問題的解釋,其實很早即已開始,也提供了不少有意思的思路。例如三國魏時王弼在《老子道德經注》中即有對「大音希聲」的解釋,他就是以《老子》14章中的「聽之不聞名曰希」為出發點,指出「大音」之所以「無聲」,是因為「大音」是道之音,道是無形、無聲,故而是「不可得聞之音也」。之所以「不可得聞」,是因為「有聲則有分,有分則不宮而商矣。分則不能統眾,故有聲者非大音也。」〔註7〕在注第14章「視之不見名曰夷,聽之不聞名曰希」時,他又說:「無狀無象,無聲無響,故能無所不通,無所不往。」〔註8〕這是從道的特點來解釋的。在老子那裏,道是統攝萬物的。但要想統攝萬物,就不能顯具物之形;顯具物之形,即意味著不能統攝萬物。他在第67章開頭所說即為此意:「天下皆謂我:『道大,似不肖。』夫唯大,故似不肖。若肖,久矣其細也夫!」「不肖」即不像具體的事物。「道」是超越具體形象的,它不與任何事物相像。如果與具體事物相像,那就不是「大」,而是「細」(渺小)了。此後學者對「無聲」的論證,遵循的多是這一理路。

在眾多論證中,美學家蔣孔陽先生的思路較為特別,他是較早對「大音希聲」進行專題研究的當代學者。蔣先生所使用的是柏拉圖的理論和方法,他說:

> 「道」是先天地而生的,它是萬物之「母」。它有點像柏拉圖所說的「理念」,……這種形而上學的「道」,不是來自客觀萬物,而是在「萬物」之前就已經存在。「萬物」由它產生,但它本身卻不是「萬物」。它視之不見,聽之不聞,因此什麼都不是,只可以說「無」。……當「道」還處於「無」的狀態的時候,它是「道」本身,因此是至善至美的。當它一旦進入「有」的狀態,成了具體的「物」,

---

〔註7〕王弼《老子道德經注》,引自樓宇烈《老子道德經注校釋》,中華書局 2008 年版,第 113 頁。

〔註8〕王弼《老子道德經注》,引自樓宇烈《老子道德經注校釋》,中華書局 2008 年版,第 31 頁。

它就只是「道之華」，是「道」的一種顯現，再不像「道」的本身那樣完美無缺了。這一理論，運用到音樂美學中來，就成了：「大音希聲」。〔註9〕

柏拉圖理念說的特點有兩個：首先，他的「理念」是獨立於現實世界之外的抽象實體，是現實世界之本原，它沒有具體形狀，並且永恆不變。其次，他用以連接不同世界的方式是「模仿」，現實世界是對理念世界的模仿，藝術世界又是對現實世界的模仿。而模仿總是不完全、有缺陷。理念世界最完美，現實世界是對理念世界的模仿，所以有缺陷；而藝術又是對現實世界的模仿，缺陷就更多。蔣先生用此理論來解釋「大音希聲」，說明「大音」之所以為「大音」，就因為它不具備現實世界的形跡，即聲音，也就是王弼所說的「不宮而商」，所以它是至美。

蔣先生的論證比較別致，也有意義，它在一定意義上說明了「大音」之所以「無聲」的道理。但是，由於蔣先生忽略了老子的「道」同柏拉圖的「理念」之間的差別，故而其解釋仍有點「隔」。不錯，蔣先生後來對這篇文章做了修訂，在修訂本中也指出過「理念」與「道」的不同，但他僅僅著眼於宗教的有無上，認為「柏拉圖的『理念』是與希臘的宗教結合在一道的，含有濃厚的神學意義；老子的『道』則只有形而上學的意義，而沒有任何神學的意義。」〔註10〕這確實是他們的一個差別，但這個差別在這個問題上意義不大。真正有意義的差別還是在兩個概念的內涵方面：柏拉圖的「理念」是超越時空的，它永恆不變，故沒有時間性；它也是獨立於現實世界之外的，無形無象的，故也沒有空間性。而老子的「道」則不同，它就存在於時間之中，因而具有生成變化的功能，即所謂「道生一，一生二，二生三，三生萬物」（42章）；「無，名天地之始；有，名萬物之母」（第1章）。「道」是要「生」的，是要運行的，所以它並不脫離時間而存在。同時，「道」雖然自己是無形無象，但它卻潛在地包含著萬物之形與象，如同生物學上的「基因」一樣，故而也有空間性，如「道之為物，惟恍惟惚。惚兮恍兮，其中有象；恍兮惚兮，其中有物。窈兮冥兮，其中有精；其精甚真，其中有信」（21章）；「是謂無狀之狀，無物

〔註9〕蔣孔陽《評老子「大音希聲」的音樂美學思想——1981年5月8日在東京東方學會第26屆國際會議上的報告》，《復旦學報》（哲學社會科學版）1981年第2期。

〔註10〕蔣孔陽《評老子「大音希聲」和莊周「至樂無樂」的音樂美學思想》，載《先秦音樂美學思想論稿》，安徽教育出版社2007年版，第134～135頁。

之象」（第 14 章）。正是這種不脫離時空的性質，決定了「道」雖然是「無」，但又是「無」中有「有」。這個道理，哲學家湯一介說得比較清楚：

> 老子講的道是先於天地存在，只是說在時間上先於天地存在，而不是在邏輯上先於天地存在。老子講的「道」雖是無形無象，但不是超空間的，而是沒有固定的具體的形象，這樣的「道」才可以變化成為有固定具體形象的天地萬物。……雖然道是天地萬物產生的根源，但並不是說因此道就一定是超時空了。〔註11〕

在論證「道」與「無」、「無」與「有」的關係方面，老子與柏拉圖的這個不同更值得注意，因為有了它，才能夠合乎邏輯地同「聽之不聞」相關聯。

二、「聽之」如何又「不聞」？

在老子的思想中，如果「希聲」就是「無聲」的判斷可以認定，那麼，接下來的問題就是：這個「無聲」是什麼意義上的「無聲」？「大音」而又「無聲」是如何成立的？

在討論「大音希聲」的過程中，幾乎所有的研究者都注意到、并引用《老子》第 14 章的一段話：

> 視之不見名曰夷，聽之不聞名曰希，搏之不得名曰微。此三者不可致詰，故混而為一。

在這裡，「希聲」的「希」，老子自己就做了解釋，就是「聽之不聞」。蔣孔陽引用此語時，一方面用來證明「無聲」，一方面又進了一步，試圖說明此「無聲」並非真的沒有任何聲音，而是聽起來沒有聲音，或聽不到聲音。他說：「至於『希聲』，《老子》說：『聽之不聞名曰希』。那就是說，並不是沒有聲音，而是聽不見。總起來，『大音希聲』就是說最大的聲音或者最完美的音樂是聽不見的。」〔註12〕

說「希聲」不是沒有聲音，而是有聲音，卻聽不見。為什麼？蔣先生也意識到這是個問題，他說：「『大音希聲』就是說最大的聲音或者最完美的音樂是聽不見的。這在字面上很容易理解，但在內容上卻不合於常識，甚至自相矛盾。照理說，最大的或最完美的聲音，是格外容易聽見的，為什麼反而

〔註11〕轉引自陳鼓應《老子今注今譯》，商務印書館 2016 年版，第 172～173 頁。

〔註12〕蔣孔陽《評老子「大音希聲」的音樂美學思想──1981 年 5 月 8 日在東京東方學會第 26 屆國際會議上的報告》，《復旦學報（哲學社會科學版）》1981 年第 2 期。

聽不見呢？」〔註13〕他的解決方法還是回到老子的「道」的內涵和特點上去。但是由於沒有注意到老子之「道」和柏拉圖「理念」的核心差異，故沒能最後完成。例如，既然「道」是「無」，為什麼又有聲？既然有聲，又為什麼「不聞」？

這個問題的解決，我們還是從老子的「聽之不聞名曰希」談起。根據老子自己的解釋，「希聲」就是「聽之不聞」之聲。「聽之」，意思就是「在聽」；而「在聽」，就說明有聲音，有聲音，才會去「聽」。否則，直接用「無聲」來表示就完了，為什麼還要如此地大費周章？所以，這句話的意思應該就是：有聲音，在聽，但感覺不到聲音的存在。那麼我們要問，在什麼情況下，我們在聽，卻感覺不到聲音的存在？只有兩種可能：其一，是物理學意義上的無聲。我們能夠聽到的聲音是聲波在一定的波長範圍之內的，如果超出這個範圍，就成了超聲波和次聲波，人的聽覺是感覺不到的；當然，還有一種可能，就是聽者的聽覺感官有問題，亦即「失聰」，也是聽不到聲音。其二，是心理學意義上的無聲。當外部的聲音與人的聽覺完全協調並融而為一的時候，就會出現「聽之不聞」的狀態。前一種情況不在我們的論域，此處不論；後一種情況正是我們要討論的問題，也就是說，從哲學和美學的意義看，我們感覺不到聲音是因為這聲音完全適合於我的感覺狀態，完全與我融而為一。這裡又可以分為兩種情況，一是外界的聲音完全適應並滿足聽者的生理和心理需要，從而使聲音與聽覺完全融合，不分彼此。一是外界的聲音持續地刺激，使得聽覺形成被動的適應，從而感覺不到聲音的存在。這兩種情況都可以稱為「聽之不聞」，但卻有本質的不同。前者是建立在聽者的生理、心理需求之上的，而後者則不是，它是被動的，甚至是強迫的。後者只有一般生理學的意義，前者才是美學意義上的現象。

那麼，如何更好地理解這種由適應造成的「聽之不聞」？我們想借用莊子「忘足之履」的比喻來說明。莊子說：

忘足，履之適也；忘要（腰），帶之適也；忘是非，心之適也；

不內變，不外從，事會之適也。始乎適而未嘗不適者，忘適之適也。

（《莊子·達生》）〔註14〕

腳上的鞋子合腳，我們就會感覺不到鞋和腳的存在；腰間的腰帶合適，我們也不會感覺到腰和帶的存在。只有在鞋太大或太小、腰帶太緊或太鬆，總之，

〔註13〕蔣孔陽《評老子「大音希聲」的音樂美學思想——1981年5月8日在東京東方學會第26屆國際會議上的報告》，《復旦學報（哲學社會科學版）》1981年第2期。
〔註14〕本文所引《莊子》，均出自陳鼓應《莊子今注今譯》，中華書局1983年版。

在鞋和帶於腳於腰不合適時，我們才會感覺到腳和腰的不舒服；腳和腰感覺到不舒服，才會意識到它們的存在。忘記了鞋和腳、腰和帶，正是穿鞋、繫帶的最佳狀態。這個最佳狀態，就是鞋和腳、腰和帶的高度協調和統一。因其高度協調、統一，故而才會出現鞋和腳、腰和帶的彼此相忘，進入穿鞋、繫帶的「適」的境域。而當你穿鞋始終是「適」，此「適」又已經達到讓你徹底忘記有所謂「適」和「不適」的問題時，那就是「適」的最高境界──「道」的境界了。

明白這個道理，我們也就能夠理解「大音希聲」。原來這裡的「希聲」並不就是毫無聲響，而是「聽之不聞」。之所以「聽之不聞」，也是因為這個聲音和我們的感覺完全相合，沒有一點「不適」；沒有「不適」，故而感覺不到此聲音的存在。也就是說，能夠使我們的感覺與聲音完全交融為一的音樂，就是「希聲」，就是「大音」。可見，老子所說的「無聲」，並非真的「毫無聲響」，而就是指這「聽之不聞」之聲。這「聽之不聞」之聲與我們高度一致，能夠把聽者完全「融化」，所以才是「大音」。這樣一種音樂，乍聽上去，好像很玄，很神秘，可能很難得，其實它經常出現在我們的音樂經驗中。我們在現實中聆聽至為美妙的音樂，往往會深度地沉浸其中，進入忘我也忘物的陶醉狀態。在這個狀態中，雖然音樂在響，但我們已經感覺不到。此時能夠感受的只是生命的欣悅、充實、美好，只是享受著精神的暢快、自由、和諧。而這正是人的生命存在的最高狀態，即「道」的狀態。在這個狀態中，聲音只是充當了橋樑和接引的作用，當我們通過它而進入生命的「道」的境界時，它的作用也就隨之消解，成為「聽之不聞」的「希聲」。「大音」之所以「希聲」，道理即在此。

實際上，這個道理早在王弼那裡即已萌發。雖然他一方面承認「聽之不聞」的「希聲」就是「無聲」，認為「音而聲者，非大音也」。但一方面又指出，「大音」並非與「聲」毫無關係，沒有「聲」，也就不會有「大音」。他說：「然則，……五音不聲，則大音無以至。……五音聲而心無所適焉，則大音至矣。」這裡的「聲」是動詞，發聲的意思。「心無所適」即心不受牽制，心不停留於聲，不執著於聲。什麼叫「心不受牽制」？樓宇烈先生的解釋是：「雖然聲音通過『五音』表達出來，但並不執著於『五音』。如此，『大音』才通達。」〔註15〕這個解釋應該是符合王弼原意的。那就是說，王弼已經認識到「大音」並非沒有聲音，而是有聲音，只不過它能夠使人不執著於聲音罷了。但是，問題並未完全

─────────────

〔註15〕王弼《老子指略（輯佚）》，載樓宇烈《老子道德經注校釋》，中華書局 2008 年版，第 195、201 頁。

解決。就王弼來說，既然有「聲」就非「大音」，為什麼又說要有「聲」，大音才能「至」？還有，「五音聲」又是如何使「心無所適」的？就樓宇烈來說，既然聲音是通過「五音」表達出來的，那麼聽者又是如何做到「不執著於」五音的呢？這些問題都沒有得到很好的解決。

比較而言，今人李澤厚、劉綱紀先生的闡述就進了一步，他們說：「音樂的美離不開聲音，但聲音只是把我們引向音樂所表現的某種美的意境的物質媒介。這種意境是由音樂的聲音所喚起的，但又不是單憑耳朵就能聽到的，它需要借助於人內心的聯想、想像、情感、思維諸因素的作用才能體臉到。……當我們陶醉於音樂所表現的某種美的意境的時候，我們就會沉浸到音樂所引起的各種難於言傳的聯想和感受中去，進入一種聽聲而不聞聲的出神狀態。這種狀態，不正是老子所謂的『大音希聲』嗎？」〔註16〕與此相似，作曲家莊曜教授也表達過這樣的理解，他說：「大音希聲」，「並不是說『至美』的『大音』沒有聲音，而應理解為審美主體在具體的、可聞的音響之後，把握了其精神因素，體察了音樂的本質，意會了音樂的內涵，獲得以自然、純真為美的音樂美感，同時，揚棄了具體、實在的音響，這時的『聽之不聞』，實已進入了得『道』的空靈、靜照的審美境界。」〔註17〕這些都表明，「聽之不聞」所蘊含的道理，已為多位學者所認知，但未作具體論證，故而其機理並不明晰，有些環節尚未得到應有的關注，例如，獲得音樂美感之後，為什麼會「揚棄」具體的音響？「審美」和「不聞」究竟關係如何？等等。

三、「不聞」如何有「審美」？

我們把「大音」說得如此普通，指出它就是在個人經驗中常能出現的現象，這符合老子乃至道家的思想嗎？回答是肯定的。

關於老子「道」的內涵，學界有許多說法，如道即自然，道即無為，道即混沌，道即規律〔註18〕，等等。這些說法都沒錯，但都沒有觸及核心。如果我們再加追問：自然怎麼樣？無為又如何？混沌說明什麼？如是規律，又是指什

〔註16〕李澤厚、劉綱紀《中國美學史》（先秦兩漢編），安徽文藝出版社 1999 年，第210～211 頁。

〔註17〕莊曜《從老莊的美學思想看大音希聲》，《藝苑（音樂版）》1992 年第 4 期。

〔註18〕將「道」理解為規律，在今人中較明顯，實際上在先秦韓非那裏即已出現。《韓非子·解老》云：「『道』者，萬物之所然也，萬理之所稽也。……萬物各異理，而『道』盡稽萬物之理。」這是說，各事有各事之理，而「道」為萬物共同之理。這裡的「理」即規律。

麼？也還是需要回答的。所以，自然、無為、混沌、規律等都不是最後的答案，最後的答案還需要進一步追問。實際上，上述追問都通向一個答案：主客消融，物我為一。老子講自然，看重的是萬物的協調與平衡：

> 天之道，其猶張弓歟？高者抑之，下者舉之；有餘者損之，不
> 足者補之。天之道，損有餘而補不足。（77 章）

從生態學的觀念來看，自然就是平衡的，老子認為，人類不應打破這個平衡。他講「混沌」，講「無為」，也都是為了守護這個平衡，他的「無為而無不為」，「無不為」也就是為了實現「無為」所具有的平衡、協調、和諧。之所以要守護這個平衡、協調與和諧，是因為人類只有在這樣的環境中才能獲得真正的自由與幸福，才能獲得真正美好的生命享受。他曾經問道：「美之與惡，相去若何？」然後罕見地以第一人稱「我」出面與眾人進行對比，直接表白自己的意向：「眾人熙熙，如享太牢，如春登臺。我獨泊兮，其未兆；沌沌兮，如嬰兒之未孩；累累兮，若無所歸。」（20 章）眾人紛紛擾擾，追求享樂，而他則保持著淡泊、混沌的狀態，如同嬰兒一樣與周圍渾然一體。在他看來，這就是「道」的狀態，從美學上說，也就是至美的境界。

老子樹起了這個標杆，也指出通向標杆的一條路徑，那就是「大音希聲」。對於「大音希聲」，我們通常認為，在老子那裏只是一個哲學命題，只是以聲音為例來說明「道」，就好像他以「白」「方」「象」來說明「道」一樣。實不盡然。應該說，它既是一個說明「道」的哲學命題，也是一個純正的美學命題。我們應該注意，老子「大音希聲」中的「大音」，使用的是「音」，很明顯是要與後面的「聲」相區別。在先秦理論話語中，是有「音」、「聲」的不同分工的：「音」是特指有組織的聲音，通常就是指音樂；而「聲」則泛指物理的聲響。老子用「大音希聲」來說明哲學上的「道」的特點，同時也就表達了一個音樂美學的命題；或者說，老子是用一個美學命題來說明哲學道理，那麼，這個美學命題自然是先於哲學命題而成立的。所以，它應該是，首先是美學命題，然後才是哲學命題。這個命題告訴我們，符合「道」的、最完美的音樂，就是聽不到聲音的音樂。在聽，卻又感覺聽不到聲音的存在，即意味著進入最高的音樂審美境界。

但是，我們究竟應該如何理解「聽之不聞」的美學內涵？這個問題，到老子的後繼者那裏就有了較明晰的答案。相傳為老子弟子或再傳弟子的文子，就特別強調對待音樂不能執著於聲音，而應該通過聲音來進入聲音背後的「所以

聲」。文子在理論上比較早地區分了「然」和「所以然」，並將它運用到樂論當中。他說：

> 若夫規矩勾繩，巧之具也，而非所以為巧也。故無弦雖師文不能
> 成其曲，徒弦則不能獨悲。故弦，悲之具也，非所以為悲也。……故
> 蕭條者，形之君也；而寂寞者，音之主也。（《文子・自然》）〔註19〕

「巧」只是技術，在它背後還有運用技術的動機、意圖、能力等精神要素；「弦」只是工具，在它背後也有驅動它的思想情感即「悲」、「蕭條」、「寂寞」，亦即「所以聲」。「所以聲」的一個重要特點，就是它一定不是「聲」：「無形而有形生焉，無聲而五聲鳴焉」（《文子・道原》）；「鼓不藏聲，故能有聲；鏡不沒形，故能有形」（《文子・上德》）。僅有「技」成不了大匠，僅有「弦」也發不出動人的音樂。這裡有一個觀念：使音樂成其為音樂的，主要不是「聲」，而是支配聲、運用聲的「所以聲」，亦即「蕭條」「寂寞」之類的精神品格。既然如此，那麼我們聆聽音樂，真正應該把握的就不應是「聲」，而是「聲」背後的「所以聲」，是「蕭條」「寂寞」之類的精神品格。換句話說，就是要通過音樂之「聲」的引導，進入「聲」背後的「所以聲」，進入對自然、社會、人生的思考和體驗。而當我們進入「所以聲」的境地後，原來起引導作用的「聲」便顯得多餘而不為感覺所注意，這就是「聽之不聞」的真相。相反，如果你始終停留在「聲」的層面，那就意味著你還沒有進入「所以聲」境界，音樂的功能和意義尚未實現。所以，文子說：

> 聖人之制禮樂者，而不制於禮樂；制物者，不制於物；制法者，
> 不制於法。（《文子・上禮》）

「聖人制禮樂」而又「不制於禮樂」，是不是自相矛盾呢？當然不是。為什麼？他解釋說：「法制禮樂者，治之具也，非所以為治也。」（《文子・上義》）制禮樂的目的在於規範人的行為，加強內在的修養，使人們過上「合道」的生活，產生自由充實的生命體驗，享受到人生的樂趣和價值；而禮樂只不過是一系列的條文、規範和音響，它們都只是通向這一目標的手段而已。不能把握制作禮樂的真諦，而總是滯留於禮樂形態本身，就永遠無法進入「道」的境界。〔註20〕

〔註19〕 本文所引《文子》，均出自王利器《文子疏義》，中華書局 2000 年版。
〔註20〕 這方面的詳細論述，參見劉承華《〈文子〉音樂美學思想中的「所以聲」》，《天津音樂學院學報》2018 年第 2 期。

　　文子的這個思想，在莊子那裏就是「得意忘言」。「得意忘言」的前提是「言不盡意」，即語言不能完滿地表達「意」，這從他有名的「輪扁斫輪」即可見出。「言」之所以不能盡「意」，當然有多種原因。首先，「意」是整體的，而「言」則總是有角度的；有角度，故在空間上不能周全，所以「不盡意」。其次，「言」總是瞬間之事，而「意」則持續存在；以瞬間把握持續，故在時間上不能周全，這是另一種「不盡意」。此外還有一層原因：「意」是以生命的方式存在，它訴諸人的全部身心功能，包括感性和理性；而「言」只是理性中僅僅通過概念表達出來的部分，它永遠無法把握「意」的整體或全部。但是，我們要把握和傳達「意」，又不能不使用「言」。一方面是「言不盡意」，一方面又不能不「以言表意」，這確實是一個兩難狀態。為了解決這個兩難，莊子提出「得意忘言」說：我們不能不依靠「言」來表達「意」，但當我們領會了「意」之後，就必須將「言」忘記。其實，不是「必須」，而是「自然」，因為這不是故意地忘記，而是因為已經領會了「意」，體驗到人生真諦之後，「言」就顯得沒有必要而自然地不再被注意。而且，這「忘記」也不是真的遺忘，而只是因為不再需要而沉入潛意識或無意識之中，不再浮現於意識的層面。如果在領會了「意」之後還是執著於「言」，那就意味著還沒有真正領會或消化其「意」，這個「意」還沒有轉化為你的生命狀態。就好像渡河需要乘船，當船到達彼岸後，你就必須離開船，否則就意味著還未到達彼岸，渡河的工作就仍未完成。

　　莊子正是這樣理解音樂的。他曾經借黃帝《咸池》之樂來說明這個道理。北門成聽《咸池》之樂，經歷了「懼」、「怠」、「惑」三個階段，所描述的正是音樂如何將人由不自由而逐步進入自由，亦即由與道分離導向與道合一的過程。先是以音樂的陰陽調和、張弛有致、所常無窮、一不可待，亦即「道」的渾然一體、不可捉摸使他感到「懼」；接著通過音樂的變化萬千、不主固常，吸引他竭力去「慮之」、「望之」、「逐之」但終無所得而「怠」（疲憊）；最後在「無怠之聲」、「自然之命」的作用下，他終於放棄這種努力，而以自己的生命感覺去應合音樂，從而進入無聲之樂的「惑」的狀態。這個「惑」就是「道」，它是「聽之不聞其聲，視之不見其形，充滿天地，苞裹六極」；是「汝欲聽之而無接」（《莊子·天運》）的境界。因為進入了「道」的境界，所以，儘管音樂還在進行，但已經是「不聞其聲」，是「聽之而無接」，亦即「希聲」了；「充滿天地，苞裹六極」，則說明他與天地萬物已經完全融為一體，是「無言而心

說（悅）」了。〔註21〕我們想一想，這個狀態，不正是欣賞一首極其美妙的樂曲時所常常出現的「陶醉」、「沉浸」、「忘我」的境地，不就是我們常說的音樂審美的高峰體驗嗎？而這樣一種物我交融，萬物一體的狀態，不也正是以老子為代表的道家所竭力推崇的「道可載而與之俱」，亦即「與道為一」的境界嗎？莊子說過：「冥冥之中，獨見曉焉；無聲之中，獨聞和焉。」（《莊子·天地》）這裡的「和」，不也就是我們常常在音樂中所領略的、由音響所引發出的生命和諧、物我融一的境界嗎？

結　語

總之，兩千多年前老子提出的「大音希聲」，既是哲學命題，也是美學命題，而且首先是美學命題。從文本考察，「大音希聲」中的「希聲」確是「無聲」，但這「無聲」並非絕對的沒有聲音，而是「無」中有「有」，也就是老子的「聽之不聞」。「聽之」之所以又「不聞」，是因為聲音極度適合和滿足人的聽覺心理，從而出現「沉浸」「陶醉」「忘我」之類的審美體驗。其實質，就是聽賞者經由聲音的引導而進入精神的愉悅之中。有了精神的愉悅，聲音就不再成為關注的對象，所以才會「聽之不聞」。「聽之不聞」的本質，就是心與聲、物與我的渾然一體，亦即「與道為一」的境界，是音樂審美的高峰體驗。

原載《中國音樂學》2021 年第 4 期。

〔註21〕關於「《咸池》之樂」的詳細內容，參閱本書第二章。

主要參考書目

1. （清）阮元校刻：《十三經注疏》（上下），中華書局，1982 年版。

2. 孔穎達疏：《周易正義》，李申、盧光明整理，北京大學出版社，1999 年版。

3. （三國魏）王弼：《老子道德經注》，樓宇烈校釋，中華書局 2011 年版。

4. 陳鼓應：《老子注譯及評介》，中華書局，1984 年版。

5. 任繼愈：《老子新譯》，上海古籍出版社，1985 年版。

6. 程樹德：《論語集釋》（上、下），程俊英、蔣見元點校，中華書局，2013 年版。

7. 王利器：《文子疏義》，中華書局，2000 年版。

8. （清）郭慶藩《莊子集釋》，王孝魚點校，中華書局，2013 年版。

9. 陳鼓應：《莊子今注今譯》，中華書局，1983 年版。

10. 楊伯峻：《孟子譯注》，中華書局，1988 年版。

11. 王先謙：《荀子集解》，沈嘯寰、王星賢點校，中華書局，1988 年版。

12. 安小蘭譯注：《荀子》，中華書局，2007 年版。

13. 黎翔鳳：《管子校注》，梁運華整理，中華書局，2004 年版。

14. 劉釗：《郭店楚簡校釋》，福建人民出版社，2003 年版。

15. 李零：《郭店楚簡校讀記》，中國人民大學出版社，2009 年版。

16. 郭沂：《郭店竹簡與先秦學術思想》，上海教育出版社，2001 年版。

17. 陳奇猷：《呂氏春秋新校釋》（上、下），上海古籍出版社，2002 年版。

18. 劉文典：《淮南鴻烈集解》，馮逸、喬華點校，中華書局，2022 年版。

19. 何寧：《淮南子集釋》（上、中、下），中華書局，1998 年版。

20. 向宗魯校證：《說苑校證》，中華書局，1987 年版。

21. 王利器校注：《新語校注》，中華書局，1986 年版。

22. 蘇輿：《春秋繁露義證》，鍾哲點校，中華書局，1992 年版。

23. 袁華忠、方家常譯注：《論衡全譯》，貴州人民出版社，1993 年版。

24. 戴明揚：《嵇康集校注》，人民文學出版社，1962 年版。

25. 楊伯峻：《列子集釋》，中華書局，2012 年版。

26. 余嘉錫：《世說新語箋疏》，中華書局，1983 年版。

27. 范文瀾：《文心雕龍注》，人民文學出版社，1958 年版。

28. 楊明照：《文心雕龍校注》，中華書局，2022 年版。

29. （唐）歐陽詢：《藝文類聚》（上下），上海古籍出版社，1982 年新 1 版。

30. （清）彭定求等編：《全唐詩》（增訂本），中華書局，2011 年版。

31. （清）董誥等：《全唐文》，中華書局 1983 年。

32. （宋）李昉等：《太平廣記》（十冊），中華書局，2013 年版。

33. （宋）沈括：《夢溪筆談》，金良年點校，中華書局，2017 年版。

34. 胡道靜：《新校正夢溪筆談》，中華書局，1957 年版。

35. （宋）《琴苑要錄》，鐵琴銅劍樓藏本，複印本。

36. （宋）蔡絛：《西清詩話》（明抄本），北京圖書館出版社，2004 年版。

37. （南宋）吳曾：《能改齋漫錄》，上海古籍出版社，1979 年新 1 版。

38. （清）吳之振等：《宋詩鈔》，中華書局，2015 年版。

39. （元）耶律楚材：《湛然居士文集》，中華書局，1986 年版。

40. 章錫琛點校：《張載集》，中華書局，1978 年版。

41. 張建業主編：《李贄全集注》，社會科學文獻出版社，2010 年版。

42. （清）王夫之：《張子正蒙注》，中華書局，1975 年版。

43. （清）徐珂編輯《清稗類鈔選·文學藝術戲劇音樂》，書目文獻出版社，1984 年版。

44. （南朝）求那跋陀羅譯：《雜阿含經》（上下冊），宗文點校，宗教文化出版社，2011 年版。

45. （南朝陳）月婆首那譯：《勝天王般若波羅蜜經》，《大正藏》第 8 冊。

46. （隋）吉藏：《大乘玄論》，臺灣佛典協會印製本。

47. 徐衡譯注：《金剛經心經》，山東畫報出版社，2013 年版。

48. 王孺童編校：《〈壇經〉諸本集成》，宗教文化出版社，2014 年版。

49. 郭朋：《壇經校釋》，中華書局，1983 年版。

50.（唐）實叉難陀譯：《楞伽經》，賴永海、劉丹譯注，中華書局，2010 年版。

51.（唐）黃蘗希運：《傳心法要》，載《佛法要領永嘉禪宗集傳心法要頓悟入
　　道要門論》，臺北老古文化事業公司，1987 年版。

52.（宋）道原纂：《景德傳燈錄》，《大正藏》第 51 冊。

53.（宋）普濟：《五燈會元》，中華書局，1984 年版。

54.（宋）永明智覺：《宗鏡錄》，載《大正新修大藏經》（第 48 冊），臺北新文
　　豐出版公司，1983 年版。

55.（宋）釋惠洪：《注石門文字禪》，〔日〕釋廓門貫徹注，張伯偉等點校，中
　　華書局，2012 年版。

56.（明）瞿汝稷編撰：《指月錄》，巴蜀書社，2014 年版。

57.（明）釋居頂：《續傳燈錄》，《大正藏》第 51 冊。

58. 張文達、張莉編：《禪宗、歷史與文化》，黑龍江教育出版社，1988 年版。

59.（日）鈴木大拙：《禪學入門》，謝思煒譯，生活讀書新知三聯書店，1988
　　年版。

60. 王昆吾、何劍平編著：《漢文佛經中的音樂史料》，巴蜀書社，2002 年版。

61. 皮朝綱：《禪宗音樂美學著述研究》，人民出版社，2017 年。

62.（德）馬克思：《1844 年經濟學——哲學手稿》，劉丕坤譯，北京：人民出
　　版社，1979 年版，第 79 頁。

63.（奧）漢斯立克：《論音樂的美——音樂美學的修改芻議》（增訂版），楊業
　　治譯，人民音樂出版社，1980 年第 2 版。

64.（德）伽茨：《德奧名人論音樂和音樂美——從康德和早期浪漫派時期到
　　20 世紀 20 年代末的德國音樂美學資料集》，金經言譯，人民音樂出版社，
　　2015 年版。

65.（英）特倫斯·霍克斯：《結構主義和符號學》，瞿鐵鵬譯，上海譯文出版
　　社，1987 年版。

66.（法）熱拉爾·熱奈特：《熱奈特論文集》，史忠義譯，百花文藝出版社，
　　2000 年版。

67.（德）海德格爾：《存在與時間》，陳嘉映、王慶節譯，三聯書店，1987 年
　　版。

68.（美）倫納德‧邁爾：《音樂的情感與意義》，何乾三譯，北京大學出版社，1991 年版。

69. 蔡仲德《中國音樂美學史資料注譯》（上、下），人民音樂出版社，1990 年版。

70. 蔡仲德《中國音樂美學史》，人民音樂出版社，1995 年版。

71. 蔡仲德《〈樂記〉〈聲無哀樂論〉注譯與研究》，中國美術學院出版社，1997 年版。

72. 蔡仲德：《音樂之道的探求——論中國音樂美學史及其他》，上海音樂出版社，2003 年版。

73. 修海林《中國古代音樂美學》，福建教育出版社，2004 年版。

74. 蔣孔陽：《先秦音樂美學思想論稿》，安徽教育出版社，2007 年版。

75. 葉明春：《中國古代音樂審美觀研究》，人民音樂出版社，2007 年版。

76. 施詠：《中國人音樂審美心理概論》，上海音樂出版社，2008 年版。

77. 陳四海：《中國古代音樂思想》，陝西師範大學出版社，2010 年版。

78. 田青：《禪與樂》，文化藝術出版社，2012 年版。

79. 龔妮麗：《中國音樂美學史》，山西教育出版社，2013 年版。

80. 羅藝峰：《中國音樂思想史五講》，上海音樂學院出版社，2014 年版。

81. 李祥霆：《琴聲十三象——唐代古琴演奏美學》，中國人民大學出版社，2014 年版。

82. 何豔珊：《生命‧心靈‧音樂——走進古代音樂美學》，華藝出版社，2015 年版。

83. 楊賽：《中國音樂美學原範疇研究》，華東師範大學出版社，2015 年版。

84. 王曉俊：《中國竹笛演奏藝術的美學傳統研究》，光明日報出版社，2015 年版。

85. 吳釗等編：《中國古代樂論選輯》，人民音樂出版社，2011 年版。

86. 常俊珩編：《琴史匯要》，香港心一堂有限公司出版，2010 年版。

87. 范煜梅編：《歷代琴學資料選》，四川教育出版社 2013 年版。

88. 中國戲曲研究院編：《中國古典戲曲論著集成》（十冊），中國戲劇出版社，1982 年版。

89. 中國藝術研究院音樂研究所、北京古琴研究會編：《琴曲集成》（三十冊），中華書局，2010 年版。

90. 中國舞蹈藝術研究會、舞蹈史研究組：《全唐詩中的樂舞資料》，人民音樂出版社 1996 年版。

91. 金千秋：《全宋詞中的樂舞資料》，人民音樂出版社 1990 年版。

92. 洛秦主編：《中國歷代樂論》（八卷九冊），王小盾審訂，灕江出版社、上海音樂學院出版社，2019 年版。

後　記

　　這是我十多年來為研究生講授「中國音樂美學史」課的一個成果。在開設這門課之初，已有蔡仲德先生的《中國音樂美學史》行世，繼而又有修海林先生的《中國古代音樂美學》出版，他們為該課的講授提供了良好的資源和參照。因為有這兩個文本供修課者閱讀，故而我對本課的講授內容和方法做了一個大致的設定。首先，不是以通常的歷史分期、也不簡單地以人物為單元，而是以一種理論、一個專題為單元來結構內容，注重一個理論或專題的系統性與內在聯繫（包括歷史承繼關係與內在邏輯關係），盡可能對它們作整體的呈現，於是便有了現在的八個專題。這八個專題的選擇，自然首先考慮它們在歷史上的重要性、理論上的深刻性，同時也考慮了它們與當代的意義相關性。其次，在講授和闡釋方法上，我基本定位在對歷史文獻的深度釋讀和歷史觀念的系統梳理，注重其歷史語境的體認和原始含義的探尋，然後在此基礎上得出自己的結論，提出自己的見解。所以，在本書中，即使是涉及自己的新見解，也是作為對歷史文本本有思想的釋讀，而非自己的主觀意見。對於歷史文獻，我認為首先要讓讀者把握其真實意涵，至於如何在歷史文本基礎上進一步創造新的理論或觀念，那應該是另一件事情，是每一個讀者自己可以進一步去做的事情，不宜混在史的理解上。雖然我們現在都知道，任何歷史事件和意義，從根本上說，都是經過當代人的意識和理解建構起來的；但是，在作歷史建構時，仍然要有探尋原意的心理張力。否則，歷史就不成為歷史，而與當代重合了。《中國音樂美學的理論特點》原為單篇論文，發表於《交響（西安音樂學院學報）》2011 年第 3 期。因論題與本書相關，故列於書前，作為代前言。

　　感謝鍾恩兄應允為本書作序。鍾恩兄的文字深邃新銳，是我一直欽佩不已的。有他的文字為序，為拙著增色不少。《序》中極富創意的論說，不僅打開我的思路，也會為讀者提供進一步研究的窗口和路徑，彌補了我的不足。

　　感謝中國文聯出版社和江蘇省高校「音樂與舞蹈學」優勢學科建設項目的資助，感謝責任編輯張蘭芳女士為我的兩本書（另一為《藝術之道的學理透視》）的出版所做的寶貴工作。

　　我的博士研究生臧卓敏君承擔了上述兩書目錄的英譯工作，亦此說明，並致感謝。

2018 年初夏於江寧翠屏山下

修訂版後記

　　本書於 2018 年由中國文聯出版社出版，至今已逾五年。五年中又有一些新的成果和思路，想著有機會能夠修訂一下，出個新版。恰值臺灣花木蘭文化事業有限公司讓我推薦博士論文書稿，於是便想到能否由該社再版。聯繫後，即獲允將書稿提交審閱，並獲通過。我對花木蘭文化事業有限公司早有所知，在近十餘年間陸陸續續收到該社的出版信息和推薦書稿的邀請書，得知其長期從事中文學術著作繁體字版的出版工作，在海外發行，並供世界各地圖書館和學術機構典藏，對於中國學術的推廣與交流用力甚多，貢獻亦巨。本書能夠忝列其中，甚感榮幸。該社副總編楊嘉樂博士和北京聯絡處宗曉燕女士為本書的出版提供幫助，在此深表敬意和感謝。

作者謹記

2024 年 2 月 25 日

於金陵琥珀森林天韻齋